Manfred Wehdorn

Wien

Ein Stadtführer durch das Weltkulturerbe der UNESCO

Unter Mitarbeit von
Mario Schwarz und Susanne Hayder
Fotos von Christian Chinna

SpringerWienNewYork

Oesterreichische Nationalbank
Jubiläumsfonds

Wien Kultur

Univ.-Prof. DI Dr. Manfred Wehdorn, TU Wien

Die Forschungsarbeiten für diese Publikation wurden gefördert vom Jubiläumsfonds der Oesterreichischen Nationalbank (Projektnr: 9457). Die Drucklegung erfolgte mit finanzieller Unterstützung durch den Wiener Altstadterhaltungsfonds.

Printed in Austria
Springer-Verlag Wien New York ist ein Unternehmen von Science+Business Media
springer.at

Fotos: Christian Chinna. Er fotografierte mit dem Leica M- und R-System
Stadtpläne: Ludwig Varga; auf Grundlage der Mehrzweckstadtkarte MA 41– Stadtvermessung
Layout: David Marold / Springer-Verlag
Druck: Holzhausen Druck & Medien GmbH, A-1140 Wien

Gedruckt auf säurefreiem, chlorfrei gebleichtem Papier – TCF
SPIN: 10956496

Mit zahlreichen farbigen Abbildungen

Bibliografische Information Der Deutschen Bibliothek
Die Deutsche Bibliothek verzeichnet diese Publikation in der Deutschen Nationalbibliografie; detaillierte bibliografische Daten sind im Internet über http://dnb.ddb.de abrufbar.

ISBN 3-211-40862-2 Springer-Verlag Wien New York

Leben in Wien bedeutet leben mit höchster Qualität! Die international renommierte Mercer Consulting Group kürte Wien 2003 zur Stadt mit der besten Lebensqualität unter allen EU-Hauptstädten – und sogar weltweit belegt Wien den beachtlichen zweiten Platz unter mehr als 200 untersuchten Metropolen.

Wesentlicher Bestandteil dieser Lebensqualität ist im Sinne der Welterbe-Konvention der UNESCO auch der historische Kern Wiens mit seinen einzigartigen Garten- und Parkanlagen.

Wir sind stolz auf unser historisches Erbe und wir sind auch bereit, sehr viel dafür zu tun. Bereits 1972 verabschiedete die Stadt Wien ein eigenes Altstadterhaltungsgesetz und gründete dafür einen Fonds. Aus diesem Altstadterhaltungsfonds flossen seither mehr als 176 Millionen Euro in die Sanierung von historischen Bauten und Gärten.

Wer durch Wien spaziert, wird merken, dass diese Stadt – durchaus im Gegensatz zu vielen anderen Metropolen Europas – auch ihre Verkehrsprobleme in den Griff bekommen hat. Seit 1974 sind wesentliche Bereiche der Wiener Innenstadt Fußgängerzonen und die konsequent durchgeführte Parkraumbewirtschaftung gilt europaweit als vorbildhaft.

Nicht zuletzt gilt Wien auch als Umweltmusterstadt: Unter Einsatz hoher Investitionen ist es in den vergangenen Jahren gelungen, die Schadstoffemissionen in Wien drastisch zu senken. So liegt etwa der bundesweite Durchschnittswert für Pro-Kopf-Emissionen bei Treibhausgasen bei 10,69 Tonnen pro Jahr – in Wien dagegen ist dieser Wert mit 5,87 Tonnen um fast 50 Prozent niedriger.

Ein Teil unserer Umweltqualität resultiert auch daraus, dass etwa die Hälfte des Stadtgebiets mit Grünflächen bedeckt ist. Zudem werden jeden Frühling und Sommer mehr als zwei Millionen Blumen und Grünpflanzen von den Stadtgärtnern in ganz Wien verteilt – auf Verkehrsinseln, in Parks, auf öffentlichen Plätzen. Das alles trägt dazu bei, dass sich Bewohner sowie Gäste in unserer Stadt wohlfühlen.

In diesem Sinne wünsche ich diesem Führer durch das Weltkulturerbe viel Erfolg: Mögen ihn nicht nur unsere Besucher, sondern auch die Wiener gerne zur Hand nehmen!

Dr. Michael Häupl
Bürgermeister der Stadt Wien

Das Prädikat „Weltkulturerbe“ für die Wiener Innenstadt bedeutet für die Stadt eine besondere Auszeichnung. Wir sind auf die baulichen ebenso wie auf die musikalischen Leistungen – die gleichfalls ein Kriterium für die Aufnahme auf die Welterbeliste waren – unserer Vergangenheit und Gegenwart stolz.

Der vorliegende Führer soll Ihnen die Vielfalt an historischen Bauwerken in der Wiener Innenstadt näher bringen. Dabei werden nicht nur die unterschiedlichsten Baustile aus den verschiedenen Epochen deutlich ersichtlich, sondern auch die Bemühungen der Stadt Wien um den Erhalt des historischen Ensembles augenscheinlich.

Die Stadt Wien kann auf eine Reihe an Instrumentarien verweisen, um ihr Ziel, das Erhaltenswerte erhalten, gleichzeitig aber auch das Neue zu fördern, zu erreichen. Mit dem Schutzzonenmodell ist die Wiener Innenstadt, auch unabhängig von den Auflagen des Denkmalschutzes, vor unliebsamen Eingriffen geschützt. Aus den Mitteln des Altstadterhaltungsfonds – ein europaweit vorbildhaftes Instrument – werden namhafte Beiträge zur Erhaltung und Sanierung historischer Gebäude geleistet.

Nicht zuletzt dokumentieren auch zahlreiche internationale Preise, mit denen Wien für seine Leistungen in der Stadterhaltung und Denkmalpflege ausgezeichnet wurde, den hohen Stellenwert, den der pflegliche Umgang mit historischer Bausubstanz in Wien genießt.

Wir sind uns der Verantwortung gegenüber unserer Geschichte bewusst, dürfen darüber hinausgehend aber eines nicht vergessen: Dass Wien auch in Zukunft eine konkurrenzfähige, prosperierende Metropole bleibt, die den Vergleich mit anderen Weltstädten nicht scheuen muss. Die Erhaltung und Pflege unseres Erbes aus der Vergangenheit ist dabei ein ebenso wichtiger Bestandteil wie die Offenheit und Toleranz für Neues.

DI Rudolf Schicker
Amtsführender Stadtrat für Stadtentwicklung & Verkehr

Wien erleben!

Wien zeichnet sich durch eine besonders hohe Lebensqualität aus! Das ist das Ergebnis einer internationalen Studie, die die Lebensbedingungen von 250 Städten untersucht und in der Wien den hervorragenden zweiten Platz einnimmt. Entscheidend dafür waren vor allem die kulturelle Vielfalt und der hohe Freizeit- und Fun-Faktor. Philharmonikerstraße, Schubertpark, Sigmund-Freud-Park oder etwa die Adolf-Loos-Gasse - zahlreiche Straßennamen und Plätze, Parks und Denkmäler unserer Stadt erinnern an die großen kulturellen und wissenschaftlichen Leistungen der Vergangenheit. Um jedoch im internationalen Städtewettbewerb konkurrenzfähig zu bleiben und um junge Publikumsschichten anzusprechen, bedarf es einer stetigen Erneuerung und Veränderung Wiens.

Am augenscheinlichsten sind die Veränderungen am Stadtbild abzulesen. Eine moderne und markante Architektur, wie sie in den Gasometern, dem Millenniumstower, den neuen Kulturbauten im Inneren des Museumsquartiers oder der Hauptbücherei auf dem Gürtel repräsentiert ist, prägt das Stadtbild genauso wie die Prunkbauten auf der Wiener Ringstraße aus der Zeit des Historismus. Gerade für Stadtführer kann es aber interessant sein, einen Blick auf das scheinbar Unwesentliche zu werfen. Das Flair der Vorstädte, die stillen Gassen, in denen Besucherinnen und Besucher mit dem Wiener Leben in Berührung kommen können; wo oft auch durch die Ansiedlung von Lokalen, Galerien und trendiger Shops aufregendste „urbane cluster" entstehen. Der Wiener Gürtel etwa mit seinen Musiklokalen in den charakteristischen Stadtbahnbögen von Otto Wagner, das Freihausviertel mit seinen Galerien, das Viertel um die Servitengasse oder auch die Gumpendorfer Straße als Alternative zur nahen Mariahilfer Straße liefern neue Bilder, neue Images, von Wien.

Dieser Stadtführer soll Lust machen auf die vielen „Gesichter" Wiens. Er bedient sich dabei einer neuen, ganzheitlichen Methode: Geschlossene Straßenzüge werden mit ihrer jeweiligen Entstehungsgeschichte vorgestellt, ohne jedoch deshalb das einzelne Bauobjekt aus den Augen zu verlieren. Ich wünsche ihnen, liebe Besucherinnen und Besucher, einen angenehmen und kurzweiligen Wien-Aufenthalt. Möge der vorliegende Stadtführer ein hilfreicher Begleiter bei der Erkundung unserer Stadt sein.

Dr. Andreas Mailath-Pokorny
Amtsführender Stadtrat für
Kultur und Wissenschaft von Wien

Einleitung

Seit Dezember 2001 zählt das historische Stadtzentrum von Wien zum Weltkulturerbe der UNESCO (United Nations Educational, Scientific and Cultural Organization).

Die internationale Grundlage, auf der die Ernennung Wiens zum Weltkulturerbe erfolgte, basiert auf der 1972 im Rahmen der siebzehnten Generalkonferenz der UNESCO verabschiedeten Konvention zum Schutz des Kultur- und Naturerbes der Welt.

Ausschlaggebend für das Zustandekommen dieser Vereinbarung war der Umstand, dass unser Erbe zunehmend und augenscheinlich von Zerstörungen bedroht ist, die nicht nur durch die herkömmlichen Verfallsursachen, sondern auch durch den Wandel der sozialen und wirtschaftlichen Verhältnisse begründet sind. Zumindest jenes Kultur- und Naturerbe, das von außergewöhnlicher und universeller Bedeutung ist, sollte daher erfasst und als Bestandteil des Welterbes der ganzen Menschheit erhalten werden. Damit war die „Liste des Erbes der Welt" geboren.

Die internationale Konvention zum Schutz des Kultur- und Naturerbes der Welt gewährt den Denkmälern, die sich auf dieser Liste befinden, eine gemeinschaftliche, weltweite Unterstützung; sie ersetzt nicht die Maßnahmen des betreffenden Staates, sondern soll diese vielmehr wirksam ergänzen.

Die 1972 geschaffene Konvention ist aber auch deswegen von überragender Bedeutung, weil erstmals auf internationaler Ebene festgehalten wurde, dass einem Denkmal der Natur gleich große Bedeutung zukommt, wie einem das von Menschenhand geschaffenen ist.

Mit Juli 2003 umfasste die Liste des Erbes der Welt 754 Denkmäler aus 128 Staaten. Zusätzlich gibt es Verzeichnisse der einzelnen Mitgliedstaaten über jene Denkmäler in ihrem jeweiligen Hoheitsgebiet, deren Nominierung als „Welterbe" von diesen Ländern in den nächsten Jahren geplant ist. Diese Listen ("tentative lists") umfassen derzeit weitere 1.325 Denkmäler.

Die Richtlinien für die Durchführung des Übereinkommens zum Schutz des Kultur- und Naturerbes der Welt sehen vor, dass das eigentliche „Denkmal" bzw. die „Kernzone" jeweils von einer ausreichend großen „Pufferzone" umgeben ist.

Die „Kernzone" bildet somit das eigentliche Denkmal, wobei sich die UNESCO bei der Schaffung der Welterbe-Konvention sehr wohl bewusst war, dass *historische Städte, die noch bewohnt sind und sich gerade wegen ihrer Art unter dem Einfluß sozio-ökonomischen und kulturellen Wandels entwi-*

ckelt haben, auch weiterhin entwickeln werden und dies zweifellos eine Situation darstellt, welche die Beurteilung ihrer Echtheit schwieriger und jede Erhaltungspolitik problematisch macht.*

Das heißt, dass das Zentrum einer historischen Stadt wie Wien, nach seiner Ernennung zum Weltkulturerbe nicht gleichsam unter einen Glassturz gestellt wird. Ganz im Gegenteil: Die zeitgemäße Einstellung der Denkmalpflege hat die Notwendigkeit und Bedeutung eines „authentischen Gestaltens", das heißt einer spannungsvollen dialektischen Auseinandersetzung zwischen Altem und Neuem mit dem Ziel eines Synthese als Gesamtwerk, seit langem erkannt.

Relativ offen ist die Definition des Begriffes „Pufferzone". Aus methodischer Sicht geht es in diesem Bereich nicht mehr vorrangig um denkmalpflegerische Anliegen, die einzelne Objekte betreffen. Die „Pufferzone" soll nur das eigentliche Denkmal schützen. In diesem Sinn sind aber in diesem Bereich zum Beispiel Bauten, welche durch ihrer Höhe oder ihr Volumen die Kernzone in ihrem authentischen Erscheinungsbild beeinträchtigen könnten, zu vermeiden. Sehr allgemein formulieren die Richtlinien für das Welterbe daher auch nur, dass in einer „Pufferzone" *die Nutzung zur Schaffung eines zusätzlichen Schutzes eingeschränkt wird*.*

Das Übereinkommen zum Schutz des Kultur- und Naturerbes ist ein Staatsvertrag, der von den einzelnen Mitgliedstaaten der UNESCO einzeln ratifiziert werden muss. Österreich ist der Welterbe-Konvention aufgrund rechtlicher Bedenken, weil Naturschutz in Österreich Landessache ist, erst mit zwanzigjähriger Verspätung beigetreten. Die vom Bundesministerium unterzeichnete und vom Bundeskanzler gegengezeichnete Ratifikationsurkunde wurde am 18. Dezember 1992 beim Generaldirektor der UNESCO hinterlegt; das Übereinkommen trat aufgrund der entsprechenden Verlautbarung im Bundesgesetzblatt Nr. 29/1993 für die Republik Österreich erst mit 18. März 1993 in Kraft.

Das ist der Grund, warum die österreichischen Beispiele mit großer Verspätung auf die Welterbeliste der UNESCO kamen:

1996 das historische Stadtzentrum von Salzburg sowie Schloß und Park Schönbrunn,
1997 die Kulturlandschaft Hallstatt-Dachstein mit dem Salzkammergut,
1998 die Semmeringbahn mit der umgebenden Landschaft,
1999 das historische Zentrum von Graz,
2000 die Kulturlandschaft Wachau mit den Stiften Melk und Göttweig und der Altstadt von Krems,

---

*Zitiert nach: UNESCO, Zwischenstaatliches Komitee für den Schutz des Kultur- und Naturerbes der Welt, Richtlinien für die Durchführung des Übereinkommens zum Schutz des Kultur- und Naturerbes der Welt, 2. revidierte Fassung, Paris 1995.

2001 die Kulturlandschaft Fertö/Neusiedlersee (eine Österreich und Ungarn betreffende, also staatenübergreifende Nennung) sowie das historische Stadtzentrum von Wien.

Die Nominierung des historischen Stadtzentrums von Wien erfolgte konkret im Rahmen der 25. Sitzung des Welterbekomitees, die vom 11. – 16. Dezember 2001 in Helsinki, Finnland, stattfand. Begründet wurde die Aufnahme wie folgt:

> Die städtebaulichen und architektonischen Qualitäten des historischen Zentrums von Wien sind überragende Zeugnisse eines fortwährenden Wandels von Werten während des zweiten Jahrtausends.
> Drei Hauptperioden europäischer Kultur und politischer Entwicklung – Mittelalter, Barock und Gründerzeit – werden in außergewöhnlicher Form durch das städtebauliche und architektonische Erbe des historischen Zentrums von Wien dargestellt.
> Wien ist weltweit als die musikalische Hauptstadt Europas anerkannt.

Das in die Weltkulturerbeliste der UNESCO aufgenommene „Historische Stadtzentrum von Wien“ ist relativ groß. Es umfasst eine Kernzone von ca. 371 ha, mit ca. 1.600 Objekten und eine Pufferzone von ca. 461 ha mit ca. 2.950 Objekten. Insgesamt betragen Fläche und Objektanzahl jedoch dennoch jeweils nur knapp 2 % des Stadtgebietes bzw. der Häuseranzahl von Wien.

Aus stadthistorischer Sicht umfasst das Kerngebiet:

> die mittelalterliche Kernsubstanz, das heißt den Nukleus der Stadt, der auf der römischen Stadtstruktur aufbaut;
> die großen Bauführungen der Barockzeit mit den vom Zentrum kranzartig ausstrahlenden Stadtachsen, die heute noch von den ehemaligen Sommerresidenzen mit ihren Gartenanlagen geprägt sind und drittens
> die städtebauliche Neustrukturierung der Stadt in der Gründerzeit mit den weltberühmten Bauten der beginnenden Moderne

Die Pufferzone, welche das historische Stadtzentrum umgibt, umfasst im Westen, Süden und Osten Teile der ehemaligen Vorstädte Landstraße, Alte und Neue Wieden, Schaumburgergrund, Magdalenengrund, Windmühle, Laimgrube, Mariahilf, Spittelberg, St. Ulrich, Neubau, Josefstadt, Alservorstadt und Roßau. Im Norden wird die Pufferzone durch die rechtsseitige Ufermauer der Donaukanalregulierung aus der Zeit um 1900 begrenzt (siehe Abb. S. 12).

Manfred Wehdorn, Architekt und Denkmalpfleger

Wien, das Welterbeareal „Historisches Stadtzentrum von Wien"
Kernzone, rot eingerandet, dunkelgrau hinterlegt
Pufferzone, blau eingerandet, hellgrau hinterlegt

© Luftaufnahme: media wien

Mario Schwarz

Das Stadtgefüge – Straßen und Plätze der historischen Stadt

Die mittelalterliche Kernsubstanz mit den Resten der antiken Stadt

Keimzelle der späteren Stadtsiedlung von Wien war das römische Legionslager Vindobona, das um 100 n. Chr. unter Kaiser Trajan entstand und sich heute noch klar im Stadtgefüge abzeichnet.

Den Mittelpunkt des Römerlagers bildete das Forum, westlich vom heutigen Hohen Markt. Die Hauptstraße, die Via principalis, des Lagers verlief von der Porta sinistra im Westen über die Wipplingerstraße zur Porta dextra im Osten bei der Ertlgasse; die Kreuzung mit der zweiten Hauptstraße, der Via decumana, lag bei der Jordangasse. Südlich des Legionslagers wurden am Michaelerplatz Reste des Lagerdorfes, der sog. Canabae, entdeckt und dauernd sichtbar konserviert. Auf der Freyung wurden Reste einer Handwerkersiedlung gefunden. Die Zivilstadt von Vindobona lag in einer Entfernung von ungefähr zwei Kilometern an der römischen Limesstraße, die noch heute im Verlauf der Herrengasse, Augustinerstraße und Rennweg sichtbar ist.
Als im Jahre 395 die pannonische Reichsgrenze zusammenbrach, wurde auch das Lager Vindobona aufgegeben. Innerhalb seiner soliden, 2–3 m starken Umfassungsmauern, die bis an das Ende des 12. Jahrhunderts bestehen blieben, begann sich die frühmittelalterliche Stadt zu entwickeln.

Das Zentrum der frühmittelalterlichen Nutzung des teilweise in Ruinen liegenden Legionslagers bildete der Berghof, der zwischen Marc Aurel-Straße, Sterngasse, Judengasse und Hohem Markt lag. Im Bereich dieser Fluchtburg belegen Funde die Siedlungskontinuität zwischen römischer Spätantike und Frühmittelalter. In der Karolingerzeit, nach 791, setzte eine intensive Kolonisations- und Missionstätigkeit von Bayern her ein; Wien erlangte als Verkehrs- und Handelsstützpunkt an der Donau überregionale Bedeutung. Auf diese Besiedlungswelle gehen wahrscheinlich die vom Bistum Salzburg gegründeten Wiener Kirchen St. Peter und St. Ruprecht zurück. St. Ruprecht zeigt im Baukern heute noch romanische Reste und stellt somit die älteste Kirche der Stadt dar.
Eine erste Erweiterung über die Grenzen der römerzeitlichen Befestigung hinaus stellte eine Kaufmannssiedlung zwischen Fleischmarkt und Wollzeile dar. Eine weitere entwickelte sich im zweiten Viertel des 12. Jahrhunderts bei der 1137 gegründeten bischöflich Passauischen Pfarrkirche St.Stephan am Roßmarkt.

Erst um die Mitte des 12. Jahrhunderts konnte die mittelalterliche Siedlung das ummauerte Areal des einstigen Römerlagers wieder ausfüllen. 1154 verlegte der Babenberger Herzog Heinrich II. Jasomirgott seine Residenz von Regensburg, wo er bis dahin als Herzog von Bayern regiert hatte, nach Wien auf den Platz Am Hof. Der Baukomplex in der Art einer fürstlichen Pfalz gruppierte sich um einen offenen Platz mit einem Wohnhaus des Herzogs im Zentrum, flankiert von Toren und Rundtürmen. Westlich davon errichtete Herzog Heinrich II. 1155 das Schottenkloster, die älteste Klosterstiftung auf dem Boden Wiens.

Um 1200 wurde unter Herzog Leopold VI. mit der entscheidenden planmäßigen spätmittelalterlichen Stadterweiterung Wiens begonnen. Damals lebten ungefähr 20.000 Einwohner in der Stadt. Nun erfolgte der Bau einer neuen Ringmauer, welche die im Bereich um St. Stephan an der Singerstraße und um St. Michael im Bereich Herrengasse/Augustinerstraße entstandenen Vorstädte, sowie große noch unverbaute Flächen einbezog. Der polygonale Verlauf der Befestigungsanlage, in deren Mitte nun die Pfarrkirche St.Stephan lag, hat noch im heutigen Stadtgrundriss Spuren hinterlassen (Straßenverlauf im Bereich Salzgries, Börseplatz, Mölkerbastei, Löwelstraße, Augustinerbastei, Seilerstätte, Dominikanerbastei, Franz Josefs-Kai).

Die Ansiedlung geistlicher Orden innerhalb und außerhalb der Ringmauern entsprach nach den Grundsätzen planmäßigen Städtebaues dieser Zeit ebenfalls fortifikatorischen Erwägungen: Die Steinbauten der Bettelordensklöster bildeten selbständige Ergänzungen der Befestigungsanlagen. So berief Herzog Leopold VI. 1224 die Minoriten nach Wien, denen die Bürger für den Bau des neuen Klosters ein Grundstück nahe der Ringmauer der Stadt stifteten. Um 1225 stellte der Herzog auch den Dominikanern ein Grundstück für den Bau eines Klosters im Schutzbereich der neuen Umfassungsmauern im Osten der Stadt zur Verfügung.

Noch unter Herzog Leopold VI. dürfte auch der Plan gefasst worden sein, die Herzogspfalz des 12. Jahrhunderts aufzugeben und eine neue Residenzburg im Südosten der Stadt zu errichten. Die Hofburg, deren ältester Kern sich im Schweizerhof erhalten hat, folgte dem Bauprinzip einer viertürmigen Kastellburg. Fertig gestellt wurde diese erste Bauphase der Wiener Hofburg allerdings erst unter König Ottokar II. Přemysl um 1275.

Im weiteren Verlauf des Spätmittelalters wurde der Umfang der mit dem Befestigungsgürtel umgebenen Stadt nicht mehr verändert, die innere Verbauung jedoch mehr und mehr verdichtet. Dabei ergaben sich gewisse neue funktionelle Schwerpunkte: Die 1365 von Erzherzog Rudolf IV. dem Stifter gegründete Wiener Universität erhielt mit dem 1384 erbauten Collegium ducale in der Postgasse ihr Zentrum, um das sich die Häuser der zahlreichen Bursen (=Studentenunterkünfte) gruppierten. Bis heute sind diese bis in das Spätmittelalter zurückreichenden Strukturen zwischen Postgasse, Sonnenfelsgasse und Bäckerstraße erhalten.

Andere Zentren ergaben sich aus der gemeinschaftlichen Ansiedlung von Gewerbetreibenden. Zum Beispiel ließen sich Tuchfärber aus Flandern, deren

Tätigkeit an Fließgewässer gebunden war, am Unterlauf des Ottakringerbaches beim Tiefen Graben nieder. Die heutige Färbergasse erinnert an dieses Gewerbe. Der Tuchhandel selbst war ab dem 13. Jahrhundert ein Vorrecht der rund dreißig Laubenherren, Wiener Bürger, deren Handelsmagazine sich in den Tuchlauben befanden. Der Seidenhandel dagegen hatte seinen Sitz am Hohen Markt. Diese bis ins Mittelalter zurückreichende Handels- und Gewerbetradition hat sich im Textilviertel zwischen Hohem Markt und Franz Josefs-Kai, Schottenring und Rotenturmstraße bis heute erhalten.

Die bauliche Struktur der mittelalterlichen Stadt war zwar vielfacher substanzieller Erneuerung unterworfen, bis heute prägen aber in manchen Bereichen die schmalen und lang gestreckten Parzellen noch immer den Stadtgrundriss. Brände mit oft verheerender Wirkung, aber auch Erdbeben führten dazu, dass zerstörte Holzhäuser und beschädigte Altbauten durch robustere Stein- und Ziegelbauten ersetzt wurden. Vereinzelt gab es gotische Wohntürme, ein Beispiel hat sich in der Griechengasse 9 erhalten. Überwiegend bestand die Bebauung aber aus schmalen Giebelhäusern mit zwei bis drei Wohngeschossen und lang gestreckten Laubenhöfen; unter der Altstadt erstreckte sich schon im Mittelalter ein mehrgeschossiges Kellersystem aus gemauerten Gewölben.

Besondere kulturelle und wirtschaftliche Bedeutung, die sich in repräsentativen Bauten ausdrückte, hatten in der mittelalterlichen Stadt die Stiftshöfe. Von den großen erhaltenen und im Baukern noch auf das Mittelalter zurückgehenden Stiftshöfen sind der Heiligenkreuzer Hof zwischen Schönlaterngasse und Grashofgasse mit beeindruckenden Gewölben aus dem frühen 13. Jahrhundert, der Stiftshof des Klosters Neuberg im Bereich Schulerstraße/Grünangergasse und der Melker Stiftshof zwischen Schottengasse, Mölkersteg und Schreyvogelgasse anzuführen.

Höchste baukünstlerische Qualität wurde im Spätmittelalter fast ausschließlich in den Werken der Sakralarchitektur erreicht. Schon der zweite Bauzustand der Stephanskirche aus dem zweiten Drittel des 13. Jahrhunderts, von dem die „Heidentürme" und das „Riesentor" erhalten sind, manifestierte eine baukünstlerische Haltung, die den Spitzenwerken der späten Stauferzeit entsprach. Auch unter der Herrschaftszeit des Böhmenkönigs Přemysl Ottokar II. (1251–1276) kam es zu bemerkenswerten Bauleistungen z.B. am Minoritenkloster. Als Wien Regierungssitz des deutschen Königs Albrecht I. wurde, kam es mit dem Bau des Albertinischen Chores der Stephanskirche zu einem weiteren Höhepunkt hochgotischer Architektur.

Der ehrgeizige Plan Erzherzogs Rudolfs IV. des Stifters zum Ausbau der Stephanskirche mit zusätzlichen monumentalen Türmen, von denen schließlich nur der Südturm vollendet wurde, führte zur dauernden Einrichtung einer Wiener Dombauhütte bei St.Stephan, deren führender baukünstlerischer Rang im Donauraum bis zum Ende des Mittelalters erhalten blieb.

Im 15. Jahrhundert erfolgten kaum wesentliche Impulse zur Stadtentwicklung. Unter Kaiser Maximilian I. verlagerten sich die Machtinteressen der Habsburger weit nach Westen, nach Burgund, der Osten Österreichs war durch drohende Invasionen der Türken gefährdet. Obwohl bei der Ersten Türkenbelagerung im Jahre 1529 die Stadt erfolgreich verteidigt werden konnte, zeigte sich wie unzulänglich die mittelalterliche Stadtbefestigung trotz ihrer Türme und wehrhaften Toranlagen im Kriegsfall tatsächlich war. Ab 1531 wurde daher die Ringmauer nach und nach durch Befestigungswerke ersetzt, die der aktuellen Kriegstechnik und dem Vorbild italienischer Renaissancefestungen entsprachen. An Stelle der Mauertürme wurden Basteien als Geschützterrassen errichtet und mit Kurtinen verbunden. Der vorgelagerte Burggraben wurde wesentlich verbreitert; daraus erhoben sich in gewissen Abständen Ravelins oder Vorwerke. Außerhalb der Stadt erstreckte sich das Glacis, ein breites unverbautes Vorfeld.

Im 16. und 17. Jahrhundert erfolgte eine sukzessive Erneuerung der Bausubstanz der Stadt, doch blieben größere Veränderungen in der inneren Bebauungsstruktur aus. Bedeutendere Schöpfungen der Architektur, wie der Arkadenhof der Stallburg (um 1565) als Teil der Wiener Hofburg oder der Neubau der Franziskanerkirche (1603–1611) blieben Einzelleistungen.

Die barocke Metropole

Erst nach der Zweiten Türkenbelagerung 1683 und der damit verbundenen Befreiung von der fast zweihundert Jahre währenden Türkengefahr konnte sich Wien als Mittelpunkt des Habsburgerreiches und Kaiserresidenz entfalten. Der wirtschaftliche Aufschwung führte zahlreiche ausländische Handwerker, aber auch viele Künstler in die Stadt. Die Einwohnerzahl, die am Ende des Mittelalters etwa 50.000 Personen betragen hatte, stieg im 17. Jahrhundert auf das Doppelte an. Zunächst galt es, die weitgehend zerstörten Vorstädte außerhalb der Basteien wiederaufzubauen. Ansässige Adelsfamilien und Wiener Bürger veranlassten den Neubau vieler Häuser und Paläste und zogen dabei italienische Baukünstler, Maler, Stukkateure, Bildhauer und Kunsthandwerker den einheimischen Kräften vor. Zahlreiche Objekte wurden durch Umbau bestehender Häuser, die man zusammenzog und mit eindrucksvollen Schaufassaden versah, erneuert.

Erst eine Generation später kamen verstärkt österreichische Architekten, Maler und Kunsthandwerker zum Zug, die sich allerdings ebenfalls vorwiegend an der italienischen Baukunst orientierten. Auf diese Weise fand auch die Idee, den Stadtorganismus durch weitgestreckte optische Verbindungsachsen zu gliedern, die im Zuge des Ausbaues Roms unter den Päpsten des Frühbarocks entstanden war, ihren Weg über die Alpen. In Wien bot sich die Lösung an, die Stadt wie mit einem Kranz vom Zentrum ausstrahlender Ach-

sen über die bestehenden Festungsmauern hinweg zu den Vorstädten hin zu erweitern.
Der Architekt Johann Bernhard Fischer von Erlach legte seinem Neugestaltungsplan für den Ausbau der Hofburg ein solches Achsenkonzept zugrunde, indem er in Verlängerung des Palastbereiches am äußeren Rand des Glacis das weitläufige Hofstallgebäude (heute MuseumsQuartier) positionierte. Axial auf das Stadtzentrum ausgerichtet wurden auch die lang gestreckten Gartenanlagen und Schaufassaden der Schlösser des Prinzen Eugen, das Untere und das Oberes Belvedere (1714–1722) und die Palais des Fürsten Schwarzenberg am Rennweg sowie des Fürsten Trautson (heute Justizministerium, Museumstraße) und auch das benachbarte Auersperg-Palais.

Die von Kaiser Karl VI. zum Dank für die Überwindung der Pest gestiftete Karlskirche, erbaut 1716–1739 von Johann Bernhard Fischer von Erlach und dessen Sohn Joseph Emanuel wurde in axialer Verlängerung der von der Hofburg stadtauswärts führenden Augustinerstraße situiert und lag gleichzeitig am Weg zur Favorita, der kaiserlichen Sommerresidenz (heute Theresianum) in der Favoritenstraße. Die kaiserliche Stiftungskirche als point-de-vue einer von der Hofburg stadtauswärts führenden Straße erhob diese zu einer Via triumphalis.

Starke Veränderungen gab es zur Barockzeit auch im Kernbereich der Stadt. Die Zahl herrschaftlicher Palastneubauten nahm weiter zu; sie konzentrierte sich sowohl in den Hauptstraßen und deren Nebengassen als auch an den Plätzen. Bestehende Kirchen wurden barockisiert, so die Schottenkirche und die Annakirche oder durch barocke Neubauten ersetzt wie die Peterskirche und die Dominikanerkirche. Besondere Akzente im Stadtbild setzten auch repräsentative Verwaltungsgebäude der Residenzstadt, wie die Böhmische Hofkanzlei im Bereich Wipplingerstraße/Judenplatz, die Ungarische Hofkanzlei in der Bankgasse sowie die Geheime Hofkanzlei am Ballhausplatz (heute Bundeskanzleramt) oder das Bürgerliche Zeughaus Am Hof (heute Feuerwehrzentrale) sowie das Alte Rathaus in der Wipplingerstraße.

Einfälle der Kuruzzen, die im Jahre 1703 abgewehrt werden mussten, führten zum Beschluss, die Vorstädte mit einem äußeren Befestigungsring, dem Linienwall, zu umgeben. Der Hofmathematiker Johann Jakob Marinoni entwarf die Pläne des ca. 13 km langen Bauwerks, das in einer Höhe von 12 Fuß mit Ziegeln aufgemauert, mit einem vorgelagerten Graben und Torbauten versehen wurde. Innerhalb dieses 1738 vollendeten Ringes, der sich von St. Marx rund um die Vorstädte bis Lichtental erstreckte, bestanden bis dahin einzelne mehr oder weniger dicht verbaute lokale Zentren rings um die Vorstadtpfarrkirchen. Dazwischen aber lagen noch große unverbaute Felder, die landwirtschaftlich genutzt wurden. Nun nahm man die sukzessive – teils rasterartige – Verbauung dieser Flächen in Angriff, wodurch Wien bis zum Ende des 18. Jahrhunderts auch in diesen Bereichen einen dicht verbauten, städtischen Charakter annahm.

Mit der intensiven Bautätigkeit vom Ende des 17. Jahrhunderts bis zur Regierungszeit Kaiserin Maria Theresias (1740–1780) war eine weit gehende Bedarfssättigung an Palast- und Sakralbauten erreicht. Die Monarchin widmete sich der Vollendung der Schlösser Schönbrunn und Laxenburg außerhalb der Stadt. Im Zentrum Wiens ließ Maria Theresia die Hofburg im Bereich der Hofbibliothek durch den Architekten Niccolo Pacassi zu einem einheitlichen Platzensemble, dem heutigen Josefsplatz erweitern.

Die Stadt im Klassizismus und Biedermeier

Neue Akzente im Stadtbild setzte danach die Regierung Josephs II., der sich als moderner, aufgeklärter Monarch besonders um die Errichtung utilitaristischer Bauten zum Wohl des Volkes einsetzte. Unter Wiederverwendung älterer Bausubstanzen ließ er das Allgemeine Krankenhaus im Bereich Alserstraße/Spitalgasse/Garnisongasse (heute in neuer Nutzung als Universitätscampus) errichten, wobei angegliederte Bauten, wie die Chirurgisch-medizinische Akademie (Josephinum, Währingerstraße) oder der nach den Prinzipien des Revolutionsklassizismus erbaute Narrenturm programmatische Bedeutung erhielten. Die vernunftbetonte Architektur des Klassizismus kennzeichnete auch die Bautätigkeit unter der Herrschaft Kaiser Franz' I. Die Gründung des Polytechnikums am Karlsplatz (heute Technische Universität) und der Tierarzneischule sollte den Ausbildungsstand heben und die Wirtschaftsentwicklung fördern; die Gebäude der Nationalbank in der Herrengasse und des Hauptmünzamtes am Heumarkt dienten der Konsolidierung der Staatsfinanzen nach dem Ende der napoleonischen Kriege.

Das traumatisierende Ereignis der Belagerung und Beschießung Wiens durch die Franzosen im Jahre 1809 brachte die Erkenntnis, dass die veralteten Befestigungsanlagen der Stadt gegen moderne Angriffstaktiken keinen Schutz mehr boten. Dennoch zögerte man danach noch jahrzehntelang, bis man sich dazu entschloss, die Basteien aus der Renaissance gänzlich abzureißen und auch die große Freifläche des Glacis bis zum inneren Rand der Vorstädte zur Verbauung freizugeben. In der Biedermeierzeit vor der bürgerlichen Revolution von 1848 begann man immerhin, Bereiche des Glacis gärtnerisch zu Erholungsflächen auszugestalten (Volksgarten).

Historismus, Jugendstil und beginnende Moderne

Nachdem man ab 1850 die Eingemeindung der 34 Vorstädte in Form von Wiener Stadtbezirken vorgenommen hatte, gab Kaiser Franz Joseph I. im Jahre 1857 die Anordnung, die Befestigungsanlagen rund um die Innere Stadt niederzureißen und das Glacis zu verbauen. Die Grundstücke im bisherigen

Verteidigungsbereich der Stadt, die dem k.k.Militärärar gehört hatten, wurden dem Stadterweiterungsfonds zugewiesen, der die Parzellierung und den Verkauf von Baugrundstücken durchführte. In einem Architektenwettbewerb, bei dem 85 Projekte eingereicht wurden, erwählte man einen Gestaltungsplan, der 1859 vom Kaiser genehmigt wurde. Der Abbruch der Befestigungen begann 1858 und war erst 1874 nahezu abgeschlossen.

An der zentrumsnahen Innenseite des Stadterweiterungsgebietes wurde die etwa vier Kilometer lange und 57 m breite Ringstraße angelegt. Der Stadtgraben wurde eingeebnet und das gesamte Glacis bis zur Lastenstraße an der Grenze zu den Vorstadtbezirken rasterförmig parzelliert. Besondere Bereiche wurden für die Errichtung von Monumentalgebäuden reserviert: Der Bereich der Hofburg wurde unter Wiederaufnahme des barocken Achsenkonzepts durch Architekt Gottfried Semper als Kaiserforum mit den Bauten der Neuen Hofburg erweitert und über die Ringstraße hinweg mit den symmetrisch angelegten Hofmuseen (Kunsthistorisches und Naturhistorisches Museum) bis zu den bestehenden barocken Hofstallungen (heute MuseumsQuartier) fortgesetzt. Eine weitere axiale Gruppierung ergab sich aus der Anlage des Burgtheaters an der Innenseite der Ringstraße, dem das Neue Rathaus an der Außenseite des Stadterweiterungsbereichs gegenübergestellt wurde. Der barocken Achsenführung vom Stadtzentrum zum Belvedere und zum Schwarzenbergpalais folgte der lang gestreckte Schwarzenbergplatz.

Neben den Monumentalbauten boten die weitläufigen Parzellenblöcke im Stadterweiterungsgebiet zwischen Ringstraße und Lastenstraße Raum für eine große Zahl repräsentativer Wohnhäuser. Dabei handelte es sich nur zum geringen Teil um Palais des Adels oder von Bankiers und Wirtschaftstreibenden, vielmehr zum überwiegenden Teil um Zinshäuser, die vom aufstrebenden Bürgertum finanziert und Gewinn bringend weiterverkauft und vermietet wurden. Im gesamten Stadtbereich ist der „Blockbau“ zu erkennen das heißt die einheitliche Fassadengestaltung der einzelnen Baublöcke, auch wenn sie mehrere Einzelhäuser umfasst.

Besondere Beachtung ist im Sinne des „Gesamtkunstwerkes“ Ringstraße der heute noch bestens erhaltenen und nach gartendenkmalpflegerischen Grundsätzen gestalteten Parkanlagen zu widmen: Während der Maria-Theresien-Platz, der Heldenplatz oder der Volksgarten streng formale Gestaltungen zeigen, wurden der Rathauspark zwischen Rathaus und Burgtheater und der weitläufige Stadtpark am Parkring im Osten des Stadterweiterungsgebietes nach botanischen Grundsätzen und nach den Regeln der englischen Landschaftsgartenkunst gestaltet und sind in dieser Form auch bis heute erhalten.

Bestandteil der städtebaulichen Neustrukturierung, die den Ruf Wiens als eine der Metropolen Europas am Ende des 19. Jahrhunderts neuerlich festigte, war der „Ausbau der Verkehrsanlagen“, der 1892 auf gesetzlicher Basis in Angriff genommen wurde. Unter diesem Begriff verstand man den Bau einer Stadtbahnanlage, die Regulierung von Donaukanal und Wienfluss sowie

die Generalsanierung des Kanalnetzes nach einheitlichen städtebaulichen und gestalterischen Richtlinien.
Ein entscheidender Schritt war hierbei die Übertragung der architektonischen Gestaltung aller Bauten der Stadtbahnanlage an Otto Wagner, die 1894 erfolgte.

Mit den Stadtbahnbauten fand die neue künstlerische Richtung des Jugendstils eine das Stadtbild mitbestimmende Artikulierung. Der Bau der Secession von Josef Maria Olbrich (1897) mit der Portalinschrift „Der Zeit ihre Kunst, der Kunst ihre Freiheit" bildete die steingewordenen Absage einer ganzen Künstlergeneration an den Historismus und Eklektizismus. Der Jugendstil wurde auch in Teilbereichen der Ringstraße wirksam, wie beim Bau der Postsparkasse von Otto Wagner (1904–1906) oder bei der Verbauung des Wienflusses im Bereich des Stadtparks nach Plänen von Architekt Friedrich Ohmann (1903–06).

Charakteristisch für die beginnende Moderne in Wien sind aber nicht nur die großen, richtungsweisenden Bauten, zu denen im Stadtzentrum zweifellos das Looshaus am Michaelerplatz (Adolf Loos, 1909) zu zählen ist, sondern die vielen kleinen Geschäftseinbauten des beginnenden 20. Jahrhunderts, die heute noch weit gehend ihrer ursprünglichen Funktion dienen (z.B. die ebenfalls nach Entwürfen von Adolf Loos ausgeführten Lokale Schneidersalon Knize, 1., Graben 13, 1910, und American Bar, 1.,Kärntner Durchgang, 1908).

Vom Ersten Weltkrieg zur Stadt der Gegenwart

Mit dem Ausbruch des Ersten Weltkrieges und dem Zusammenbruch der Österreichisch-ungarischen Monarchie kamen die großen städtebaulichen Planungen zum Erliegen. Auch die weltberühmten Bauten des „Roten Wiens" der Zwischenkriegszeit hinterließen keine Spuren im historischen Stadtkern von Wien. Als wesentlichste Bauführung aus dieser Zeit ist jedoch der Bau des ersten „Hochhauses" in Wien, in der Herrengasse (1931/32) zu nennen.

Die Zerstörungen des Zweiten Weltkrieges hinterließen auch im Stadtzentrum von Wien ihre Spuren. Im Besonderen war der Westbereich des Stephansplatzes und aufgrund der gezielten Zerstörung der Donaukanal-Brücken ein großer Teil des stadtinneren Kais von den Kriegszerstörungen betroffen. – Unter höchster Anteilnahme und mit Zustimmung der Wiener Bevölkerung begann man erstaunlicherweise nicht mit dem Wiederaufbau der zerstörten Wohnungen, sondern vielmehr mit der Reparatur der Kriegszerstörungen an den großen Baudenkmälern. Die aufwendige Restaurierung von Burgtheater und Staatsoper markierte das Ende der Wiederaufbauphase; ihre Eröffnung erfolgte kurz nach dem Staatsvertrag, durch den Österreich am 15. Mai 1955 seine volle Souveränität wiedererlangt hatte. Ein neuerlicher Versuch, den Typus des Hochhauses in der Wiener Innenstadt zu propagieren und gleichzeitig die wiedererwachte wirtschaftliche Leistungsfähigkeit zu demonstrieren, war der Bau des Ringturms am Schottenring (1953–55). Danach wurden in der Wiener Innenstadt jedoch keine Hochhäuser mehr errichtet.

Die strikte Erhaltung des historischen Bestandes im historischen Zentrum führte dazu, dass sich die Neubautätigkeit der Gegenwart vor allem auf die große Wiener Tradition der Geschäftseinbauten konzentrierte (z.B. Kerzengeschäft Retti, 1., Kohlmarkt 8–10, Architekt Hans Hollein, 1964; Ausbau des Schneidersalons Knize, 1., Graben 13, Architekt Paolo Piva, 1993).

Die architektonische Auseinandersetzung zwischen alt und neu fand aber auch im Bereich der Dachausbauten, z.B. 1., Falkenstraße 6, Architektengruppe Coop Himmelb(l)au, 1987 oder im Bereich der großen Revitalisierungsprojekte statt, z.B. Umbau des Jüdischen Museums der Stadt Wien, Architektenteam Eichinger oder Knechtl, 1995; Revitalisierung des Palais Harrach, Architekt Manfred Wehdorn, 1991–1994; Wiederherstellung der Redoutensäle der Wiener Hofburg nach dem Brand im November 1992, Architekt Manfred Wehdorn 1992–1997; Generalsanierung der Albertina, unterirdische Erweiterungsbauten Architekten Erich Steinmayer und Friedrich Mascher.

Das „Neue Haas-Haus“, 1985 nach Plänen des Architekten Hans Hollein, gegenüber dem Stephansdom, an der Stelle eines Hauses aus den fünfziger Jahren des zwanzigsten Jahrhunderts errichtet, mag kennzeichnend für die neue Einstellung der Gegenwartsarchitektur im historischen Stadtgefüge Wiens sein: Qualitätsvolles Altes erhalten und sanieren, Neues aber selbstbewusst in einer zeitgemäßen Formensprache an seine Seite stellen.

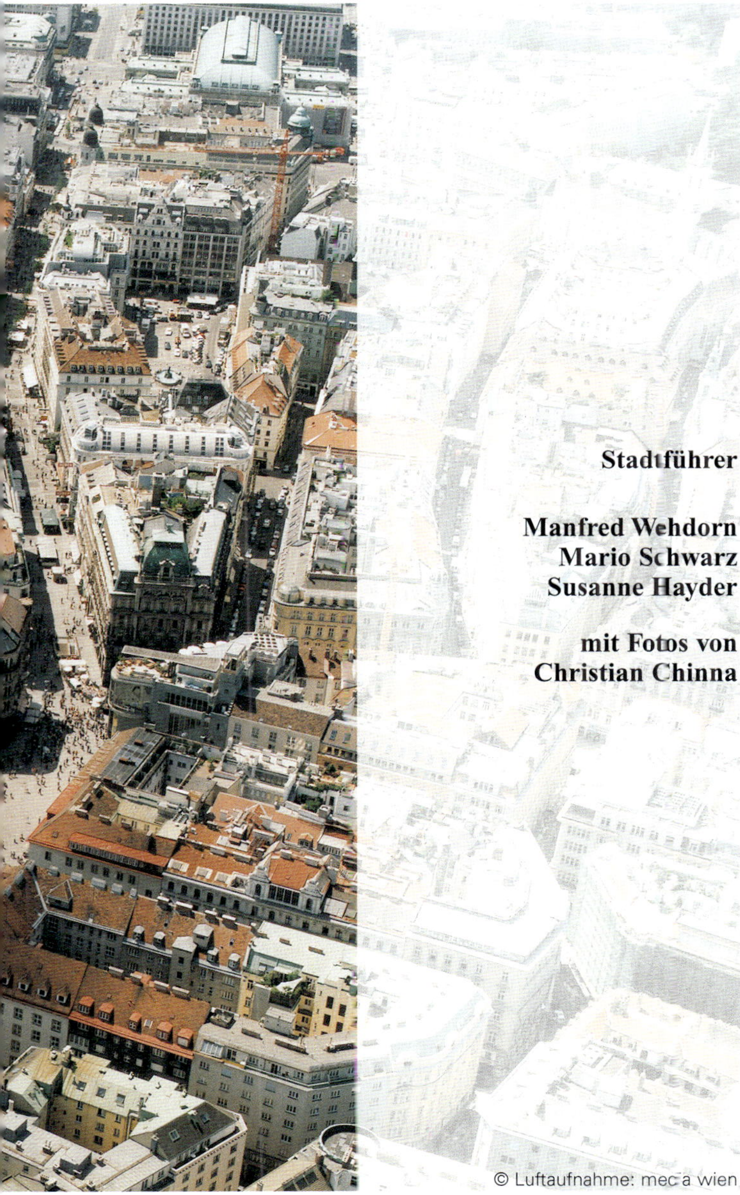

Stadtführer

Manfred Wehdorn
Mario Schwarz
Susanne Hayder

mit Fotos von
Christian Chinna

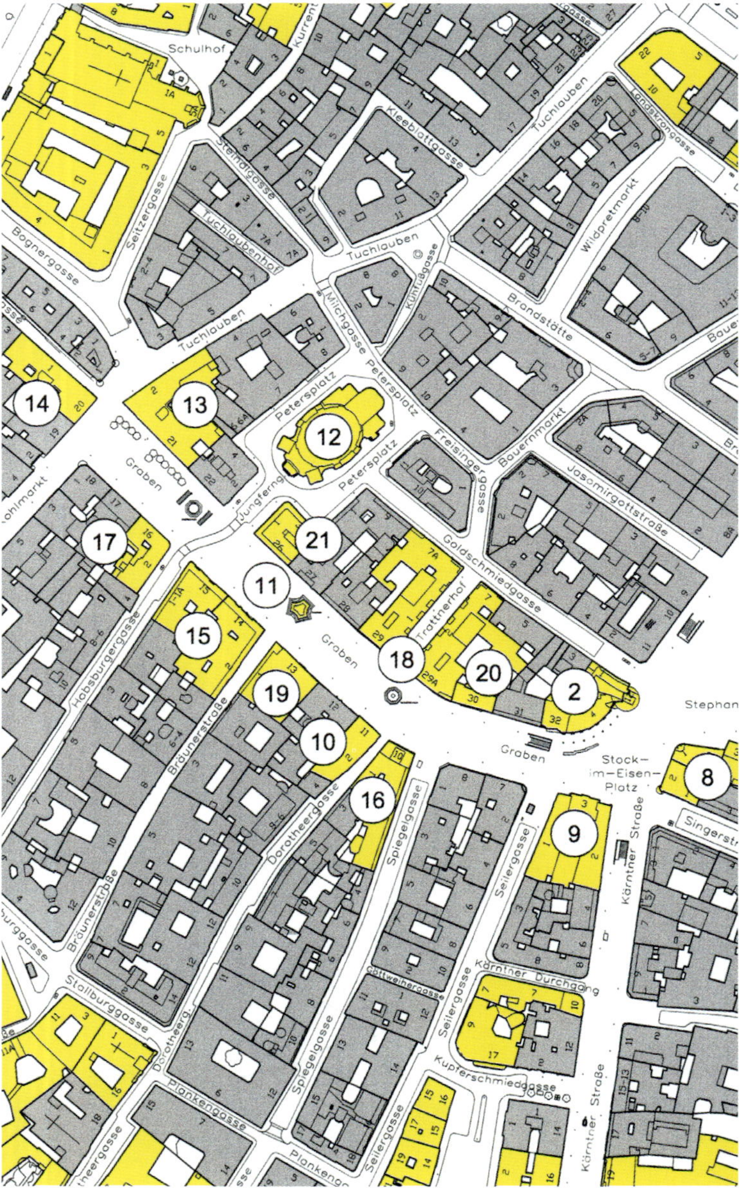
Schulhof
Tuchlauben
Kleeblattgasse
Landskrongasse
Steindlgasse
Seitzergasse
Tuchlaubenhof
Bognergasse
Wildpretmarkt
Kühfußgasse
Brandstätte
Milchgasse
Petersplatz
Freisingergasse
Bauernmarkt
Jasomirgottstraße
Graben
Goldschmiedgasse
Trattnerhof
Habsburgergasse
Bräunerstraße
Dorotheergasse
Spiegelgasse
Seilergasse
Stock-im-Eisen-Platz
Kärntner Straße
Kärntner Durchgang
Göttweihergasse
Kupferschmiedgasse
Stallburggasse
Plankengasse
14
13
12
17
21
11
15
18
20
2
19
10
16
8
9

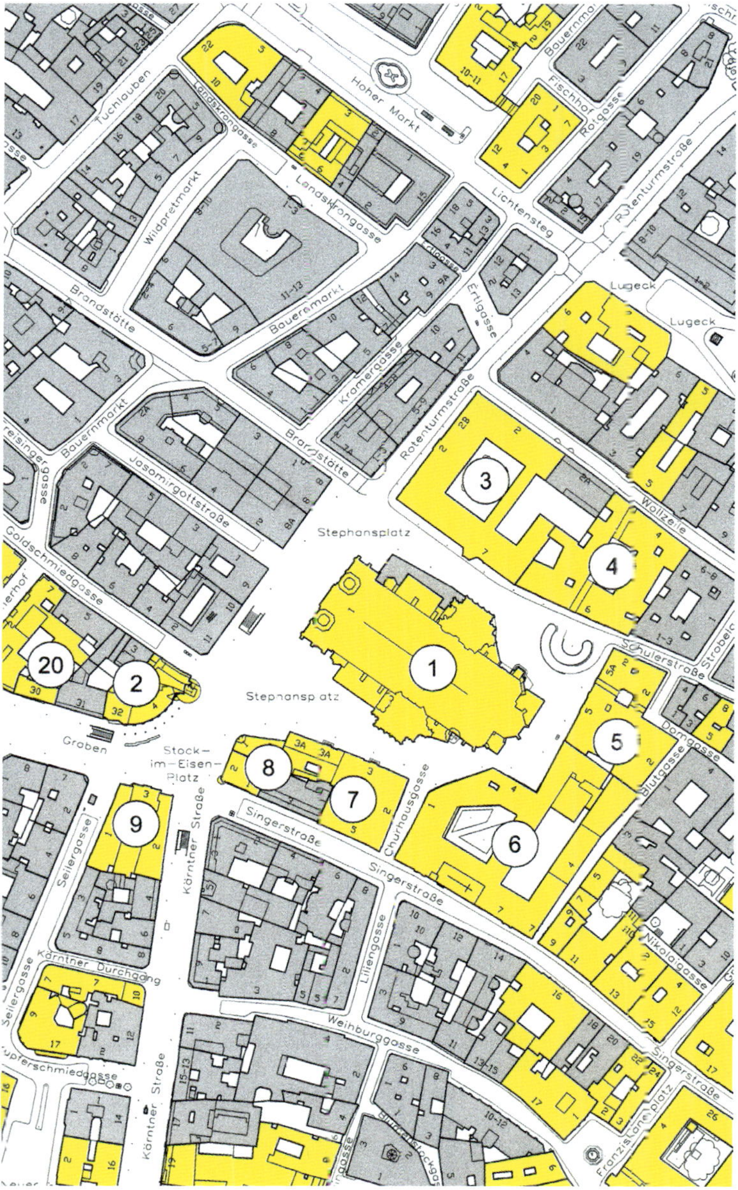
Tuchlauben
Landskrongasse
Hoher Markt
Fischhof
Rotgasse
Lichtensteg
Rotenturmstraße
Wildpretmarkt
Bauernmarkt
Brandstätte
Ertlgasse
Kramergasse
Lugeck
Jasomirgottstraße
Goldschmiedgasse
Stephansplatz
Wollzeile
Schulerstraße
Domgasse
Blutgasse
Graben
Stock-im-Eisen-Platz
Singerstraße
Churhausgasse
Seilergasse
Kärntner Straße
Liliengasse
Nikolaigasse
Kärntner Durchgang
Weihburggasse
Kupferschmiedgasse
Franziskanerplatz
1
2
3
4
5
6
7
8
9
20

Stephansdom, Heidentürme

Stephansplatz und Graben

1 Lebendiges Zentrum der Stadt Wien ist seit Jahrhunderten der **Stephansdom**, er bildet gleichsam das Symbol für die geistige und geographische Mitte der Stadt.

Die bekannteste, für einen mittelalterlichen Dom höchst ungewöhnliche, Ansicht ist die vom Stock-im-Eisen-Platz an der Ecke zur Kärntner Straße aus, welche die Westfassade in schrägem Winkel erfasst, das südliche Langhaus entlang gleitet und beim „hohen" Turm endet.

Die **Westfassade** stammt vom spätromanisch-frühgotischen Bau und gehört damit zu den ältesten erhaltenen Teilen der Kirche. Der Dom hatte aber mindestens einen Vorgängerbau, dessen Westtürme in den unteren Mauerbereichen noch nachzuweisen sind. Im Zentrum der Westfront öffnet sich ein mächtiges Rundbogenportal, das sogenannte **Riesentor**, mit seinen charakteristischen spätromanischen, „normannischen" Zierleisten in Steinmetzarbeit. Flankierend erheben sich an der Westfassade die beiden „Heidentürme" mit ihren achteckigen Prismen und Giebelbekrönungen. Wie die Forschung meint, dürfte der Aufenthalt von Kaiser Friedrich II. im Jahre 1237 der Anlass zum prachtvollen Umbau der Stephanskirche gewesen sein. Das „Riesentor" ist das Hauptwerk einer Gruppe stilverwandter spätromanischer Portale in Mitteleuropa, die sich in Mähren (Trebitsch), Ungarn (Ják) und in Niederösterreich (Wiener Neustadt, Tulln, Kleinmariazell) finden.

Die **südliche Langhausfront**, die sich dem Betrachter von der Kärntner Straße aus erschließt, gehört bereits einer späteren, gotischen Umbauphase an, die 1359 unter Herzog Rudolf IV. dem Stifter begonnen wurde und die

Planung zweier monumentaler Turmneubauten an den Endungen eines Querhauses umfasste.

Unser Blick endet am **Südturm**, dahinter liegt – von unserem Standpunkt aus nicht sichtbar – der Albertinische Chor verstellt. Der Turm, von den Wienern liebevoll „Steffl" genannt, gehört mit seinen 137 Metern zu den höchsten gotischen Türmen Europas. Seine charakteristische Silhouette bestimmt seit seiner Vollendung im Jahre 1433 das Wiener Stadtbild. Die um 1440 entstandene älteste Stadtansicht von Wien auf einem Tafelbild des „Albrechtsaltares", heute im Stiftsmuseum von Klosterneuburg, zeigt bereits den vollendeten Südturm der Stephanskirche. Sich konsequent nach oben verjüngend, erhebt er sich in den unteren Geschossen über quadratischem Grundriss, um im zweiten Drittel in ein Polygon überzugehen. Durch das durchbrochene steinerne Maßwerk, das am Turmkörper wie ein Schleier herabfällt, ist dieser Grudrisswechsel für den Betrachter allerdings kaum wahrnehmbar.

Die auf so vielen Ansichtkarten abgebildete „Diagonalansicht" ist erst seit dem 19. Jahrhundert möglich, davor war das Areal des heutigen Stephansplatzes wesentlich dichter verbaut und bildete eine Abfolge von drei Platzanlagen, Stock-im-Eisen-Platz, Stephansplatz und Graben, die durch schmale Häuserzeilen voneinander getrennt waren. Im Mittelalter war der Dom von einem Friedhof – dem „Stephansfreithof" – umgeben, der seinerseits mit einer Mauer umschlossen wurde. Innerhalb der heutigen Platzfläche verlief im Mittelalter und noch lange danach westlich des Riesentores eine Häuserzeile, die durch die schmale Bischofsgasse von der Friedhofsmauer getrennt war.

Gegen Ende des 18. Jahrhunderts kam es zur Entflechtung dieses dicht bebauten Stadtraumes westlich des Doms. Am Beginn dieser Entwicklung stand 1781 der Brand der gotischen Maria-Magdalena-Kapelle auf dem Stephansfriedhof, deren Grundriss an der heutigen Platzoberfläche durch farbige Steine markiert ist. Der Bau wurde nach dem Brand nicht wieder aufgebaut, sondern abgetragen, das Gewölbe des Untergeschosses durchschlagen und mit Bauschutt gefüllt. Dieses heute als Virgilkapelle bezeichnete Untergeschoss ist beim Bau der U-Bahn (Linie U 1) wiederentdeckt und in Form eines Schauraumes in die U-Bahnstation Stephansplatz integriert worden. Jüngste Untersuchungen zeigen, dass dieser unterirdische Raum, der mit sechs gerundeten Apsiden versehen ist, ursprünglich als Krypta einer Kapelle angelegt worden war, die man um 1245 zur Aufnahme der Reliquien des heiligen Koloman, des damaligen Landespatrons von Österreich, erbauen wollte.

1781 begann man mit dem Abbruch der an die Friedhofsmauer angebauten Häuser. Als Kaiser Franz II. 1792 von seiner Krönungsreise aus Frankfurt am Main nach Wien zurückkehrte, waren die Gebäude vor dem Stephansdom bereits abgebrochen, sodass der Weg zum Riesentor frei war. Erstmals wurde die Westfassade des Domes aus größerer Entfernung erlebbar. Die Maßnahme galt damals als Verschönerung der Stadt und diente zur Vergrößerung der

„Haas-Haus", Stock-im-Eisen-Platz 4

Bequemlichkeit ihrer Einwohner. Erstmals entstand damit zwischen Rotenturmstraße und Stock-im-Eisen-Platz eine breite Durchfahrt.

Die heutigen städtebaulichen Gegebenheiten wurden während der Regulierungsbemühungen des 19. Jahrhunderts hergestellt. Durch den 1896 erfolgten Abriss des sogenannten Lazansky-Hauses (damals Stock-im-Eisen-Platz 1 Stephansplatz 2) verlor der Stock-im-Eisen-Platz endgültig seine Geschlossenheit. Durch den Abriss der Häusergruppe am Westende des Grabens flossen die Platzflächen von Stephansplatz, Stock-im-Eisen und Graben endgültig ineinander.

Die beschriebene Hauptansicht des Domes spiegelt sich heute – seltsam
2 verzerrt – in den Glasfronten des 1987–1990 neu errichteten **„Haas-Hauses"** (Stock-im-Eisen-Platz 4) wieder. Dieses Gebäude des Architekten Hans Hollein ist eines der wenigen großen Bauprojekte der jüngsten Vergangenheit, die in der Wiener Innenstadt verwirklicht wurden. Es handelt sich tatsächlich bereits um das dritte Haus dieses Namens, das an diesem sensiblen Punkt des Wiener Stadtbilds errichtet wurde: Der erste Bau, ein Geschäftshaus für den Teppichfabrikanten Philipp Haas war 1866–1867 nach Plänen der Architekten August Sicard von Sicardsburg und Eduard van der Nüll entstanden und brannte im April 1945 vollständig aus. 1951–1953 wurde das zweite „Haas-Haus" von den Architekten Max Fellerer und Carl Appel erbaut, welches 1986 nach langen Diskussionen und Protestaktionen abgebrochen wurde.

Umschreitet man den Stephansdom im Uhrzeigersinn, so erkennt man an der Westseite des Stephansplatzes bei den Nachbargebäuden des Haas-Hauses deutlich die Signatur der unmittelbaren Nachkriegszeit, z. B. den nach Kardinal Innitzer benannten Theodor-Innitzer Hof (Stephansplatz 8–8a/Brandstätte1/Jasomirgottstraße 2). An der Fassade befindet sich ein Wappen mit Innitzers Wahlspruch „In caritate servire“. Dieser als „wienerisch“ unauffällig beschriebene Bau in einfachen, klaren Formen bildet heute das sich unterordnende Gegenüber des Stephansdoms.

Erst jenseits der Rotenturmstraße setzt sich die historische Bebauung, in
ihrer Funktion in Zusammenhang mit dem Dom zu sehen, fort. An der Nord-
seite des Stephansplatzes liegt, begrenzt von Rotenturmstraße und Wollzeile,
das **Erzbischöfliche Palais** (Stephansplatz 7), die Residenz der Wiener 3
Bischöfe und später Erzbischöfe, erbaut 1632–1641 von den Brüdern Giovanni und Sigismondo Coccapani. An dieser Stelle befand sich seit 1267 der alte Pfarrhof von St. Stephan. Aus der barocken Fassadenfront von 1716 ragt zum Dom hin die polygonale Chorapsis der Andreaskapelle vor. Sie liegt gegenüber dem unvollendeten **Nordturm des Stephansdomes**, der gleichsam immer im Schatten seines hohen, schlanken Bruders von der Südseite stand. Obwohl die Fundamente des Nordturms bereits 1450 gelegt wurden, begann man mit dem aufgehenden Mauerwerk erst 1467, zwei Jahre bevor Kaiser Friedrich III. die Errichtung eines Bischofssitzes an der Wiener Stephanskirche erwirkte. Der Bau des Nordturmes vollzog sich schleppend, 1511 wurde er in halber Höhe eingestellt und 1578 mit einer achteckigen Glockenhaube endgültig abgeschlossen.

Erzbischöfliches Palais, Apsis der Kapelle, Stephansplatz 7

Stephansdom, Albertinischer Chor

Setzt man den Rundgang um den Stephansdom fort, so wird hinter dem Nordturm der **„Albertinische Chor“** sichtbar, der 1304 unter dem Habsburger König Albrecht I. begonnen und 1340 eingeweiht wurde. Von Osten gesehen beeindruckt das reichgegliederte Erscheinungsbild der gestaffelten polygonalen Apsiden des dreischiffigen Hallenchores.

An der nördlichen Platzfront schließt neben dem Erzbischöflichen Palais
4 der **„Große Zwettlhof“** (Stephansplatz 6) an, der den in der Wiener Innenstadt verbreiteten Gebäudetypus eines „Durchhauses“ repräsentiert. Der vierstöckige, 1844 von Leopold Mayer errichtete Bau mit öffentlichen Durchgängen zur Wollzeile nimmt in seinem Inneren das Erzbischöfliche Dom- und Diözesanmuseum mit seinen reichen Sammlungen auf.

Wendet sich der Betrachter an dieser Stelle des Stephansplatzes um und blickt zurück, so steigt zu seiner Linken das feingesponnene Liniennetz des spätgotische Steinmaßwerks des Nordturmes empor, wobei es einen markanten Kontrast zur ruhigen, zurückhaltenden Front des Erzbischöflichen Palais bildet. Die mit den für das alte Wien typischen Dachziegeln, den sogenannten „Wiener Taschen“, eingedeckte Dachlandschaft des vergleichsweise niedrigen barocken Bischofspalastes wird hier bis zum Dachfirst hinauf sichtbar. Der zur Biedermeierzeit erbaute Zwettler Hof und der fast gleichzeitig, nämlich
5 1837–1841, ebenfalls von Leopold Mayer, errichtete **„Domherrenhof“** (Stephansplatz 5–5a) an der Ostseite des Platzes erreichen dagegen eine größere

Gebäudehöhe und rücken dadurch dem Chor des Domes gleichsam näher „auf den Leib“.

An den Domherrenhof schließt sich der weitläufige Komplex des **Deutschordenshauses** (Singerstraße 7 / Stephansplatz 4 / Churhausgasse 1 / 6
Blutgasse 4) an. Der Haupteingang dieses Komplexes befindet sich in der Singerstraße. Schon 1210 wird in Wien das Bestehen eines Hauses des Deutschen Ordens, einer geistlichen Rittergemeinschaft, die in der Kreuzzugsbewegung entstanden war, und deren Mitglieder Herzog Leopold VI. herbeigerufen hatte, bezeugt. Im Ordenshaus in der Singerstraße war der Sitz des österreichischen Landkomturs untergebracht, seit 1809 ist das Gebäude Residenz des Hochmeisters des Deutschen Ordens; es beherbergt außerdem die öffentlich zugängliche Schatzkammer des Ordens. Der rückwärtige Trakt am Stephansplatz bildete ursprünglich den zugehörigen Wirtschaftshof. Ab 1667 wurde dieser Teil von Carlo Canevale neu errichtet; 1679–1682 unternahm dieser gemeinsam mit Johann Bernhard Ceresola eine Erweiterung des gesamten Komplexes. Tritt man in die aneinandergereihten Höfe des Deutschordenshauses, so findet man das bezaubernde Bild eines perfekt erhaltenen historischen Bauensembles, so wie es sich einstigen berühmten Bewohnern dieses Hauses, wie Wolfgang Amadeus Mozart (1781) und Johannes Brahms (1863–1865) geboten hat.

Die südliche Platzfront eröffnet das stattliche fünfgeschossige **Churhaus** 7
(Stephansplatz 3), der Sitz der Seelsorgegeistlichkeit von St. Stephan. Das Gebäude wurde 1738–1740 nach den Entwürfen von Daniel Christoph Dietrich und Johann Gottfried Pock erbaut und wahrscheinlich von Mathias Franziskus Gerl vollendet. Hier standen früher die mittelalterliche Bürgerschule und die Bauhütte von Sankt Stephan, in der die Zunft der Steinmetze ihre Lade hatte und wo auch der Dombaumeister wohnte. Am 8. Oktober 1938 war das Churhaus Ziel von nationalsozialistischen Übergriffen, in deren Verlauf Domkurat Johann Krawarik aus einem Fenster des Gebäudes hinabgestürzt wurde.

Mit dem Haus **„Zur Weltkugel“** (Stephansplatz 2 / Stock-im-Eisen-Platz 1) 8
schließt der Rundgang um den Stephansdom. Hier stand bis 1896 das weit in die heutige Platzfläche hineinragende barocke Lazanskyhaus. Nach dessen Abbruch gab es einen heftigen Streit darüber, ob man den Neubau so placieren sollte, dass der Blick vom Graben auf den Stephansdom frei würde, oder ob eine solche „Freilegung“ des Domes unterbleiben sollte. Man entschied sich, den Bauplatz radikal zu verkleinern, um einen großzügigen Zugang zum Stock-im-Eisen-Platz zu schaffen. Der Neubau nach Entwurf von Architekt Alexander von Wielemans ist ein seltener Vertreter eines Wohn- und Geschäftshauses aus dem Späthistorismus mit Fassadenfresken in der Art der Spätrenaissance, die anlässlich der Restaurierung des Hauses im Jahre 1975 konservierend instand gesetzt wurden.

Palais Equitable, Stock-im-Eisen-Platz 3

Die Einmündung der Kärntner Straße in den Stock-im-Eisen-Platz wird
9 durch das prunkvolle **Equitable-Palais** (Stock-im-Eisen-Platz 3) markiert. Das Bürohaus, benannt nach der hier befindlichen Wiener Niederlassung einer New Yorker Versicherungsgesellschaft, entstand 1891 nach einem Entwurf des Architekten Andreas Streit unter größtem Aufwand an kostbarem Steinmaterial und unter Mitwirkung bedeutender Künstler wie der Bildhauer Rudolf Weyr und Viktor Tilgner, und trat an die Stelle von fünf kleinen Häusern, die vormals die Verbindung zwischen dem Graben und dem Stock-im-Eisen-Platz unterbrochen hatten. An der Gebäudeecke zur Kärntnerstraße ist in einer Nische das sagenumwobene Wiener Wahrzeichen des „Stock im Eisen" aufgestellt. Der um 1440 datierte Fichtenholzstamm wurde bereits am noch wachsenden Baum mit Nägeln beschlagen, später wurde der abgeschnittene Stamm mit einem Eisenband umschlossen. Der Brauch, den Stamm zu benageln, fand bis in das späte 19. Jahrhundert eine Fortsetzung.

Der Graben

Das Equitable-Palais und das „Haas-Haus" stehen am Übergang zum Graben, der seit Jahrhunderten zu den belebtesten Straßen Wiens gehört. Seine heutige Bebauung, die fast ausschließlich aus dem späteren 19. Jahrhundert stammt, erzählt kaum etwas über seine wechselvolle Geschichte. Ursprünglich befand sich anstelle der heutigen Straßenfläche tatsächlich ein Graben und zwar als Teil sowohl der römischen als auch der ersten mittelalterlichen Befestigung. Als um 1200 die Babenberger das Stadtgebiet erweiterten und eine neue Ringmauer errichteten, wurde der Graben zugeschüttet und anschließend verbaut. 1294 erscheint er erstmals als Verkehrsfläche, kurz darauf wird er als Markt bezeichnet. Gleichzeitig wurden die rippenförmig nach Süden abgehenden Straßen, die Habsburgergasse, die Bräunerstraße, die Dorotheergasse, die Spiegelgasse und die Seilergasse, angelegt. Ihr Verlauf folgte wahrscheinlich ursprünglichen Feldrainen. Einen offenbar weitgehend wirklichkeitsgetreuen Blick durch eine dieser Seitengassen in Richtung Graben zeigt das Heimsuchungsbild vom Altar des Schottenmeisters aus der Zeit um 1469, welches im Museum des Schottenstiftes auf der Freyung ausgestellt ist. Im Hintergrund erscheinen rechts die Heidentürme von St.Stephan und links der Turm der mittelalterlichen Peterskirche.

Seit etwa 1300 bestanden bereits am westlichen und am östlichen Ende des Grabens Häusergruppen. Die östliche Häuserinsel umfasste zwei Blöcke und erstreckte sich bis zum Stock-im-Eisen-Platz und Stephansplatz. Die Westeite des Grabens trug verschiedene Bezeichnungen wie Milchmarkt, Kaltenmarkt, Fleischgraben oder Grüner Kräutelmarkt. Auch am Eingang zum Kohlmarkt lag eine Häusergruppe, zu deren Seiten kurze Gassen die Verbindung zwischen Kohlmarkt und Graben herstellten.

Gegen Ende des Mittelalters wurde die geschlossene Bebauung am Gra-
ben immer stattlicher, es entstanden großzügige Bürgerhäuser. Diese mittelal-
terliche Substanz wurde ab 1700 barock überformt. Unter Maria Theresia und
Joseph II. entwickelte sich der Graben immer mehr zu einem Zentrum städti-
schen Lebens. Ein Relikt der prächtigen Bauten jener Zeit stellt das **Palais** 10
Bartolotti-Partenfels (Graben 11 /Dorotheergasse 2–4) dar, das um 1720
begonnen wurde und die Handschrift des Architekten Johann Lukas von Hil-
debrandt erkennen lässt. Das Gebäude war wahrscheinlich von Anfang an ein
Zinspalais, was das Fehlen eines Vestibüls und einer repräsentativen Treppe –
unabdingbar für ein barockes Adelspalais – erklären würde.

Unweit dieses Palais erhebt sich das Wahrzeichen des Grabens, die **Pest-** 11
säule. Wie viele ähnliche, im Grenzbereich zwischen Architektur und Skulp-
tur stehende Kunstwerke geht sie auf eine Votivstiftung, in diesem Fall auf ein
kaiserliches Gelöbnis, zurück. 1679 versprach Kaiser Leopold I., eine „him-
melstrebende Säule“ zu stiften, wenn die Pest, die seine Untertanen dahin-
raffte, die Stadt verlassen würde. Der Bau der Säule begann 1682 durch Mat-
tias Rauchmiller, wurde nach dessen Tod durch Johann Bernhard Fischer von
Erlach fortgeführt und schließlich 1693 durch Lodovico Burnacini vollendet.
Der aus Wolken aufsteigende Obelisk wurde vom Bildhauer Paul Strudel und
Mitarbeitern gestaltet. Szenische Reliefs schmücken den Sockel, eine Figu-
rengruppe der Dreifaltigkeit bekrönt den Aufbau.

Pestsäule, Graben

Blick vom Graben zur Peterskirche

Doch das Stadtbild im Bereich des Grabens besitzt noch einen weiteren
überaus reizvollen barocken Akzent: Es ist dies der Blick auf die vom Graben
12 nur durch einen kurzen Straßenansatz zurückgesetzte Fassade der **Peterskir-
che**, deren mächtige, 56 m hohe Kuppel zwischen zwei niedrigeren flankie-
renden Türmen über dem marmornen Giebelportal emporragt. Der auch in
seiner Innenraumwirkung großartige Zentralbau entstand in den Jahren 1702
bis 1733 nach Entwurf von Johann Lukas von Hildebrandt und geht auf eine
Initiative von Kaiser Leopold I. zurück. An dieser Stelle stand zuvor die wohl
älteste Kirche Wiens. An die legendäre Überlieferung, daß sie von Kaiser
Karl dem Großen gegründet worden sei, wird in einem Relief von Rudolf
Weyr an der östlichen Außenwand der Peterskirche erinnert.

Der Platzgrundriss des Grabens blieb bis 1840, als die Häuser, die den Zugang zum Kohlmarkt versperrt hatten, demoliert wurden, unverändert. Die nächste große Veränderung erfolgte rund zwanzig Jahre später mit dem Abbruch der Häuser, die den Graben vom Stephansplatz und vom Stock-im-Eisen-Platz getrennt hatten, darunter das Haus „Zum schwarzen Elefanten“, das eine berühmte Apotheke beherbergt hatte. Erstmals war dadurch der Blick vom Graben auf den Stephansdom, besonders auf den Südturm freigelegt. Gleichzeitig verlor der Graben aber seine Wirkung als geschlossener Platz und wurde zur durchgängigen Straße.

Seither blieb der Graben in seiner Grundrissdiposition unverändert. Gera-
dezu dramatische Veränderungen gab es allerdings im Bereich der Bebauung.
Das heutige Erscheinungsbild prägen Gebäude aus dem 19. bis frühen 20.
Jahrhundert. An der Nordseite entstand 1834–1839 nach Entwurf des Archi-
tekten Luigi Pichl an Stelle dreier älterer Häuser das fünfgeschossige
Gebäude der **Hauptanstalt der Ersten Österreichischen Spar-Casse** (Gra- 13
ben 21), dessen Fassade über einem flachen, neunachsigen Mittelrisalit einen
klassizistischen Dreiecksgiebel trägt. Beispiele der Architektur des Historis-
mus am Graben sind das dominante Haus **Graben 20** an der Westseite des 14
Platzes von Architekt Ferdinand Fellner (1855–1858) mit monumentalen
Karyatiden oder der 1873 von Architekt Otto Thienemann erbaute **„Graben-** 15
hof“ an der Südseite (Graben 14–15), bei welchem Otto Wagner die Baulei-
tung und Erweiterung innehatte. In den Jahren 1894–1895 entstand unweit
davon das **Büro- und Geschäftshaus der Anker-Versicherung** (Graben 10), 16
ein wichtiges Werk Otto Wagners, das eine neuartige Monumentalisierung
des multifunktionalen Großstadthauses ausdrückte. Sowohl die gänzlich ver-
glaste, über zwei Geschosse reichende Sockelzone als auch das als Glas-
Eisen-Konstruktion errichtete Dachatelier verschränken transparente Motive
mit den Ordnungselementen der Pfeiler im Bereich der mittleren Geschosse.
Spätere Bauten am Graben versuchten diese Effekte noch zu steigern, wie das
Geschäftshaus Graben 16 von Architekt Pietro Palumbo aus dem Jahr 1911, 17
bei dem die verglasten Geschäftsetagen der Sockelzone bereits bis in den
zweiten Stock ausgeweitet sind, oder der als äquivalentes Gebäudepaar eben-
falls 1911 ausgeführte **„Trattnerhof“** (Graben 29 und 29a) von Architekt 18
Rudolf Krauss, ein früher, kompromissloser Eisenbetonbau mit strengem,
reliefartigen Fassadenraster. Auch bei den Geschäftsportalen und Lokalein-
richtungen hat der Graben architekturhistorisch Bedeutendes zu bieten: 1910–
1913 gestaltete Adolf Loos den **Schneidersalon Knize** (Graben 13), dessen 19
Portalgestaltung ebenso wie die bis ins Detail ausformulierte Inneneinrich-
tung zu den Hauptwerken gehobener bürgerlicher Großstadtkultur der frühen
Moderne zählen. Zwanzig Jahre später entstand das Geschäftslokal der **Con-** 20
fiserie Altmann & Kühne (Graben 30) von Josef Hoffmann und Oswald
Haerdtl, dessen Gestaltung vor allem durch die extensive Verwendung von
Glas und Metall bestimmt ist. Ein Beispiel für die Fortsetzung qualitätvoller
Baukultur von Geschäftslokalen bis in unsere Zeit ist das Portal des **Juwelier-** 21
ladens Schullin (Graben 26) mit einer expressiv gestalteten Eingangsfront
von Hans Hollein (1974).

Renngasse
Hohenstaufengasse
Wipplingerstraße
Hohe Brücke
Tiefer Graben
Wächtergasse
Schwertgasse
Passauer
Concordia
Gestade
Färbergasse
Freyung
Heidenschuß
Am Hof
Judenplatz
Drahtg.
Parisergasse
Kurrentgasse
Schulhof
Naglergasse
Haarhof
Bognergasse
Seitzergasse
Steindlgasse
Tuchlaubenhof
Tuchlauben
Milchgasse
Petersplatz
Graben
Jungferng.
Kohlmarkt
Wallnerstraße
Fahnengasse
Neubadgasse
Herrengasse
22
23
24
25
26
27
28
29
30
31

Naglergasse und Platz Am Hof

Am Westende des Grabens öffnet sich die Naglergasse wie eine dunkle schmale Schlucht zum lichterfüllten Platz. Beinahe wäre diese Gasse Ende des 19. Jahrhunderts einer Verlängerung des Grabens zum Opfer gefallen, doch die Planungen wurden nicht ausgeführt, und so blieb die Naglergasse eine der romantischsten Gassen im Zentrum Wiens, gesäumt von schmalen, hohen Häusern, deren Fassaden mit Erkern akzentuiert sind. Die starke Krümmung der Gasse, kurz bevor sie in den Heidenschuß einmündet, geht noch auf die Umgrenzung des Römerlagers von Vindobona zurück. Anfangs standen nur an der Nordseite der Naglergasse Häuser; auf der südlichen Seite erstreckte sich nämlich in der Verlängerung des Grabens der alte Stadtgraben, der sich im Terraingefälle zum Haarhof hin heute noch deutlich abzeichnet. Erst nach der Stadterweiterung um 1200 entstand auch die südseitige Häuserzeile, deren bestehende Baustruktur auf das 15.–16. Jahrhundert zurückgeht, auch wenn mehrere Häuser im Barock neu fassadiert wurden. Die spätgoti-
schen Giebelhäuser der Hausnummern **Naglergasse 13, 17 und 19** geben 22
hierfür ein beredtes Beispiel.

Blick in die Naglergasse

Platz Am Hof

Wendet man sich am westlichen Ende der Naglergasse nach rechts, so öffnet sich dem Blick das weiträumige Viereck des Platzes Am Hof, der die größte Platzanlage der Wiener Innenstadt darstellt. Der Platz entstand im Mittelalter, das Areal befand sich aber schon während der Römerzeit innerhalb der Lagermauern. Als der Babenbergerherzog Heinrich II. Jasomirgott seine Residenz von Regensburg nach Wien verlegte, errichtete er hier seine Pfalz. Der lose zusammengefügte Gebäudekomplex lag ungefähr auf dem Areal, das heute die Kirche „Zu den Neun Chören der Engel" einnimmt. Kürzlich wurden im Keller des benachbarten Barockpalais Collalto Reste eines Rundturmes der Babenbergerpfalz gefunden. Die Residenz wird urkundlich als „curia ducis" bzw. „domus ducis" bezeichnet. Nach dem Bau der Hofburg im 13. Jahrhundert wurde in der einstigen Babenbergerpfalz die landesfürstlichen Münzstätte untergebracht, 1365 übergab Herzog Albrecht III. das Areal dem Karmeliterorden, der hier Kirche und Kloster errichtete.

Das Erscheinungsbild des Platzes Am Hof ist vor allem durch seine Barockbauten geprägt. Die östliche Platzfront jenseits der Drahtgasse beginnt
23 mit dem **„Urbanihaus"** (Am Hof 12), dessen um 1730 entstandene Barockfassade im Stil von Johann Lukas von Hildebrandt gehalten ist. Runderker betonen die mittleren Achsen, das darüber liegende Muttergottesrelief stammt noch aus dem 17. Jahrhundert. Der gotische gewölbte Keller des Urbanihauses wurde 1906 von den Architekten Robert Oerley und Humbert Walcher von Moltheim pittoresk im „altdeutschen Stil" ausgestaltet. Das benachbarte
24 **Palais Collalto** (Am Hof 13) wurde unter Zusammenfassung älterer Bausubstanz 1670 erneuert, die Hauptfassade zum Platz entstand aber zwischen 1715 und 1725, bildet also mit dem Urbanihaus eine stilistisch einheitliche Front, während die Seitenfassade des Traktes zum Schulhof 1804 klassizistisch gestaltet wurde. Im Oktober 1762 war der damals im siebenten Lebensjahr stehende Wolfgang Amadeus Mozart im Palais Collalto erstmals vor einem Wiener Publikum öffentlich aufgetreten.

25 Die Ostseite des Platzes wird von der frühbarocken Fassade der **Marienkirche „Zu den neun Chören der Engel"** beherrscht. Die vorgezogene Altane ist für die österreichische Barockbaukunst untypisch, sie erinnert an römische Papstkirchen. Diese Umgestaltung erfolgte 1657–1662 im Auftrag der Kaiserinwitwe Eleonore und geht nach neuen Forschungsergebnissen auf den kaiserlichen Ingenieur und Architekten Filiberto Luchese zurück. Der zurückspringende Mittelrisalit wird durch zwei vorgezogene Gebäudeflügel mit Wohnräumen eingerahmt, was der Fassade eine palastartige Wirkung gibt. Hinter der vorgeblendeten Fassade verbirgt sich die dreischiffige gotische Hallenkirche der Karmeliter, die Baumeister Simon Steinmetz zwischen 1386 und 1403 erbaut hat. In der Reformationszeit wurde das Karmeliterkloster geschlossen. Kaiser Ferdinand I. übergab die Kirche 1554 den Jesuiten,

als deren erster Wiener Rektor Petrus Canisius wirkte. Von der Altane der Kirche Am Hof spendete Papst Pius VI. am Ostersonntag des Jahres 1782 anlässlich seines Besuches bei Kaiser Joseph II. den Segen „urbi et orbi“. Von der Altane wurde aber auch durch Herolde im Jahre 1804 die Errichtung des Kaisertums Österreich und 1806 die Auflösung des Heiligen Römischen Reiches verkündet. Heute dient die im Besitz der Erzdiözese Wien befindliche Kirche als kroatische Nationalkirche.

In die südlich anschließenden Klostergebäude zog nach Aufhebung des Jesuitenordens nach einem 1774/75 von Franz Hillebrand vorgenommenen Umbau der Hofkriegsrat, die oberste Militärbehörde der Monarchie, ein. Nach der Übersiedlung an den Stubenring (heutiges Regierungsgebäude) wurde der Komplex Am Hof abgebrochen. In dem 1912–1914 nach den Plänen von Ernst von Gotthilf und Alexander Neumann errichteten Neubau befand sich die **Zentrale der Österreichischen Länderbank**. 26

An der gegenüberliegenden Platzfront weicht das **„Märklein'sche Haus“** 27
(Am Hof 7), das zu den qualitätsvollsten Bürgerhäusern der Innenstadt gehört, hinter die Bauflucht seiner Nachbarn zurück. Das 1727–1730 von Johann Lukas von Hildebrandt errichtete Gebäude verlor allerdings 1935 sein ursprüngliches Portal, das den Garagentoren der Wiener Feuerwehr weichen musste. Das anschließende **„Schmale Haus“** (Am Hof 8) stammt noch aus 28

Mariensäule, Am Hof

29 der zweiten Hälfte des 16. Jahrhunderts. Das folgende ehemalige **Unterkammeramtsgebäude** (Am Hof 9), das nach 1700 in barocken Formen errichtet worden war, erlitt 1944/45 schwere Schäden, wurde aber nach dem Krieg unter teilweiser Wiederherstellung der historischen Fassade neu errichtet. Der Umbau wurde 1953–1955 von Architekt Erich Leischner durchgeführt.

Am linken Ende der nördlichen Platzfront befindet sich das ehemalige
30 **Bürgerliche Zeughaus** (Am Hof 10). Die Wichtigkeit ausreichender, zentral gelagerter Waffen- und Munitionsbestände wurde 1529 anlässlich der Ersten Türkenbelagerung deutlich, sodass ab 1562 am Hof ein Zeughaus eingerichtet wurde. Der bestehende Bau geht auf eine Umgestaltung durch Anton Ospel von 1732 zurück. Die mit Skulpturen von Lorenzo Mattielli geschmückte Fassade zum Platz hin erscheint – für Österreich ungewöhnlich – von spanischen und französischen Vorbildern beeinflusst. Die bekrönenden Figuren personifizieren die „Beharrlichkeit“ und die „Stärke“, die eine vergoldete Weltkugel tragen.

Die für Wiener Verhältnisse ungewöhnlich große Platzfläche gewinnt
31 durch die **Mariensäule** Struktur. Kaiser Ferdinand III. hatte im April 1645, als die Schweden im Dreißigjährigen Krieg unmittelbar vor Wien standen, das Gelübde abgelegt, der Unbefleckten Empfängnis eine Gedenksäule zu errichten, wenn sie Wien vor der Schwedengefahr rettete. 1646 entstand zunächst eine Marmorsäule in Nachahmung der 1638 in München aufgestellten Mariensäule. 1664–1667 ließ Kaiser Leopold I. vom kaiserlichen Kanonengießer Balthasar Herold die bronzene Maria Immaculata anfertigen, die den Platz noch heute behütet. An den Ecken des Unterbaues stehen vier geharnischte Engel aus Bronze, die die Personifikationen von Pest, Krieg, Hunger und Ketzerei niederkämpfen.

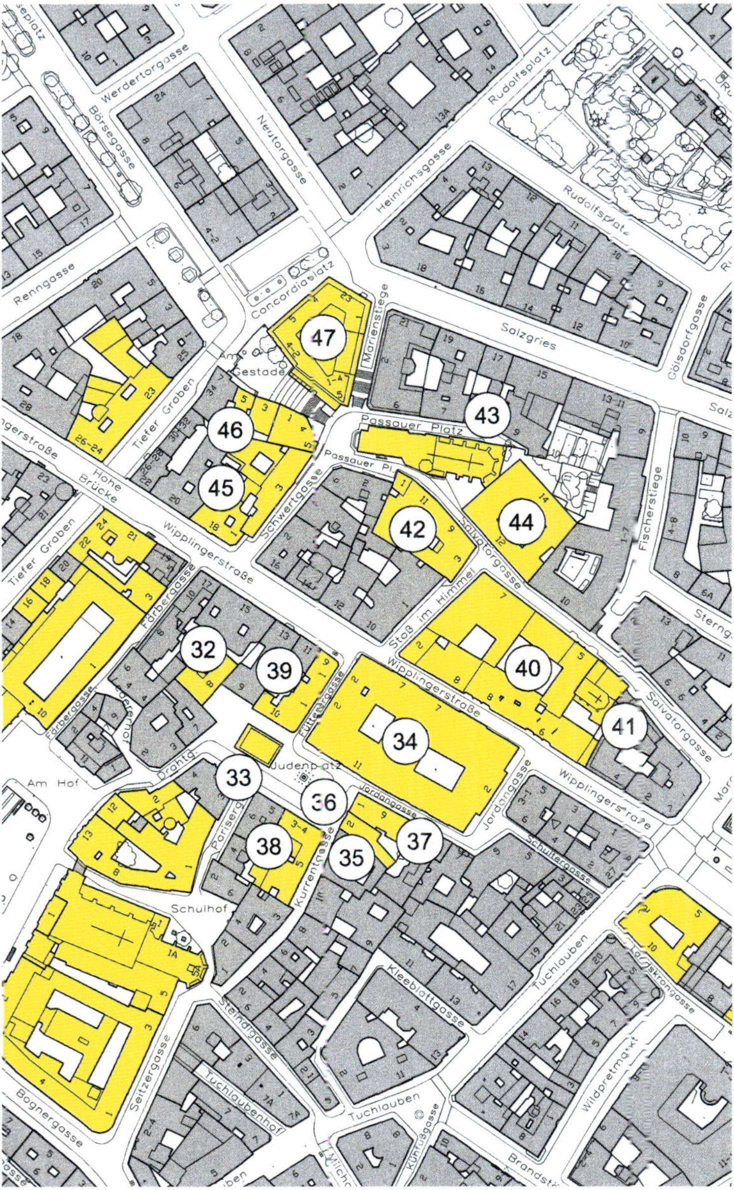
Werdertorgasse
Börsegasse
Neutorgasse
Heinrichsgasse
Rudolfsplatz
Renngasse
Concordiaplatz
Marienstiege
Salzgries
Gölsdorfgasse
Am Gestade
Tiefer Graben
Passauer Platz
Schwertgasse
Hohe Brücke
Wipplingerstraße
Salvatorgasse
Fischerstiege
Färbergasse
Stoß im Himmel
Sterngasse
Fütterergasse
Judenplatz
Drahtgasse
Am Hof
Parisergasse
Kurrentgasse
Jordangasse
Schultergasse
Schulhof
Kleeblattgasse
Tuchlauben
Landskrongasse
Steindlgasse
Seitzergasse
Bognergasse
Tuchlaubenhof
Kühfußgasse
Wildpretmarkt
Brandstätte
47
43
46
45
42
44
32
39
40
41
34
33
36
38
35
37

Holocaust-Mahnmal, Judenplatz

Judenplatz

Von der Nordostecke des Platzes Am Hof erreicht man über die Drahtgasse den Judenplatz. Das Wohnhaus „Zur kleinen Dreifaltigkeit“ (Judenplatz 7), das sich mit seiner Kante weit in die Platzfläche hinein schiebt, entstammt dem ausgehenden 18. Jahrhundert, während die Platzanlage selbst wesentlich älter ist. Sie wurde im Zuge der babenbergischen Stadterweiterung planmäßig angelegt. Seit dem 13. Jahrhundert siedelten sich hier jüdische Familien an. Auf diesem Platz bestanden die „Or-Sarua-Synagoge“, die Judenschule und das Rituelle Bad, hier spielte sich auch das Geschäftsleben ab. Diese erste jüdische Gemeinschaft fiel 1420/1421 dem als „Wiener Geserah" überlieferten Pogrom zum Opfer, indem die etwa 800 Einwohner des Judenviertels auf Anordnung von Herzog Albrecht V. vertrieben oder ermordet wurden. Die Synagoge wurde abgebrochen, die Steine hat man zum Bau der Alten Universität verwendet.

Die Reste der Synagoge wurden durch eine kürzlich abgeschlossene Ausgrabung der Vergangenheit entrissen und sind heute in einem unterirdischen Gedenkraum mit Zugang vom **„Misrachi-Haus“** (Judenplatz 8) zu besichti-

gen. Das Gebäude bestand bereits seit 1682, seine Fassade zum Judenplatz entstammt einer Erneuerung der ersten Hälfte des 18. Jahrhunderts. Heute beherbergt der Bau eine Außenstelle des Jüdischen Museums (Dorotheergasse 11) und bildet gemeinsam mit dem **Holocaust-Mahnmal** das Museum 33
Judenplatz Wien. Das im Jahr 2001 fertiggestellte Mahnmal erhebt sich über den Grundmauern der alten Synagoge. Der von Rachel Whiteread gestaltete weiße Betonkubus fügt sich in seinen Dimensionen gekonnt in den intimen Rahmen des Platzes ein. Die Außenwände bestehen aus in Beton gegossenen Büchern, deren Rücken nach innen gewandt sind. Mit dem Mahnmal wird die jüdische Präsenz in der Geschichte Wiens auch am Judenplatz wieder erlebbar. Die im Laufe des 16. Jahrhunderts neu erstandene jüdische Gemeinde in Wien hatte vor allem um das Ghetto in der Leopoldstadt, am jenseitigen Ufer des Donaukanals, ihren Schwerpunkt.

Von der Drahtgasse schiebt sich die mächtige Flanke der ehemaligen **„Böhmischen Hofkanzlei“** (Judenplatz 11) in die nördliche Platzfront 34
hinein. Der Neubau dieses Amtsgebäudes entstand zwischen 1708 und 1714 nach Plänen von Johann Bernhard Fischer von Erlach und besitzt eine zweite Schaufront zur Wipplingerstraße. Bei der Erweiterung des Gebäudes bewies Baumeister Matthias Gerl 1751–54 großes Einfühlungsvermögen in die Gestaltungsweise Fischers. Seit 1946 ist der Bau Sitz des österreichischen Verfassungs- und Verwaltungsgerichtshofes. Zweimal logierte Wolfgang Amadeus Mozart in Häusern am Judenplatz, nämlich 1783 im Haus „Zur Mutter Gottes“ (Judenplatz 3) und 1789 im Haus Judenplatz 4, wo er die Oper „Così fan tutte“ vollendete.

An der östlichen Schmalseite des Judenplatzes steht das Haus **„Zum großen Jordan“** (Judenplatz 2), ein gotisches Bürgerhaus aus dem 15./16. Jahrhundert und zugleich das älteste Gebäude am Platz. An seiner Fassade befindet sich eine lateinische Inschrift, welche die erschreckende Aggression, die die Wiener im Spätmittelalter ihren jüdischen Mitbürgern entgegenbrachten, widerspiegelt. Es verwundert nicht, dass gerade hier am Judenplatz ein Denkmal für Gotthold Ephraim Lessing errichtet wurde, der sich in seinem Hauptwerk „Nathan der Weise“ zu religiöser Toleranz bekannt hat. Die Idee eines **Lessing-Denkmals** geht auf den Beginn des 20. Jahrhunderts zurück, zur 36
Ausführung und Aufstellung des von Siegfried Charoux geschaffenen Standbildes kam es erst 1935, und das Denkmal fiel bereits 1939 den Nationalsozialisten zum Opfer. Das heutige Lessingdenkmal von der Hand desselben Künstlers befindet sich seit 1981 wieder am Judenplatz.

Das Gebäude **Judenplatz 1**, das sich mit seiner Längsachse in die Jordan- 37
gasse schiebt, ist vor allem literaturgeschichtlich von Bedeutung. Der hier seit 1818 lebende Franz Grillparzer, einer der Meister der österreichischen Klassik, arbeitete in seiner Wohnung im zweiten Stock dieses Hauses an den „Argonauten" und an der Trilogie „Das Goldene Vlies“.

An den Längsseiten des Judenplatzes befinden sich zwei Genossenschaftshäuser. Im Süden, teilweise in die Kurrentgasse hineinreichend, befindet sich der gründerzeitliche Bau des Architekten Ludwig Schöne, in dem die
38 **Vereinigung der Wiener Gastwirte** untergebracht ist. Im Norden, am Über-
39 gang zur Fütterergasse, liegt das **Genossenschaftshaus der bürgerlichen Schneider**, errichtet 1837/38 nach Plänen von Ignaz Ram. Im Giebelfeld des Hauses findet sich das Innungszeichen mit der Schere.

Trotz der harmonischen Ensemblewirkung seiner Gebäude ist der Judenplatz also von Brüchen geprägt. Von sichtbaren Brüchen in seiner Architektur, die Gebäudetypen reichen vom spätgotischen Wohnhaus zum barocken Verwaltungsbau, vom biedermeierlichen Gewerbehaus bis zum späthistoristischen Zinspalais – aber ebenso von unsichtbaren, jedoch spürbaren Brüchen, die zwischen den verschiedenen Denkmälern und den historischen Erinnerungen zu diesem Platz hin- und herschwingen.

Wipplingerstraße und Am Gestade

Wir umrunden die Böhmische Hofkanzlei und treten in die Wipplingerstraße: Dieser Straßenzug bildete die Verbindung zwischen dem Hauptmarkt – dem Hohen Markt – und der Judenstadt, die sich im Mittelalter um den heutigen Judenplatz gruppierte. Auf der kurzen Strecke, die wir die stark befah-
40 rene Straße entlanggehen, liegt das **Alte Rathaus** der Stadt (Wipplingerstraße 6–8/Salvatorgasse 5–7/Stoß-im-Himmel 2). Der Gebäudekomplex entwickelte sich im Laufe des 14. Jahrhunderts. 1455–1457 lieferte der Dombaumeister von St. Stephan, Lorenz Spenyng, die Pläne für einen aufwändigen gotischen Umbau. Seine heutige Form erhielt der Baukomplex allerdings erst durch einen unbekannten Baumeister zu Beginn des 17. Jahrhunderts. Die prächtige barocke Hauptfassade mit den beiden Portalen scheint den an dieser Stelle engen Verlauf der Wipplingerstraße gleichsam zu sprengen. Die linke Hälfte der Gebäudefront entstand bereits zwischen 1699 und 1706, ihr rechter Abschnitt wurde um 1780 von Architekt Theodor Valery gestaltet. Im Hof des Alten Rathauses befindet sich der von Georg Raphael Donner 1741 geschaffenen „Andromedabrunnen“. Zum Komplex des Alten Rathauses gehört auch
41 die **Salvatorkirche**, ursprünglich eine der kleinen Kapellen im ersten Stock eines reichen Bürgerhauses. Erst um 1360 wurde der Kapelle die unter ihr gelegene Durchfahrt zugeschlagen, 1373 wird das zweite, nördliche Schiff angefügt. Zu diesem Zeitpunkt stand die Kirche bereits unter dem Patronat des Stadtrats. Anfang des 16. Jahrhunderts wurde sie dem hl. Salvator geweiht, sichtbares Zeugnis dieser Weihe ist das prächtige Renaissanceportal (um 1520) an der Salvatorgasse. Trotz der mehrfachen Umbauten blieb der Charakter des Innenraums der kleinen Kirche gotisch und erweckt heute den Eindruck zweier nebeneinander liegender, sich zu einander öffnenden Kapel-

len. Die Südkapelle mit 5/8-Chorabschluss zeigt ein Kreuzrippengewölbe, die Nordkapelle mit geradem Chorabschluss ein Netzrippengewölbe.

Rechts zweigt das kleine Gässchen Stoß-im-Himmel nach Norden ab, und hier breitet sich plötzlich Stille aus, der Lärm der Wipplingerstraße ist nur noch gedämpft wahrnehmbar.

Zur linken Hand liegt das sogenannte **„Stoß-im-Himmel-Haus“** (Nr. 3/Sal- 42
vatorgasse 9–11) Der Baukern geht auf das 15. Jahrhundert zurück, Umbauten erfolgten im 17. Jahrhundert, die Fassade stammt aus dem Jahr 1768. An die kurze Tätigkeit der „Englischen Fräulein“, die als ein den Jesuiten verwandter Frauenorden angesehen wurden, erinnert das Relief über dem Tor mit dem Christusmonogramm. 1770 wurde in diesem Gebäude die erste „k. k. Real-Handlungs-Academie“ gegründet, die als Stammanstalt der berufsbildenden Schulen in Österreich gilt.

In die Salvatorgasse einbiegend, gelangt man an die Seitenflanke der Kir-
che **„Maria am Gestade“**. Die Kirche, auch „Maria Stiegen“ genannt, lag 43

Kirche Maria am Gestade

ursprünglich am Steilabhang zum Donauufer oberhalb der Mündung des Ottakringerbaches, war Orientierungspunkt für die Fischer und Anlegestelle für den frühen Donauhandel. Der Bau geht in seinem Ursprung möglicherweise auf das 9. Jahrhundert zurück. Erstmals genannt wird die Kirche im Jahre 1200 als einstiger Besitz der Herzöge von Österreich. Heute präsentiert sie sich aber als rein gotischer Bau. Lenkt man den Blick an der Seitenfassade empor, erhebt sich darüber der die Umgebung weithin dominierende spätgotische Turmhelm mit seinem feinen, einer Spitzenarbeit gleichenden Maßwerk. Im Grundriss, aber auch vor der Seitenfassade stehend, bemerkt man sehr deutlich den Knick zwischen Chor und Langhaus, über dem der Turm wie ein Gelenk steht. Man erklärt diesen Knick teils aus der Baugeschichte, teils aus Geländegegebenheiten. Den Gepflogenheiten des Mittelalters folgend, begann man 1332 mit dem Neubau des Chors. 1391 kam die Kirche durch Tausch an Hans von Liechtenstein, den Hofmeister Herzog Albrechts III., der hier eine Kollegiatsstiftung errichten wollte. 1394 legte der herzogliche Baumeister Michael Chnab von Wiener Neustadt den Grundstein des einschiffigen Langhauses. Wie die Ansicht von Wien auf dem Albrechtsaltar von 1440 zeigt, war zu dieser Zeit der charakteristische Turmhelm der Kirche Maria am Gestade bereits vollendet. Durch die exponierte Lage am Steilabfall des Geländes musste das Langhaus bedeutend schmäler als der Chor konzipiert werden. Eindrucksvoll ist die schlanke, schmale Westfassade mit ihrem Portalbaldachin. Gewaltige Substruktionen waren beim Langhausbau notwendig. Die heute so bewunderte pittoreske Wirkung der Asymmetrie des Baues mit dem am Achsenknick sitzenden Turm lag also gar nicht vorrangig in der Gestaltungsabsicht der mittelalterlichen Baumeister. Noch während des Langhausbaues ging die Kirche in das Eigentum des Bistums Passau über, bei dem es bis 1783 blieb. 1820 wurde Maria am Gestade dem Redemptoristenorden übergeben, seit 1862 ist die Kirche Grablege des heiligen Clemens Maria Hofbauer, der als einer der Schutzpatrone Wiens gilt.

Westlich an die Kirche anschließend, in der Achse der Stoß-im-Himmel-
44 Gasse gelegen, befindet sich das **Redemptoristenkloster** (Salvatorgasse 12). Im Mittelalter befand sich hier der Obere Passauerhof, der ab 1276 auch Wohnsitz des Kaplans von Maria am Gestade war. Die heutige Erscheinung des Baus geht auf das erste Viertel des 19. Jahrhunderts zurück und ist wohl in Verbindung mit dem Einzug der Redemptoristen zu sehen.

Auf dem kleinen Vorplatz vor der Kirche münden zwei Stiegenanlagen, die den steilen Geländeabfall überwinden. Hier mündet auch die Schwertgasse, die den Kirchenvorplatz mit der Wipplingerstraße verbindet. Die Schwertgasse wird an der der Kirche gegenüber liegenden Seite von einem
45 breit gelagerten Gebäude beherrscht. Dieses Wohnhaus **„Zu den sieben Schwertern“** (Schwertgasse 3), um 1710/1720 errichtet, stellt eines jener noch zahlreich vorhandenen barocken Bürgerhäuser dar, die – meist von unbekannten Baumeistern errichtet – noch immer das historische Stadtbild

der Wiener Innenstadt wesentlich prägen. Das kleine, zweiachsige, ebenfalls barocke Häuschen daneben leitet zur Stiegenanlage „Am Gestade“ über, die an ihren Flanken eine ganz unterschiedliche Bebauung aufweist. Gleichsam stehen sich die geschichtlichen Anfänge der Stadt und die Architektur der Nachkriegszeit gegenüber: An der Südseite reihen sich einige kleinere, schmale Häuser, **Am Gestade 1, 3 und 5** aneinander, die noch ihre Fassaden 46
der Spätgotik bzw. Renaissance zeigen, während sich an der gegenüberliegenden Seite der moderne Wohnkomplex des **„Concordia-Hofes“**, ein Werk der 47
Architekten Max Fellerer, Eugen Wörle und Felix Hasenörl von 1952–1958, erhebt.

Häuser Am Gestade 1, 3 und 5

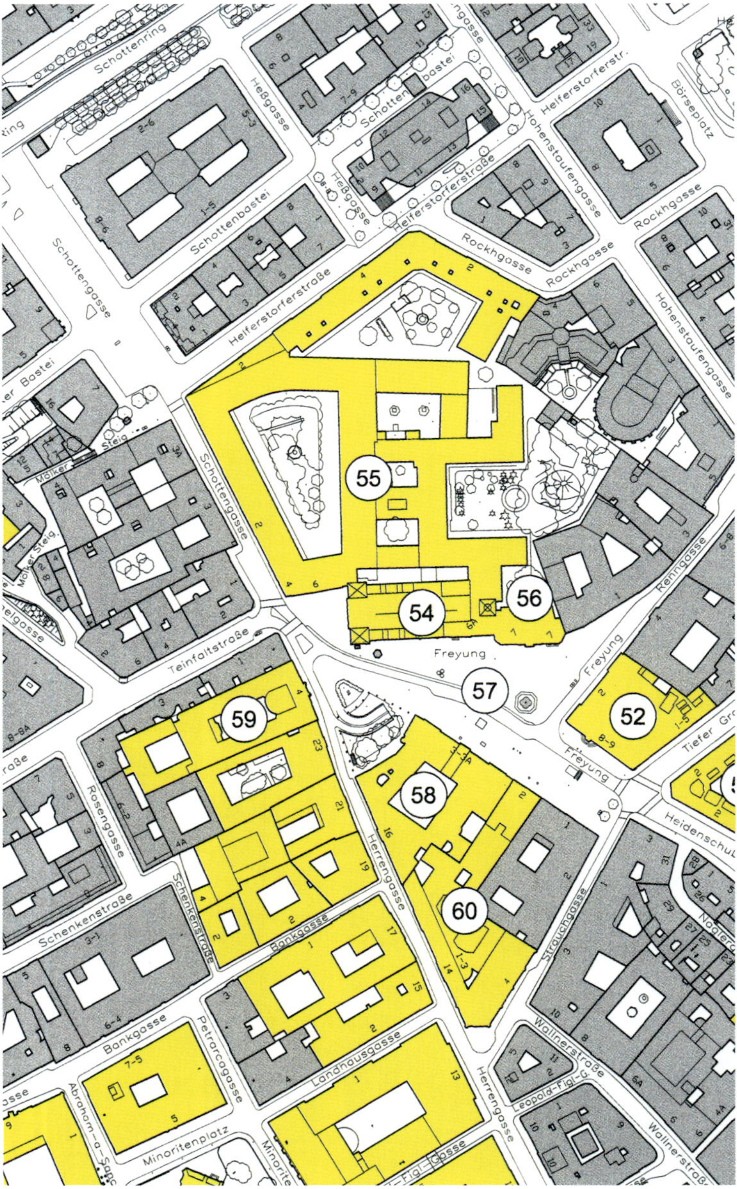
Schottenring
Schottenbastei
Heßgasse
Helferstorferstraße
Hohenstaufengasse
Börseplatz
Rockhgasse
Schottengasse
Mölker Bastei
Mölker Steig
Teinfaltstraße
Freyung
Renngasse
Tiefer Graben
Heidenschuß
Rosengasse
Schenkenstraße
Bankgasse
Herrengasse
Strauchgasse
Petrarcagasse
Landhausgasse
Minoritenplatz
Wallnerstraße
Leopold-Figl-Gasse
55
54
56
57
52
59
58
60

Börseplatz
Börsegasse
Werdertorgasse
Rockhgasse
Wipplingerstraße
Renngasse
Hohenstaufengasse
Tiefer Graben
Hohe Brücke
Am Gestade
Wächtergasse
Färbergasse
Freyung
Am Hof
Heidenschuß
Schulhof
Drahtg.
Pariserg.
Naglergasse
Bognergasse
Seitzergasse
Steindlgasse
Tuchlaubenhof
Tuchlauben
Milchgasse
Wallnerstraße
48
49
50
51
52
53

Tiefer Graben und Freyung

Die Stiegenanlage hinabsteigend schwenken wir in den Tiefen Graben ein, der uns wieder nach Süden führt. Hier verlief ursprünglich das tief eingeschnittene Bett des Ottakringer Baches, der die Ostgrenze des Römerlagers und bis zur Zeit des Babenbergerherzogs Heinrich II. die Grenze der mittelalterlichen Stadt bildete. Bis 1426 war dann das Wasser des Alserbaches durch den Tiefen Graben geleitet. Erst danach wurde das Bachbett trockengelegt
48 und ein Straßenzug errichtet. Der Tiefe Graben wird von der **„Hohen Brücke“** überspannt, über welche die Wipplingerstraße in Richtung Ringstraße führt. Eine Brücke an dieser Stelle ist bereits seit 1295 nachweisbar. Die erste Brücke war aus Holz, ihr folgte ein gewaltiger steinerner Spitzbogen nach. Anlässlich einer Verbreiterung der Wipplingerstraße wurde er durch einen Neubau ersetzt. Die heutige Brücke mit ihren charakteristischen Jugendstilformen wurde ab 1903 von Architekt Josef Hackhofer errichtet. Die Bogenkonstruktion mit 15 m Spannweite verwendet Metallträger mit Untergurt, die Wandung der Überwölbung ist mit Wellblech verkleidet, an den Stirnflächen sind Marmorplatten angebracht, auf denen Darstellungen der Vorgängerbrücken zu sehen sind.

Um die Hohe Brücke gruppieren sich stattliche Bauten des Späthistorismus und des Jugendstils, die mit ihren Hauptfronten der Gebäudehöhe der Wipplingerstraße angepaßt sind und vom Tiefen Graben aus betrachtet durch
49 ihre außergewöhnlich große Geschoßanzahl auffallen, z. B. das Haus **Tiefer Graben 23/Wipplingerstraße 24–26** des Architekten Rudolf Demsky aus dem Jahr 1906 oder das diagonal gegenüberliegende, 1900 errichtete
50 Gebäude Tiefer Graben 22–24/Wipplingerstraße 21 **„Zum alten Babenberger Stadttor“**, nach Plänen von Eduard Frauenfeld errichtet.

Zahlreiche Häuser des Tiefen Grabens wurden in der Nachkriegszeit, nach 1945 erneuert. Der zur Stadt hin ansteigenden Straßenverlauf ist daher auch von architektonischen„Ungereimtheiten“ geprägt. Beachtenswert sind jedoch
51 die barocken Häuser **Tiefer Graben 16 und 18**, die 1989 durch einen zurückgestaffelten viergeschossigen Neubau überbaut und mit dem benachbarten Hotel Tigra vereinigt wurden. In den Häusern Tiefer Graben 18 und 20 wohnte Wolfgang Amadeus Mozart in den Jahren 1773 bzw. 1762. Ein weiterer berühmter Komponist, Ludwig van Beethoven, logierte in den Jahren 1799 bis 1800 in den Häusern Tiefer Graben 10 und 12. An diesen Aufenthalt erinnert ein am heutigen Neubau befindliches Mosaik von Leopold Christian Pfeffer, allerdings mit falscher Angabe der Aufenthaltsjahre „1815–1817“. Der Ausgang zur Freyung wird von zwei Bankgebäuden eingenommen, die
52 heute beide zur Länderbank gehören. Die ehemalige **„k.k. priviligierte Österreichische Creditanstalt für Handel und Gewerbe“** (Tiefer Graben 1–6), errichtet 1914–1921 gehörte zu den letzten Bankbauten, die das Architektenteam Ernst von Gotthilf und Alexander Neumann entwarfen, und domi-

niert mit seinen Renaissanceformen diesen stadträumlich bedeutenden Eckpunkt. Gegenüber befand sich die „alte" Creditanstalt aus den Jahren 1858–1860, die allerdings 1945 weitgehend zerstört wurde. Das heutige, ebenfalls zur Länderbank gehörende **Bürohaus** (Tiefer Graben 2/Heidenschuß 2/Am 53
Hof 6) wurde nach den Plänen Carl Appels 1952 errichtet.

Der Tiefe Graben mündet an seinem Südende in die Freyung, eine der geschlossensten und schönsten Platzanlagen Wiens. Die ungewöhnliche Dreiecksform weist auf eine lange, von topographischen Veränderungen geprägte Geschichte hin. Ursprünglich war die Freyung kein Platz, sondern bloß eine Durchzugsstraße, allerdings von hohem Alter. Beim Umbau des Palais Harrach trat erst vor wenigen Jahren eine Vielzahl aufschlussreicher Befunde zutage, die auf einen römischen Stützpunkt bereits um die Mitte des 1. Jahrhunderts v. Chr. hinweisen, also auf eine Zeit, als die Römer erstmals in den Alpenraum vordrangen. In der Folge lag das Areal der Freyung vor den Mauern des römischen Kastells. Für die Entwicklung des Platzes war die Gründung des Schottenklosters im Jahr 1155 durch den Babenbergerherzog Heinrich II. Jasomirgott entscheidend. Er berief irische Benediktinermönche aus Regensburg nach Wien und siedelte sie hier in der Nähe seiner Residenz „am Hof" an. Von der romanischen **Schottenkirche**, einer großen dreischiffigen 54
Basilika mit Querhaus, Chorquadrat und Westwerk, die eine Gesamtlänge von 80 m hatte, ist – verborgen unter der barocken Überbauung aus der Zeit zwischen 1638 und 1648 – noch umfangreiche Bausubstanz vorhanden, die an einigen Stellen, wie in der südlichen Seitenschiffkapelle, freigelegt werden

Schottenkirche und Austria-Brunnen, Freyung

konnte. Die Westfassade der Schottenkirche wurde als Abschluss des Lang-
hausumbaues zwischen 1643 und 1648 von Andrea del Allio und Silvestro
Carlone errichtet, 1732 wurden die Türme erneuert, so wie sie Bernardo Bel-
lotto in seinem Gemälde von 1758, das im Kunsthistorischen Museum Wien
zu sehen ist, dargestellt hat. 1894 erfolgte die Umgestaltung der südlichen
Langhausfront zu einer Seitenfassade. Seit damals prangt am Querschiff das
Denkmal des Stifters Herzog Heinrich II. Jasomirgott, ihm zu Füßen erscheint
ein Baumeister in mittelalterlicher Tracht, der den Bauplan der Kirche präsen-
tiert.

Im rechten Winkel zur Westfassade der Schottenkirche verläuft die Ein-
55 gangsfront des **Schottenhofs** (Freyung 6). Der mehrflügelige Baukörper
wurde unter Einbeziehung der alten Bausubstanz des Schottenklosters 1724–
1794 erbaut, erfuhr aber in den Jahren 1826–32 durch Architekt Josef Korn-
häusel eine neuerliche tiefgreifende Umgestaltung. Kornhäusels Hauptleis-
tung war die harmonische Vereinheitlichung der über hundert Meter langen
Gebäudefassade zur Schottengasse und die klassizistische Gestaltung der
Eingangsfront zur Freyung mit dem großen von flachen Pilastern getragenen
Dreiecksgiebel.

56 Östlich der Schottenkirche befindet sich das **Prioratsgebäude** des Stiftes
(Freyung 7), das 1773/74 von Andreas Zach errichtet wurde. Der Baumeister
wich dabei von der damals üblichen Art, den Häusern eine palastartige Glie-
derung zu geben, ab und behandelte alle Geschosse gleichwertig. Die gegen-
über Neuerungen stets skeptischen Wiener nannten den Bau spöttisch
„Schubladkastenhaus“, da die Gestaltungsform der Front mit abgerundeten
Ecken und stark ausgeprägten Gesimsen an eine Kommode – im Wiener
Sprachgebrauch „Schubladkasten“ – erinnerte.

57 Auf der Platzfläche vor dem „Schubladkastenhaus“ steht der **„Austria-
brunnen“**, der von der Wiener Bürgerschaft zu Ehren Kaiser Ferdinands I.
errichtet und 1846 enthüllt wurde. Die Brunnenanlage entwarf Ludwig
Schwanthaler, der sie in München in Bronze gießen ließ. Über dem
geschwungenen Wasserbecken versinnbildlicht eine Figurengruppe die vier
Haupt- bzw. Grenzflüsse des damaligen österreichischen Kaiserstaates,
Donau, Po, Elbe und Weichsel. Die Figur an der Spitze mit Mauerkrone,
Lanze und Schild verkörpert Austria.

Am 14. Juni 1683, dem ersten Tag der Zweiten Türkenbelagerung, griff
ein von der Vorstadt Rossau ausgehender Brand auf die Freyung über und zer-
störte einen Großteil der hier errichteten Häuser. Über den Brandstätten ent-
standen in der Folge bedeutende Adelspaläste, die die vorteilhafte Lage nahe
zur Hofburg nutzten. 1689 erwarb Ferdinand Bonaventura Graf Harrach eine
der Brandruinen und ließ bis 1696 den großzügigen Neubau eines Stadtpalas-
58 tes, des **Palais Harrach** (Freyung 3–3A), mit Schaufassaden zur Freyung und
zur Herrengasse erbauen. Maßgeblicher Architekt des Neubaues war der
römische Baukünstler Domenico Martinelli. Das Palais befand sich bis 1974

im Besitz der Familie Harrach und beherbergte bis 1969 die ansehnliche gräfliche Gemäldesammlung.
Nach jahrzehntelangem Leerstand erfolgte 1991–1993 durch den Architekten Manfred Wehdorn die Restaurierung und Revitalisierung des Palais. Erstmals wurde die architektonische Auseinandersetzung zwischen Alt und Neu gekonnt in Szene gesetzt. Die Prunkräume des Palais fanden als Ausstellungsstätte des Kunsthistorischen Museums Wien eine neue Nutzung.

1725–1730 wurde vor dem Palais Harrach an der Ecke Freyung – Herrengasse ein Gartenpavillon nach Plänen von Johann Lukas von Hildebrandt errichtet, der 1951 nach Bombenschäden abgetragen werden musste. Heute befindet sich an dieser Stelle die Einfahrt zu einer Tiefgarage. Durch den Verlust dieses Pavillons rückte das **Palais Daun-Kinsky** (Freyung 4) optisch 59
gleichsam näher an die Platzfront der Freyung heran, obwohl es eigentlich im kontinuierlichen Fassadenverband der Herrengasse liegt. Auch bei diesem Bau war Johann Lukas von Hildebrandt der ausführende Architekt, der das Palais 1713–1716 für den Feldmarschall und Vizekönig von Neapel, Wirich Philipp Reichsgrafen von Daun errichtete. Hildebrandt schuf hier einen der reizvollsten Barockpaläste Wiens; das große dekorative Können Hildebrandts kommt an der Fassade ebenso zur Geltung wie im prachtvollen Stiegenhaus und im ovalen Hauptsaal, die beide mit Deckenfresken geschmückt sind. Eine umfassende Restaurierung erfolgte 1998–2000 durch den Architekten Wolf-

Palais Daun-Kinsky, Freyung 4

gang Brenner, wobei es gelang das historisch gewachsene Erscheinungsbild des Palais inklusive der Veränderungen des 19. Jahrhunderts zu erhalten. Das Nutzungskonzept trägt der Qualität der Ausstattung Rechnung. Für die Prunkräume im ersten und zweiten Obergeschoss lag eine öffentliche Nutzung nahe, während die weniger aufwendig ausgestatteten Räumlichkeiten nun Büros oder Wohnungen beherbergen. Im Erdgeschoss wurden Geschäftslokale und Gastbetriebe eingerichtet. Da das Palais noch seinen wertvollen historischen Dachstuhl besitzt, wurde auf einen Ausbau des Dachbodens bewusst verzichtet.

An der Westfront des Platzes tritt links vom Palais Harrach mit einer
60 schmalen, in drei großen Bogen geöffneten Fassade das **„Palais Ferstel"** (Freyung 2 / Herrengasse 14) – so benannt nach seinem Erbauer Architekt Heinrich von Ferstel – in Erscheinung. Der insgesamt weitläufige Bau wurde 1856–1860 auf einem unregelmäßigen Grundstück zwischen Herrengasse, Strauchgasse und Freyung als Hauptsitz der Österreichisch-Ungarischen Bank und der Wiener Börse errichtet. Wegen der inhaltlichen Beziehungen zum Finanzwesen wählte der Architekt im Sinne des Romantischen Historismus Stilvorbilder der italienischen Trecentoarchitektur, einer Periode, in der das Börsenwesen in Oberitalien seinen Anfang genommen hatte. Neben prächtig ausgestalteten Lokalitäten, wie dem Börsensaal und der glasüberdeckten Marmorstiege beinhaltete das Bankgebäude an seiner Ecke zur Herrengasse auch die Räumlichkeiten des „Café Central", welches um 1900 als Treffpunkt von Künstlern, Literaten und Politikern Berühmtheit erlangen sollte. Architekt Ferstel plante den Baukomplex als „Durchhaus" von der Herrengasse zur Freyung und schuf eine glasüberdeckte Passage mit einem Achsenknick, an dem sich, inmitten eines sechseckigen Binnenhofes als Raumgelenk, der „Donaunixenbrunnen" von Anton Fernkorn, befindet. Noch vor vierzig Jahren war das Bank- und Börsengebäude in heruntergekommenem Bauzustand und vom Abbruch bedroht. Erst eine von der Österreichische Realitäten AG eingeleitete Revitalisierung, die heute als denkmalpflegerische Großtat gewürdigt wird, rettete dieses Hauptwerk des frühen Historismus. Planende Architekten der 1978–1981 durchgeführten Revitalisierung waren Alois Machatschek und Gerhard Molzbichler. Das als letzte Etappe der Revitalisierung 1986 wiedereröffnete Café Central erfreut sich inzwischen wieder großer Beliebtheit. Die neuen Nutzungsmöglichkeiten der Erdgeschosszone waren mit den relativ geringen Geschäftsflächen und dem Kaffeehausbereich bald erschöpft, da man das wesentliche Charakteristik dieses Bereiches – die Flanierzonen – nicht antasten wollte. Die oberen Geschosse wurden für die Büro- und Veranstaltungszwecke bestimmt. Die besondere Qualität des Hauses lag und liegt aber in seiner kunsthandwerklich hochwertigen Ausstattung. Hier wurde im Zug der Revitalisierung bewusst auf moderne Kontrastwirkungen verzichtet um die harmonische Gesamtwirkung nicht zu gefährden.

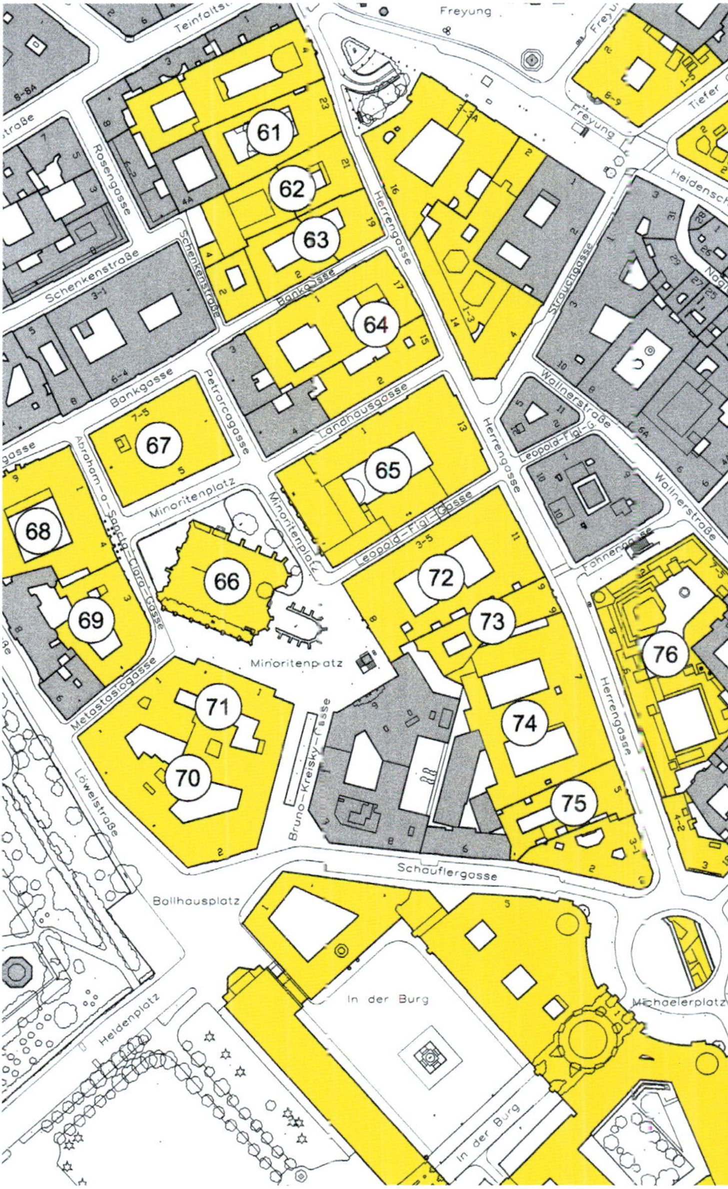
Freyung
Teinfaltstr.
Freyung
Tiefer Graben
Heidenschuß
Rosengasse
Schenkenstraße
Schenkenstraße
Bankgasse
Herrengasse
Strauchgasse
Naglergasse
Bankgasse
Petrarcagasse
Landhausgasse
Wallnerstraße
Leopold-Figl-G.
Abraham-a-Sancta-Clara-Gasse
Minoritenplatz
Minoritenplatz
Leopold-Figl-Gasse
Herrengasse
Wallnerstraße
Fahnengasse
Metastasiogasse
Minoritenplatz
Herrengasse
Bruno-Kreisky-Gasse
Löwelstraße
Schauflergasse
Ballhausplatz
In der Burg
Michaelerplatz
Heldenplatz
In der Burg
61
62
63
64
65
66
67
68
69
70
71
72
73
74
75
76

Herrengasse und Minoritenplatz

Aus der Passage des „Ferstel-Palais" tritt man heraus in die Herrengasse, die ihren Namen nicht zufällig trägt, reihten sich doch hier zahlreiche Häuser der Adelsfamilien aneinander. Außerdem errichteten in dieser Gasse im Jahre 1513 die „Herren" der niederösterreichischen Landstände das „Landhaus" als
61 ihren dauernden Sitz. Links neben dem Palais Daun-Kinsky liegt das **Palais Porcia** (Herrengasse 23), erbaut nach 1546 für die Grafen von Salamanca-Ortenburg. Der Bau hat die Türkenbelagerung und die Feuersbrunst auf der benachbarten Freyung von 1683 unbeschadet überstanden. Links schließt
62 unmittelbar das **Palais Trautmansdorff** (Herrengasse 21) an, dessen Bausubstanz auf die Mitte des 17. Jahrhunderts zurückgeht. 1792 entstanden unter Baumeister Andreas Zach die frühklassizistische Fassade, eine Aufstockung
63 und Veränderungen im Inneren. Das benachbarte **Palais Batthyány** (Herrengasse 19) erstreckt sich über drei Grundstücke in die Bankgasse hinein. 1718 ließ Eleonore Gräfin Batthyány die drei bestehenden Häuser von Baumeister Christian Oedtl mit einer einheitlichen vorgeblendeten Fassade in der Art des Johann Bernhard Fischer von Erlach vereinheitlichen.

Auf dem anschließenden Baublock (Herrengasse 15–17) wurde das 1821–1823 nach den Plänen Paul Sprengers und Karl von Moreau im Auftrag
64 der **„k.k. priv. Nationalbank"** ein Bankpalais errichtet, das sich für die gestellten Anforderungen aber bald als zu klein erwies. Die Nationalbank ließ daraufhin das gegenüberliegende Palais Ferstel errichten, das Platz sowohl für die Bankgeschäfte als auch für die Börse bot. Die Börse fand letztendlich Quartier in einem eigenen Haus am Schottenring, während die Nationalbank zunächst in der Herrengasse verblieb und erst 1984, nach mehreren Zwischenstationen, an den Otto-Wagner-Platz übersiedelte.

65 Die nach Osten hin folgenden Baublöcke werden vom **„Niederösterreichischen Landhaus"** und der „Niederösterreichischen Statthalterei" eingenommen und zeigen die Stilformen der 1. Hälfte des 19. Jahrhunderts, obwohl gerade im Landhaus Bauteile der Gotik und der Renaissance erhalten geblieben sind und miteinbezogen wurden. Den ältesten Teil des Landhauses (Herrengasse 13 / Minoritenplatz 7) stellt der Quertrakt am Minoritenplatz dar. Repräsentativster Bauteil aus dieser Periode ist die ehemalige Torhalle mit ihrem spätgotischen Schlingrippengewölbe, die später zur Kapelle umgewidmet wurde. Dieses Werk wird um 1513–1518 datiert und dem Meister der Wiener Dombauhütte Anton Pilgram zugeschrieben. Der weitere Ausbau des Landhauses erfolgte nach der Mitte des 16. Jahrhunderts unter der Leitung des Wiener Dombaumeisters Hans Saphoy. Im Barock erhielt der Große Sitzungssaal des Landhauses die Ausstattung mit Gewölbefresken von Antonio Beduzzi aus Bologna. Ab 1833 wurde eine bauliche Erweiterung des Land-

hauses unternommen, deren Höhepunkt 1843 die Fertigstellung der klassizistischen Fassadenfront zur Herrengasse durch Architekt Luigi Pichl bildete. Zu den historischen Denkwürdigkeiten des Landhauses zählt, dass von hier im März 1848 die Revolution mit der Verlesung einer Proklamation von Lajos Kossuth ihren Ausgang nahm. Am 21. Oktober 1918 versammelten sich die deutschsprachigen Abgeordneten des Reichstags im Niederösterreichischen Landhaus zur Konstituierung einer provisorischen Nationalversammlung, aus der die Erste Republik Österreich hervorgehen sollte. 1986 wurde die Niederösterreichische Landesregierung, die bis dahin in den Häusern Herrengasse 9 bis 13 ihren Sitz hatte, in die neue Landeshauptstadt Sankt Pölten verlegt. Danach stand das Landhaus leer, bis es 2001 zum künftigen Sitz des Bundesministeriums für Auswärtige Angelegenheiten bestimmt wurde. Der Gebäudekomplex wird derzeit für die neue Nutzung instandgesetzt.

Schwenkt man von der Herrengasse in die kurze Landhausgasse ein, so wird an deren Endpunkt die **Minoritenkirche** mit ihrem gewaltigen Sattel- 66
dach sichtbar. Beim Nähertreten ist schließlich die gesamte Langhauserstreckung der großen, aber sehr kompakt wirkenden mittelalterlichen Kirche erfassbar. Nach alter Überlieferung sollen Mönche des von Franz von Assisi gegründete Ordens der „Minderen Brüder“ (Minoriten) im Jahr 1224 von Herzog Leopold VI. nach Wien berufen worden sein. In diesem Jahr schenkte die reiche Wiener Bürgerfamilie Schüttwürfel den Minoriten ein Grundstück an der Innenseite der Stadtmauer. Bevor dieser Platz verbaut werden konnte, musste der das Areal durchfließende Ottakringer Bach zum Wienfluss umgeleitet werden. Kirche und Kloster entstanden zwischen dem 13. und dem 15. Jahrhundert in mehreren Bauphasen. König Ottokar II. Přemysl legte 1276 den Grundstein zum Kirchenneubau, der einen monumentalen Langchor und ein zweischiffiges Hallenlanghaus umfasste. Zwischen 1316–1323 stiftete Königin Isabella, die Gemahlin König Friedrichs des Schönen, die Ludwigskapelle als Nebenchor an der Nordostseite. Um 1340 wurde diese nach Westen vergrößert und das Langhaus zu einer dreischiffigen Halle umgestaltet, die man mit einer vereinheitlichten Westfassade abschloss. Das mit Baldachinfiguren und szenischen Reliefs ausgestattete Hauptportal wurde von Jacobus von Paris geschaffen. Um 1360 entstand im Zwickel zwischen den beiden Chorapsiden der hohe Turm, der ursprünglich noch mit einer schlanken Pyramidenspitze versehen war. Diese ging während der Türkenbelagerung verloren und wurde durch das bis heute bestehende flache Pyramidendach ersetzt. 1784 verlegte Kaiser Joseph II. das Minoritenkloster in die Alserstraße und übergab die Kirche der Italienischen Kongregation. Dabei wurde das Innere neugotisch umgestaltet und der Hauptchor in einen Wohntrakt umgewandelt. 1903 wurde der Chor abgebrochen, seine Grundmauern traten 1984 beim Bau der U-Bahn zutage, konnten archäologisch dokumentiert, aber bedauerlicherweise nicht erhalten werden. Neu hergestellte Steinsetzungen in der Platzfläche östlich der Kirche markieren jetzt die einstige

Palais Starhemberg, Minoritenplatz 5

Lage des Chors. Seit 1957 ist die Kirche wieder im Besitz des Minoritenordens, ihre Funktion als italienische Nationalkirche Wiens blieb bestehen.

Die der Eingangsfront der Minoritenkirche gegenüberliegende Seite des Minoritenplatzes ist so wie auch die umgebenden Gassen mit Barockpalais
67 bebaut, unter denen das fünfgeschossige, freistehende **Palais Starhemberg** (Minoritenplatz 5) eine beherrschende Stellung einnimmt. Bauherr des vermutlich von Domenico Carlone um 1660 erbauten Stadtpalastes war Konrad Balthasar Graf Starhemberg. Auf dem Erbewege gelangte das Palais später in den Besitz von Ernst Rüdiger Graf Starhemberg, dem Verteidiger Wiens während der Zweiten Türkenbelagerung. Das Innere des Palais wurde 1784 von Baumeister Andreas Zach umgestaltet. Seit 1995 ist das Gebäude Amtssitz des Bundesministeriums für Bildung, Wissenschaft und Kultur. Entgegen dem Uhrzeigersinn weiter fortschreitend erblickt man zur linken Seite des Palais Starhemberg, jenseits der Abraham a Santa Clara-Gasse, die Seiten-
68 front des **Stadtpalais der Fürsten Liechtenstein** (Minoritenplatz 4) dessen Haupteingang in der Bankgasse 9 liegt. Der großartige Palast entstand ab 1694 im Auftrag von Dominik Andreas Graf Kaunitz zunächst nach Plänen des bayrischen Hofarchitekten Henrico Zuccalli, wurde dann aber von Domenico Martinelli weitergeführt. Graf Kaunitz musste den Rohbau an Hans Adam I. Fürst Liechtenstein verkaufen, der das Werk bis 1705 vollenden ließ.
69 Links anschließend folgt das **Palais Dietrichstein** (Minoritenplatz 3), dessen abgerundete Fassade sich bis in die Metastasiogasse hineinzieht. Das Palais

wurde 1755 durch Baumeister Franz Hillebrand, eines Schülers Johann Lukas von Hildebrandts umgestaltet.

Der Einmündung der Metastasiogasse liegt die südliche Langhausfront der Minoritenkirche gegenüber. Von hier gesehen wird klar, dass die Kirche ihren im Süden und Südosten gelegenen einstigen Klosterkomplex verloren hat. Die Geschichte der Minoriten im nachmittelalterlichen Wien verlief zeitweise recht ungünstig: Im 16. und im frühen 17. Jahrhundert diente ihre große Klosterkirche dem evangelischen Adel für Gottesdienste, den katholischen Minoriten blieb allein der Chor. Nach der Aussiedlung des Konvents in das ehemalige Trinitarierkloster unter Kaiser Joseph II. dienten die Klostergebäude am Minoritenplatz zur Unterbringung verschiedener Ämter und wurden schließlich 1892–1903 abgebrochen. Ein Teil des Bauplatzes wurde zur Erweiterung des Gebäudes der **Geheimen Hof- und Staatskanzlei** (heute: 70
Bundeskanzleramt, Ballhausplatz 2) verwendet, auf einem weiteren Teil wurde 1899–1902 das **Haus-, Hof- und Staatsarchiv** (Minoritenplatz 1), 71
errichtet, das sich in der neobarocken Außenerscheinung weitgehend dem 1717–1719 von Johann Lukas von Hildebrandt gestalteten Gebäude der Staatskanzlei anpasste. Das Innere des Gebäudes enthält eine elfgeschossige Eisenkonstruktion, die das eigentliche Archiv bildet und 1902 von der Kon-

Blick in die Bruno-Kreisky-Gasse

struktionsfirma Ignaz Gridl errichtet wurde. Auf diese Firma geht u.a. auch das große Glashaus im Park von Schloss Schönbrunn zurück. Im Jahr 2000 wurde eine Generalsanierung des Archivgebäudes durch das Architekturbüro Manfred Wehdorn eingeleitet, welche vorrangig die Schaffung eines vorbeugenden und baulichen Brandschutzes sowie die Erneuerung der Lüftungs- und Klimaanlage zur Sicherung des Archivbestandes zum Ziel hat.

Neben dem Haus-, Hof- und Staatsarchiv öffnet sich der Blick in die kurze Bruno-Kreisky-Gasse, die in den Ballhausplatz mündet. Der Platz selbst ist als Adresse des Regierungssitzes seit der Zeit Maria Theresias von historisch-politischer Bedeutung, ist er doch das österreichische Pendant zur Londoner Downing Street oder zum Pariser Quai d´Orsay. Im 18. Jahrhundert befand sich hier auch noch der Komplex des Kaiserspitals, in dessen Hof 1741 ein Ballspielhaus errichtet wurde. Als das Spital auf den Rennweg verlegt wurde, blieb von dem Gebäudekomplex gegenüber der Staatskanzlei allein das Ballhaus erhalten, das dem ringsum entstandenen Platz den Namen gab. Erst 1903 wurde das alte Ballhaus demoliert.

Kehrt man vom Rundgang am Minoritenplatz über die kurze Leopold-Figl-Gasse wieder in die Herrengasse zurück, so findet man an der südwestli-
72 chen Straßenseite das **Niederösterreichische Statthaltereigebäude** (Herrengasse 11/Minoritenplatz 8), das 1845–1848 nach den Plänen des Architekten Paul Sprenger errichtet wurde, und das bis zum Umzug nach St. Pölten die niederösterreichische Landesregierung aufnahm.

73 Das benachbarte **Palais Mollard** (Herrengasse 9) wurde 1696 unter Mitwirkung von Baumeister Christian Alexander Oedtl im Auftrag des niederösterreichischen Landmarschalls Franz Maximilian Reichsgraf von Mollard errichtet. Die Seitenachsen der Fassade springen leicht vor, während die Portalachse von korinthischen Riesenpilastern umrahmt wird. Das Portal selbst, mit dem vorschwingenden Balkon, geht auf einen Umbau um 1760 zurück, den der neue Besitzer Franz Wenzel Graf Clary-Aldringen vornehmen ließ. Der Aufbau des vierten Stockwerks erfolgte erst 1947–1950. Zwischen 1923 und 1986 befand sich in diesem Gebäude das Niederösterreichische Landes-
74 museum. Das anschließende langgestreckte **Palais Modena** (Herrengasse 7) erhielt seine heutige streng klassizistische Fassade 1811 durch Luigi Pichl, der auch den Umbau des Niederösterreichischen Landhauses durchgeführt hatte. Heute beherbergt das Gebäude das Innenministerium. Der Entwurf für
75 den Bau des anschließenden **Palais Wilczek** (Herrengasse 5) wird Anton Ospel zugeschrieben. Die reich gegliederte Fassade des vor 1737 entstandenen Baues wird von einem durchbrochenen Giebel über Kolossalpilastern bekrönt. Hier endet die ununterbrochene Folge von Barockpalästen: Das links folgende Palais Herberstein, ist ein neobarocker Repräsentationsbau des Späthistorismus, der im Zusammenhang mit der Umgestaltung des Michaelerplatzes neu errichtet wurde.

Nicht übersehen werden darf jedoch der Hauptakzent an der gegenüberliegende Straßenseite der Herrengasse – einen der wenigen Neubauten der Zwischenkriegszeit – das 1931–1932 errichtete **„Hochhaus“** (Herrengasse 6–8). Es erstreckt sich auf dem Areal des ehemaligen frühklassizistischen Palais Liechtenstein, das kurz vor dem Ersten Weltkrieg demoliert wurde. Von 1872 bis 1913 bestand in der umgebauten einstigen Reitschule des Liechtensteinpalais der wegen seiner Akustik weltberühmte „Bösendorfer-Konzertsaal“ in welchem u. a. Hans v. Bülow, Franz Liszt, Anton Rubinstein und Felix Mottl auftraten. Das Hochhaus, entworfen von den Architekten Siegfried Theiss und Hans Jaksch, entstand als sechzehngeschossige Wohnhausanlage in Stahlskelett-Bauweise auf Eisenbetonfundamenten. Der hohe Wohnturm wird mit niedrigeren Seitentrakten verschliffen, und durch Terrassen zusätzlich abgetreppt, sodass er nicht übermäßig isoliert wirkt. Die obersten beiden Etagen dienten ursprünglich als Aussichtscafé. 76

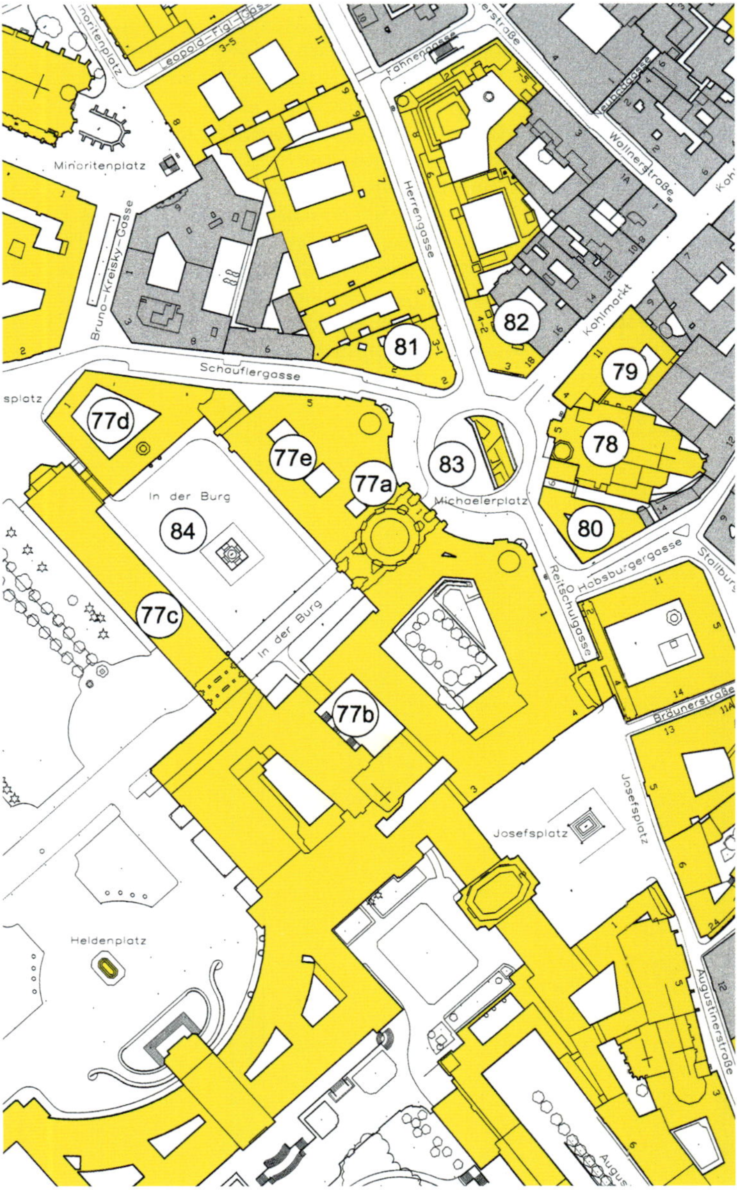
Minoritenplatz
Leopold-Figl-Gasse
Bruno-Kreisky-Gasse
Herrengasse
Fahnengasse
Wallnerstraße
Neubadgasse
Kohlmarkt
Schauflergasse
Michaelerplatz
In der Burg
Habsburgergasse
Reitschulgasse
Stallburggasse
Bräunerstraße
Josefsplatz
Heldenplatz
Augustinerstraße
77a
77b
77c
77d
77e
78
79
80
81
82
83
84

Michaelerplatz

Der so repräsentativ ausgestaltete Michaelerplatz, in den die Herrengasse mündet, zählt in seiner heutigen Erscheinungsform zu den jüngsten Platzanlagen im Zentrum Wiens. Die großartige Kulisse, welche die angrenzenden Gebäude bilden, war erst nach der Wende vom 19. zum 20. Jahrhundert vollendet.

Der gesamte Bereich südwestlich, südlich und südöstlich des Michaelerplatzes wird von der **Hofburg** eingenommen, einem riesigen Gebäudekom- 77
plex, der sich seit dem 13. Jahrhundert kontinuierlich erweitert hatte. Das Erscheinungsbild der stadtseitigen Front, also der Front zum Michaelerplatz, erfuhr immer wieder bauliche Veränderungen, wobei das stadträumliche Problem nie ganz befriedigend gelöst werden konnte.

Die Entwicklungsgeschichte des **Michaelertraktes** ist langwierig und 77a
von Widersprüchen gezeichnet. Über die Jahrhunderte beschäftigten sich namhafte Architekten mit dem Problem eines angemessenen Abschlusses des Hofburgareals. Den entscheidenden Beitrag leistete Joseph Emanuel Fischer von Erlach, der in seinem Entwurf erstmals die Hofburgfront zum Michaelerplatz weit zurückweichen ließ und so eine konkav einschwingende Platzfas-

Blick vom Kohlmarkt zur Michaelerfront der Hofburg

sade konzipierte. 1729 begann man mit der Errichtung des linken Seitentraktes, in welchem die Winterreitschule untergebracht ist. In den letzten Regierungsjahren Kaiser Karls VI. gerieten die Bauarbeiten aber ins Stocken. So blieb die Michaelerfront für rund 150 Jahre ein Torso. Als das alte Ballhaus, das sich damals noch in der heutigen Platzmitte befand, zum Hoftheater adaptiert wurde, stellte man das Projekt überhaupt bis auf weiteres ein.

Erst in Zusammenhang mit der Anlage der Ringstraße wurden die Planungen für einen Ausbau der Hofburg wieder aufgenommen. Im Laufe der sechziger Jahre des 19. Jahrhunderts konkretisierte sich die Idee des „Kaiserforums" als architektonischer Glanzpunkt der Ringstraße. Gottfried Semper konzipierte eine riesige mehrteilige, von Palastbauten umgebene Platzanlage, zu welcher der Michaelertrakt der Hofburg den Auftakt an der Innenstadtseite bilden sollte. 1888 erfolgte der Abbruch des Alten Hofburgtheaters. 1889 bis 1893 wurde unter der Leitung von Ferdinand Kirschner an der Verwirklichung der Palastfront in neobarocken Stilformen gearbeitet, wobei man sich an die Grundgedanken Joseph Emanuel Fischers von Erlach hielt.

Die Gestaltung des Michaelertraktes repräsentiert eine der letzten, großartigsten Manifestationen des spätimperialen dynastischen Machtanspruchs der Habsburger. Unter Einbeziehung des bereits bestehenden linken Seitenflügels von Joseph Emanuel Fischer von Erlach und in symmetrisch gespiegelter Erweiterung wurde eine monumentale, in der Mitte halbrund zurücktretende Eingangsfront geschaffen, deren Mittelrisalit mit dem „Michaelertor" durch verdoppelte Kolossalsäulen gegliedert und von der 54 m hohen „Michaelerkuppel" überragt wird. An den Seitenflügeln sind große Brunnennischen ausgebildet, deren szenische Marmorskulpturen von Rudolf Weyr und Edmund Hellmer Österreichs „Macht zur See" und „Macht zu Lande" symbolisieren. Die großartige Inszenierung dieser Gebäudefront im „Maria-Theresianischen Stil" sollte einerseits die glanzvolle Geschichte und Tradition Österreichs in Erinnerung rufen und andererseits die Regierung Kaiser Franz Josephs als glückliche Vollendung dieser Entwicklung darstellen.

Der Mündung der Herrengasse gegenüber, einen Gegenpol zur Hofburg
78 bildend, liegt die **Michaelerkirche**. Eine erste frühromanische Basilika bildete wahrscheinlich den geistlichen Mittelpunkt einer Vorstadtsiedlung, die im Laufe des 12. Jahrhunderts im Bereich der heutigen Wallnerstraße entstanden war und vermutlich dem Salzburger Stift Michaelbeuern gehörte. Im Jahr 1221 soll Herzog Leopold VI. bei Sankt Michael eine Hofpfarre gegründet haben. Daraufhin entstand noch vor der Mitte des 13. Jahrhunderts die heute bestehende spätromanisch-frühgotische Kirche, die vor allem wegen ihrer qualitätvollen Kapitellplastik als ein Hauptwerk der „babenbergischen Sondergotik" gilt. 1982 und 1988 konnten vermauerte Portale des 13. Jahrhunderts an der Nordseite der Kirche freigelegt werden.

Die Michaelerkirche stand – noch mit einem Friedhof umgeben – in schrägem Winkel zur Straßenkreuzung Herrengasse-Augustinerstraße und

Kohlmarkt-Hofburgdurchfahrt. Diese Straßenkreuzung blieb bis ins 17. Jahrhundert mehr oder weniger unverändert. Der Kohlmarkt war inzwischen dicht verbaut. Jenseits der Straßenkreuzung lag, hinter einer hohen Mauer verborgen und durch Aufschüttung angehoben, der kaiserliche Lustgarten, das sogenannte „Paradeisgartel“, das Friedrich III. um 1460 hatte anlegen lassen.

Der erste Anstoß zu einer Veränderung dieser städtebaulichen Situation
ging von den seit 1626 in Sankt Michael ansässigen Barnabiten aus, die im
direkten Anschluss an ihr Gotteshaus ein großes Konventsgebäude planten
und bereit waren, den gesamten nördlichen Teil des Friedhofs dafür zu opfern.
Das 1663 erbaute Kolleggebäude wurde bei einem Brand 1704 großteils zer-
stört und 1720 durch den Neubau des sogenannten **„Großen Michaelerhau-** 79
ses“ (Michaelerplatz 4) nach Plänen von Architekt Giovanni Battista
Maderna ersetzt. Im Gegensatz zu seinem Vorgängerbau, der ausschließlich
klösterlichen Zwecken gedient hatte, handelte es sich bei dem Neubau um ein
reines Zinswohnhaus. Das ansehnliche Gebäude, dessen Fassadengestaltung
noch in der Tradition des späten 17. Jahrhunderts steht, bildet den markanten
Anfang einer harmonischen Abfolge bürgerlicher Wohn- und Geschäftshäuser
des anschließenden Kohlmarkts, die aber durchwegs aus wesentlich späterer
Zeit stammen. In einer Dachkammer des „Großen Michaelerhauses“ wohnte

Michaelerkirche

„Loos-Haus", Michaelerplatz 3

1751–1756 der junge Joseph Haydn, im selben Haus verstarb 1782 der Hofdichter und Komponist Pietro Metastasio.

Die Barnabiten ließen um 1732 rechts der Kirche ein zweites Zinshaus,
80 das **„Kleine Michaelerhaus"** (Michaelerplatz 6) errichten. Betritt man dieses als „Durchhaus" zur Habsburgergasse angelegte Gebäude, so erblickt man im langgestreckten, gekrümmten Hof ein höchst malerisches Bauensemble. Links befindet sich in einer verglasten Nische an der südlichen Außenmauer der Michaelerkirche ein monumentales spätgotisches Figurenrelief mit der Szene „Christus am Ölberg".

Die der Herrengasse gegenüberliegende Front des Michaelerplatzes, bestehend aus „Großem und Kleinem Michaelerhaus" mit der dazwischenliegenden Kirche präsentiert sich bis heute mehr oder weniger unverändert. Die Kirche erhielt 1792 unter Baumeister Ernest Koch eine klassizistische Fassade mit großer Pilasterordnung und Dreiecksgiebel, der barocke Portalvorbau wurde bereits 1724 von Antonio Beduzzi geschaffen. Überragt wird die Kirchenfront vom achteckigen gotischen Südwestturm aus dem 14. Jahrhundert, dessen ursprünglicher Helm bei dem Erdbeben von 1590 verlorenging und durch die noch heute bestehende schlanke Turmspitze ersetzt wurde.

An der Front gegenüber befindet sich, zwischen Schauflergasse und Her-
81 rengasse und in beide hineinreichend das **Palais Herberstein** (Michaelerplatz

2). Der fünfgeschossige, im Grundriß keilförmige, und an seiner Vorderfront abgerundete Bau mit neobarocker Fassadengestaltung wurde 1897 unter Zurücksetzung der Baulinie nach den Plänen des Architekten Carl König errichtet und sollte die Funktion eines Adelspalais mit der eines Zinshauses vereinigen, sowie auch Geschäftslokalen im Erdgeschoß Platz bieten. Für Diskussionen unter den Zeitgenossen sorgte die akzentuierte Eckkuppel, die von den einen als höfliche Anpassung an die Hofburgfassade, von den anderen dagegen als respektlose Konkurrenz zur Michaelerkuppel empfunden wurde. Die umstrittene Kuppelbekrönung fiel in den dreißiger Jahren einer Vereinfachung der Dachzone zum Opfer. Nicht weniger umstritten ist allerdings der neue, zweigeschossige Dachausbau des Architekten Karl Langer. Er versah das Gebäude zudem aus funktionalen Gründen mit einer Innenfassade, denn wirklich nutzbar waren eigentlich immer nur die an der Straßenfassade liegenden Räumlichkeiten.

Nach der Fertigstellung des Palais Herberstein folgte die Neuregulierung der noch verbliebenen Ecke Kohlmarkt / Herrengasse, auf deren Areal das „Dreilauferhaus“ stand, das 1909 abgebrochen wurde. Die Errichtung des Nachfolgebaus, eines Wohn- und Geschäftshauses der Kaufleute Emanuel Aufricht und Leopold Goldman (Michaelerplatz 3), wurde Adolf Loos übertragen. Das **„Loos-Haus“** sollte zum umstrittenen Hauptwerk dieses berühm- 82
ten „Architekten ohne Diplom und Baumeisterkonzession“ werden. Viele Zeitgenossen, aber auch die Baubehörde und das Kaiserhaus empfanden die glatte, schmucklose Oberfläche der Fassade als schockierend. Man fasste die demonstrative Kargheit des der neobarocken Hofburg selbstbewußt entgegengestellten, dominanten Neubaues als Provokation auf, begriff damit aber gleichzeitig die aktuelle Dialektik von Traditionalismus und Modernismus. Die Geschäftzone des „Loos-Hauses“ erscheint von den oberen vier Wohngeschossen durch die Verkleidung der Fassade mit kostbarem, geädertem Cipollino-Marmor deutlich abgesetzt. Die glattflächigen Stützen der einfach und klar gegliederten Eingangszone nehmen einerseits auf das Portal der Michaelerkirche Bezug, kontrastieren aber andererseits zu dem majestätischen Formenreichtum der Säulenfront der Hofburg. Mit der Fertigstellung des „Loos-Hauses“ im Jahr 1911 erfuhr der Michaelerplatz als „Drehscheibe“ zwischen Altstadt und Hofburg seine Vollendung.

Erst in jüngster Zeit erfolgte noch eine markante Veränderung in der Mitte des Platzes: Bei **archäologischen Grabungen** in den Jahren 1990–1991 wur- 83
den Baureste aus der Römerzeit und dem Frühmittelalter sowie spätere Baufundamente freigelegt. Teile der Ausgrabungen wurden konserviert und 1992 in einer großen kreisförmigen Bodenöffnung, gestaltet vom Architekten Hans Hollein, dauernd sichtbar erhalten. Inmitten der Kreisform gibt nun ein durch Nirosta-Wände gefasster Einschnitt den Blick in die Geschichte frei.

Die Alte Hofburg

Hinter dem Michaelertor der Hofburg liegen die ältesten Teile der Residenz. Durch die Kuppelhalle des Tores gelangt man in den großzügigen, streng rechtwinkeligen Inneren Burghof, offiziell „In der Burg“ genannt. Zur Linken erstreckt sich eine Flanke der im 13. Jahrhundert erbauten viertürmigen Kastellburg. Diese bildete den Baukern der Anlage, und umschließt den
77b **„Schweizerhof“**. Die mittelalterlichen Ecktürme sind im heutigen Mauerwerk noch nachweisbar. An der dem Michaelertor gegenüberliegenden Seite
77c des Inneren Burghofes liegt der **„Leopoldinische Trakt“**, der 1660–1666 nach Plänen des Architekten Filiberto Luchese durch Baumeister Domenico Carlone erbaut und nach einem Brand von 1668 durch Giovanni Pietro Tencala wiederhergestellt und vergrößert wurde. Dieser frühbarocke Neubau ver-
77d band die mittelalterliche Kastellburg mit der bis dahin freistehenden **„Amalienburg“** an der Westseite des Inneren Burghofes.

Die Amalienburg wurde 1575–1581 unter Kaiser Maximilian für dessen Sohn Erzherzog Rudolf errichtet; mit dem Bau wurde Pietro Ferrabosco betraut. Doch Rudolf verlegte als Kaiser 1583 seine Residenz nach Prag und so bezog sein Bruder Erzherzog Ernst das Gebäude. Der Bau wurde zwischen 1600 und 1611 durch Hans Schneider und Antonio de Moys vollendet. Aus dieser Zeit stammt das achteckige Uhrtürmchen mit dem Mondphasenanzeiger. 1711–1742 diente dieser Trakt der verwitweten Kaiserin Amalie als Wohnsitz und erhielt durch sie den bis heute gebräuchlichen Namen.

Der vierte Flügel des Inneren Burghofs ist der jüngste, nämlich der unter
77e Kaiser Karl VI. begonnene **„Reichskanzleitrakt“**. Der Flügel zur Schauflergasse entstand ab 1723 nach einem Entwurf von Johann Lukas von Hildebrandt, der Trakt zum Inneren Burghof von 1726–1730 folgt dem Plan des Hofarchitekten Joseph Emanuel Fischer von Erlach. Dieser Trakt, in dem bis zur Auflösung des Heiligen Römischen Reiches (1806) die Reichsbehörden untergebracht waren, gliedert sich in drei Risalite. Die Geschosse werden durch Kolossalpilaster verklammert. Die Bauplastik an den Seitenrisaliten von Lorenzo Mattielli zeigt die heroischen Taten des Herkules als Symbole der kaiserlichen Macht.

84 Inmitten des Inneren Burghofs steht das 1842–1846 errichtete **Denkmal für Kaiser Franz I.** Das Standbild des Kaisers und die Figuren der weiblichen Personifikationen der Herrschertugenden Glaube, Stärke, Friede und Gerechtigkeit sind Bronzebildwerke von Pompeo Marchesi. Sockelreliefs zeigen Allegorien von Wissenschaft, Handel und Gewerbe, Bergbau und Industrie, Landwirtschaft, Kunst und Kriegswesen.

77b Vom Inneren Burghof öffnet sich links das **„Schweizertor“** zum Schweizerhof im Inneren der mittelalterlichen Kastellburg. Das Schweizertor ist eines der wenigen repräsentativen Renaissancebauwerke Wiens und wird ebenso wie die Amalienburg dem Architekten Pietro Ferrabosco zugeschrieben. Im Eingangsbereich der „Schatzkammer" in der Südostecke des Schweizerhofes wurde ein romanisches Rundbogenfenster mit Schräglaibung freigelegt, welches beweist, dass der Bau der Kastellburg noch vor der Mitte des 13. Jahrhunderts begonnen wurde. Wahrscheinlich geht ihre Gründung auf Kaiser Friedrich II. zurück, der 1237 zur Neuordnung der politischen Verhältnisse in Österreich in Wien weilte, und in dessen Königreich Sizilien zur gleichen Zeit ganz ähnlich angelegte Kastellburgen entstanden, die damals zu den fortschrittlichsten Befestigungsanlagen der Welt zählten. Vollendet wurde die Wiener Hofburg aber erst nach der Mitte des 13. Jahrhunderts durch König Ottokar II. Přemysl, der in zwei urkundlichen Quellen als Erbauer bezeichnet wird. Die Gebäudeflügel wurden in den folgenden Jahrhunderten oftmals erweitert und ausgebaut und die Türme einer nach dem anderen abgetragen bzw. ihr Mauerwerk in die Flügelbauten integriert. An der Stelle des Nordwesttraktes mit dem Schweizertor befand sich im 13. Jahrhundert nur eine Wehrmauer. Dieser Trakt wurde gemeinsam mit dem Tor wahrscheinlich im Zuge eines Ausbaus der Gesamtanlage durch Pietro Ferrabosco 1549–1566 neuerrichtet.

Von den mittelalterlichen Teilen der Burg ist noch die unter Kaiser Friedrich III. 1447–1449 spätgotisch umgestaltete **Burgkapelle** erhalten. Der Chor mit seinem filigranen Maßwerk ist im Durchgangsbereich vom Schweizerhof zum Josefsplatz zu sehen und tritt aus dem aufgehenden Mauerwerk der umgebenden Bauteile kontrastreich hervor. 77f

Hofburg, Innerer Burghof

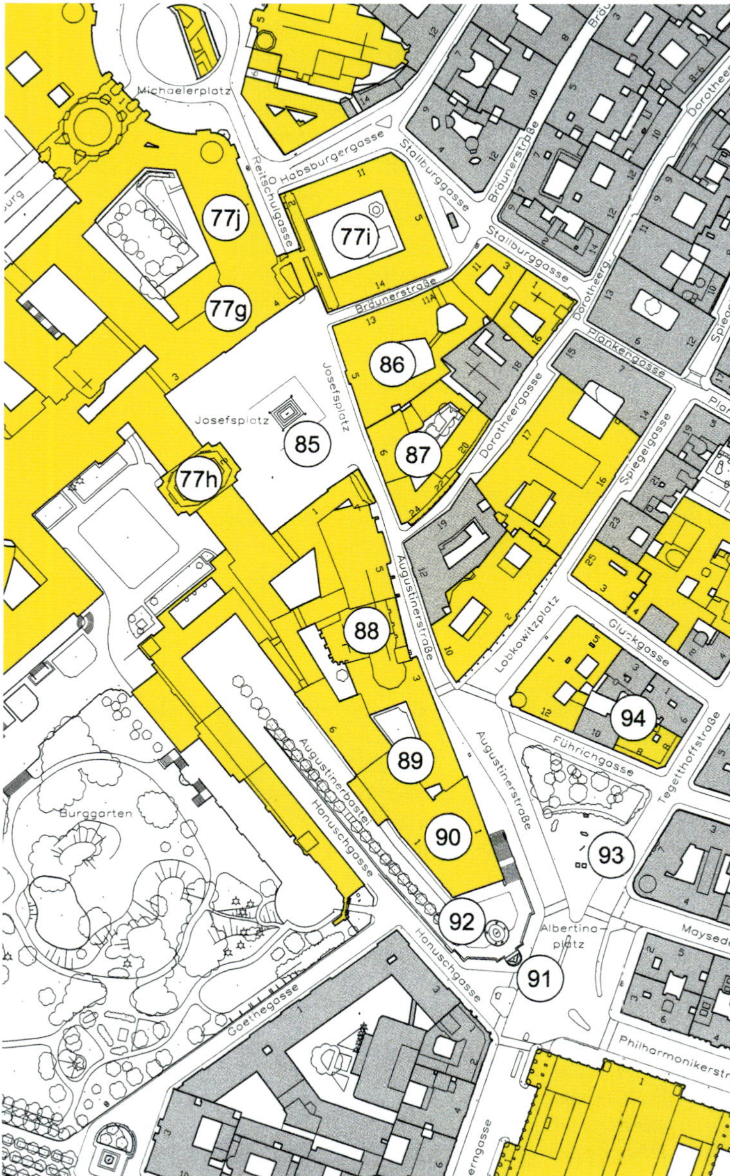
Michaelerplatz
Habsburgergasse
Reitschulgasse
Stallburggasse
Bräunerstraße
Dorotheergasse
Plankengasse
Spiegelgasse
Josefsplatz
Augustinerstraße
Lobkowitzplatz
Gluckgasse
Führichgasse
Tegetthoffstraße
Augustinerbastei
Hanuschgasse
Burggarten
Albertinaplatz
Goethegasse
Operngasse
77j
77i
77g
86
85
87
77h
88
89
90
92
91
93
94

Josefsplatz und Augustinerkirche

Durch den Redoutensaal-Durchgang erreicht man den Josefsplatz, einen der großartigsten, vom Barock geprägten Stadträume Wiens. Der Trakt der **Redoutensäle** zwischen Schweizerhof und Josefsplatz ist der einzige Beitrag 77g
der Herrschaftszeit Kaiserin Maria Theresias zur Baugeschichte der Hofburg.

An ihrer Stelle Befand sich ursprünglich das erste Opernhaus Wiens als Teil der Repräsentationsräume der Habsburger. Die Redoutensäle in ihrer heutigen Raumkonfiguration entstanden erst ab 1744 durch einen Umbau des lothringischen Architekten Jean-Nicolas Jadot de Ville-Issey. Die Außenerscheinung des Redoutensaaltraktes, wie es sich heute den Betrachter zeigt, entstand 1767–1773 nach Plänen des Hofarchitekten Niccolo Pacassi, der die Fassade – wie jene der gegenüberliegenden Front der Augustinerkirche – mit einer einheitlichen barocken Gestaltung versah und der Fassade der Hofbibliothek anglich. Wie das Äußere zeigt auch das Innere des Traktes ein historisch gewachsenes Gefüge, das nicht zuletzt durch den großen Umbau des Burghauptmanns und Architekten Ferdinand Kirschner im Jahr 1893 geprägt ist.
Im November 1992 fielen große Teile der Redoutensäle einem verheerenden Brand zum Opfer, dessen Ursachen nie vollständig geklärt werden konnten. Die Wiederherstellung 1993–1997 gilt als eine der wichtigsten Arbeiten der österreichischen Denkmalpflege der letzten Jahrzehnte. Der methodische Grundsatz der Sanierung nur zu restaurieren, was den Brand überdauert hatte und Fehlendes in einer zeitgemäßen Formensprache zu ergänzen, ist einer der wertvollsten, aber auch meist diskutierten Beiträge zur Auseinandersetzung zwischen Alt und Neu in der Architektur. Sie manifestiert sich in diesem Bauwerk am eindruckvollsten im großen Redoutensaal mit den Decken- und Wandbildern von Josef Mikl. Seit der Sanierung dient der Saal als Konferenzzentrum der österreichischen Bundesregierung. Wer die Gelegenheit hat, das Gebäude zu besichtigen, sollte auch das sogenannte Dachfoyer aufsuchen, das als eines der neuen Wahrzeichen Wiens gilt. Dem Betrachter bietet sich hier eine zu den schönsten Panoramen Wiens zählende Aussicht über die Stadt mit der Michaelerkuppel im Vordergrund.

Die Südseite des Josefsplatzes wird vom Baukörper der ehemaligen **Hof-** 77h
bibliothek beherrscht. Die Planungen stammen von Johann Bernhard Fischer von Erlach, der den Bau 1721 begann, die Vollendung des Bauwerks bis 1735 jedoch seinem Sohn überlassen musste. Der Mittelrisalit, der im Inneren den Prunksaal beherbergt, schiebt sich in die Platzfläche vor. Vor dem hohen Mansarddach erhebt sich die von Lorenzo Mattielli geschaffene Quadriga des Sonnengottes. Atlanten, die riesige Globen tragen, fügte Hans Gasser im 19. Jahrhundert hinzu.

Denkmal Kaiser Josephs II., Josefsplatz

85 In der Mitte des Josefsplatzes erhebt sich das **Reiterdenkmal Kaiser Josephs II.** aus Bronze von Franz Anton Zauner, das Hauptwerk der Plastik des Klassizismus in Österreich, errichtet 1795–1806. Auf den großen Sockelreliefs ist Joseph II. als „Schirmherr des österreichischen Handels" und als „Förderer der Landwirtschaft" verherrlicht.

Die Bibliothek war ursprünglich ein freistehender Bau, wie man sich überhaupt bis zum Ende des 18. Jahrhunderts die Hofburg als eine Ansammlung mehr oder weniger unabhängiger Einzelbauten vorstellen muss. Zu die-
77i sen Bauten gehörte auch die **Stallburg**, die im Nordwesten des Josefsplatzes liegt. Sie wurde 1558–65 kurz vor der Amalienburg fertiggestellt und umschließt den bedeutendsten Renaissancearkadenhof Wiens. Die beiden oberen Arkadenreihen des dreigeschossigen, vierseitigen Hofes wurden erst 1956 wiedergeöffnet und restauriert. Heute sind in der Stallburg die Stallungen der Spanischen Hofreitschule untergebracht. Gleich gegenüber, jenseits
77j der Reitschulgasse, liegt die **Winterreitschule**, deren großer barockklassizistischer Saal noch heute dem ursprünglichen Verwendungszweck entsprechend für Vorführungen der „Spanischen Hofreitschule" genutzt wird. Das Gebäude wurde nach Plänen von Joseph Emanuel Fischer von Erlach zwischen 1729 und 1735 an der Stelle des alten „Paradeisgartls" errichtet.

Die Nordfront des Josefsplatzes wird von zwei Adelspalais gebildet. Das
86 **Palais Pallavicini** (Josefsplatz 5), das 1783/84 von Johann Ferdinand Hetzen-

dorf von Hohenberg errichtet wurde, fällt durch die betont schlicht gehaltene klassizistische Fassade auf, die nur durch die Karyatidenpaare Franz Anton Zauners aufgebrochen wird. Das **Palais Pálffy** (Josefsplatz 6) entstand um 87
1575 auf den Parzellen mehrerer kleinerer Vorgängerbauten. Wolfgang Amadeus Mozart soll hier als Kind gespielt, und später im Kreis privater Gönner seinen „Figaro" vorgestellt haben. Der Bau erlitt schwere Bombenschäden und wurde 1956 durch den Architekten Robert Kramreiter im Stil der Zeit zu einem Veranstaltungszentrum umgebaut.

An der Ostseite des Josefsplatzes liegt der Eingang zur **Augustinerkirche**. 88
Trotz der bei der barocken Platzgestaltung vereinheitlichten Fassade ist der Bau der Augustinerkirche wesentlich älter, so wie auch die Augustinerstraße als Verkehrsweg auf ein hohes Alter zurückgeht. Der mittelalterliche Ursprung der Augustinerkirche wird im Verlauf der Augustinerstraße deutlich, wo man ihrer nördlichen Langhausfront mit den schlanken gotischen Spitzbogenfenstern und den dazwischenliegenden Strebepfeilern folgt. Das Gotteshaus gehörte zu dem 1327 von König Friedrich dem Schönen gestifteten Kloster der Augustiner-Eremiten. Die Errichtung wird dem bayrischen Baumeister Dietrich Ladtner von Pirn zugeschrieben. Dieser erbaute zwischen 1330 und 1339 eine ungewöhnlich lange, dreischiffige Hallenkirche mit einem im Osten zentralraumartig ausgeweiteten Chor. Die mittelalterliche Blüte des Klosters, die sich in zahlreichen Stiftungen manifestierte, fand im Laufe des 15. Jahrhunderts einen vorübergehenden Einbruch. Erst im Zuge der Gegenreformation kam wieder neues Leben in die Gebäude. 1631 wurde eine Reformbewegung der Augustiner – die „Augustiner Barfüßer" – an die Kirche berufen. Mit der Erhebung zur Hofkirche durch Kaiser Ferdinand II. (1634) und mit der Errichtung der „Herzgruft" als Begräbnisstätte für die Herzen verstorbener Familienmitglieder des Hauses Habsburg (1637) kamen auch großzügige Umbauten in Gang, die der Kirche allerdings ihre mittelalterliche Ausstattung kosteten. In der nunmehr erweiterten Gruft unter der Kirche richteten zahlreiche österreichische Adelsfamilien ihre Grablegen ein. In der Barockzeit lebten 150 Mönche im angeschlossenen **Kloster** östlich der 89
Kirche. 1628 wurde das Refektorium neu errichtet, 1718–1721 folgte die Erneuerung der übrigen Klostertrakte. 1784–1786 ließ Kaiser Joseph II. das Innere der Augustinerkirche durch seinen Hofarchitekten Johann Ferdinand Hetzendorf v. Hohenberg regotisieren, wobei viele ältere Kunstwerke der früheren Kirchenausstattung verlorengingen. 1796, als die Zahl der Mönche bereits wieder abnahm, musste das Kloster ein Stockwerk des Konvents an Herzog Albert von Sachsen-Teschen und seine Gemahlin Erzherzogin Marie Christine, eine Tochter Maria Theresias, abtreten, die das benachbarte **Palais** 90
Tarouca (Augustinerstraße 1) bewohnten. Als sich das Herzogspaar 1801–1804 zu einer Vergrößerung seines Palastes entschloss, verloren die Augustiner auch noch den zur Bastei gelegenen Teil ihres Klosters.

Der Umbau des Palais Taroucca im Auftrag von Herzog Albert von Sachsen-Teschen wurde 1801–1804 von Architekt Louis Montoyer durchgeführt und nahm die vom Herzog begründete weltberühmte Graphische Sammlung auf. Die 1918 in den Besitz der Republik Österreich übergegangene Graphische Sammlung Albertina ist mit mehr als 44.000 Zeichnungen und 1,5 Millionen druckgraphischen Werken die weltgrößte Kollektion ihrer Art. Das Palais Herzog Alberts stand im Süden auf der Augustinerbastei. Bei der Demolierung der alten Stadtbefestigung nach der Mitte des 19. Jahrhunderts blieb ein Rest dieser Anlage bestehen und wurde 1864–1868 nach den Ent-
91 würfen von Architekt Moritz Löhr zur **Albrechtsrampe** umgebaut. Diese bildete nun die Auffahrt von der Augustinerstraße zum Haupteingang an der Vorderfront des Palais. 1869 wurde an der Stirnseite der Albrechtsrampe der weitläufige Danubiusbrunnen mit 11 Marmorfiguren in Wandnischen, die die Flüsse Inn, Save, Drau, Theiss, Mur, Donau, Salzach, March, Raab, Enns und Traun symbolisierten, errichtet. Nach Bombenschäden vereinfachte man 1949–1950 die Anlage 1949–1950 vereinfacht. Im Besonderen wurde auch die Auffahrtsrampe verkürzt und in eine Freitreppe umgewandelt. Unverän-
92 dert geblieben ist hingegen das **Reiterdenkmal des Feldmarschalls Erzherzog Albrecht** aus Bronze von Carl von Zumbusch von 1899.

Das historische Palais, das im Wiener Sprachgebrauch, den Namen des in ihm befindlichen Museum angenommen hat – die „Albertina" also benötigte schon des Längeren sichere Depots, Raum für die Restaurierungswerkstätten und zeitgemäße Ausstellungsflächen. 1999 begannen die Bauarbeiten in der an sich funktionslosen Bastei, auf der sich das Gebäude erhebt. Eine Architektengemeinschaft, Friedrich Mascher und Erich Steinmayer planten einen 3000 m² großen Tiefspeicher und ein Studiengebäude. Da die Baukörper in die Bastei eingegraben werden, beinträchtigen sie das lokale Stadtbild nicht. Im Zuge der Bauarbeiten trat ein römisches Gräberfeld mit 130 Gräbern und Goldbeigaben ans Tageslicht. Einen Wettbewerb für die Gestaltung des zukünftigen Hauptportals konnte der Architekt Hans Hollein für sich entscheiden.

Gegenüber der Albertinarampe, wie die ehemalige Bastei heute bezeichnet wird, befindet sich das aus einer mehrteiligen Skulpturengruppe von Alfred
93 Hrdlicka bestehende **„Mahnmal gegen Krieg und Faschismus"**, das 1988 noch unfertig enthüllt und 1991 vollendet wurde.

Es befindet sich an der Stelle des nicht mehr existierenden „Philipphofes" eines 1883 von Carl König errichtetes repräsentatives Zinspalais in neobarocker Gestaltung. Das Gebäude wurde 1945 von mehreren Brandbomben getroffen, wobei einige Hundert Menschen, die in den Kellern Schutz gesucht hatten, den Tod fanden. Auch aus diesem Grund wurde der Platz zu Aufstellung des Denkmals bestimmt.

Der Künstler schuf ein mehrteiliges begehbares Denkmal, das der Erinnerung an die Opfer der dunkelsten Epoche unserer Geschichte gewidmet ist. An der

Stirnseite des Platzes erhebt sich das „Tor der Gewalt“, dessen Sockel aus Granit aus Mauthausen besteht, jenem Konzentrationslager, in welchem Tausende Menschen den Tod fanden. Dahinter befindet sich der „Knieende Jude“, eine Figur, die auf die Entwürdigung der jüdischen Wiener Bezug nimmt, die am 12. März 1938 kniend die Straßen zu säubern hatten. Eine sich aus einem Marmorblock lösende Männerfigur „Orpheus betritt den Hades“ soll an die Menschen mahnen, die im Widerstand gegen das nationalsozialistische Regime das Leben verloren sowie an die Opfer des Bombenkrieges. Den Abschluss bildet der „Stein der Republik“, in den ein Auszug der Regierungserklärung der Wiedererrichtung der Republik sowie die Namen der Personen, die sie unterschrieben haben, eingemeißelt sind.

Die Rolle des „Philipphofes“ als architektonische Dominante am Albertinaplatz gegenüber der Albrechtsrampe übernahm seither das nun freistehende Versicherungsgebäude der **„Riunione Adriatica di Sicurtà“** (Tegetthoff- 94
straße 8), errichtet im Jahre 1911 von Architekt Ludwig Baumann. Bei diesem markanten Eckhaus des Späthistorismus konzentrieren sich neobarocke Dekorationsmotive nur mehr an einigen besonders hervorgehobenen Stellen, wie an der Eckkuppel und in der Attikazone, während die großen Fassadenflächen durch ruhige Sachlichkeit charakterisiert sind.

Albrechtsrampe, Albertina

„Riunione Adriatica di Sicurtà“

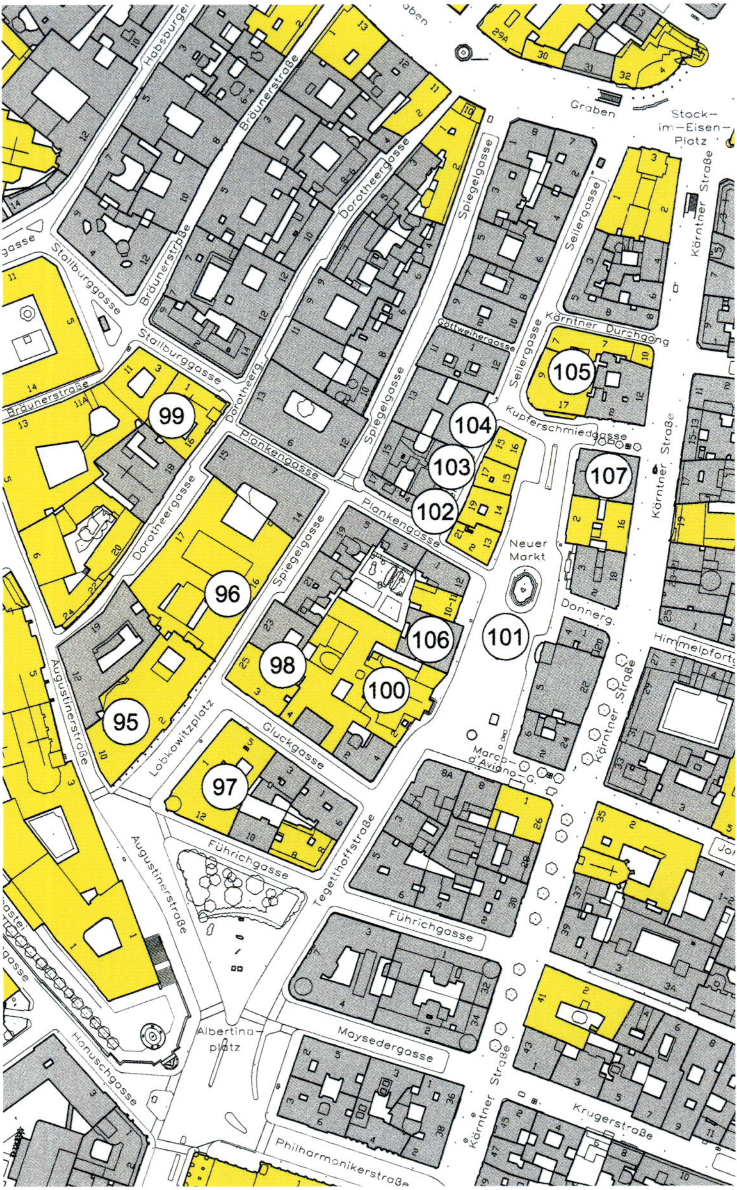
Graben
Stock-im-Eisen-Platz
Habsburgergasse
Bräunerstraße
Dorotheergasse
Spiegelgasse
Seilergasse
Kärntner Straße
Stallburggasse
Göttweihergasse
Kärntner Durchgang
Kupferschmiedgasse
Plankengasse
Dorotheerg.
Neuer Markt
Donnerg.
Himmelpfortg.
Augustinerstraße
Lobkowitzplatz
Gluckgasse
Tegetthoffstraße
Führichgasse
Marco-d'Aviano-G.
Albertinaplatz
Maysedergasse
Hanuschgasse
Philharmonikerstraße
Krugerstraße
95
96
97
98
99
100
101
102
103
104
105
106
107

Lobkowitzplatz

Am Nordende des Albertinaplatzes, stadteinwärts führend, erstreckt sich der schmale Lobkowitzplatz. Seine westliche Langseite wird fast ausschließlich vom **Palais Lobkowitz** (Lobkowitzplatz 2) eingenommen. Das Palais 95
wurde 1689–1694 durch Architekt Giovanni Pietro Tencala für Philipp Sigmund Graf Dietrichstein erbaut. Das eigenwillig gestaltete Gebäude gehört noch dem frühbarocken Palasttypus an. Johann Bernhard Fischer von Erlach verhalf der ursprünglich schlichteren Fassade durch die Neugestaltung des Portals und einer mächtigen Attika zu hochbarockem Glanz. In den Besitz der Fürsten Lobkowitz kam das Palais erst 1745. Wenige Jahre danach entstand Bernardo Bellottos Gemälde mit der charakteristischen Schrägansicht des Lobkowitzpalais (heute im Kunsthistorischen Museum Wien), welches den damals noch freien Blick auf die Stephanskirche wiedergibt. Fürst Ferdinand Philipp von Lobkowitz pflegte mit Christoph Willibald Gluck und Philipp Emanuel Bach Kontakte. Sein Sohn Fürst Joseph Franz Maximilian von Lobkowitz ließ 1799 den Festsaal für Konzerte umbauen und hielt sich in seinem Palais ein eigenes Orchester. Hier erfolgte 1804 die Uraufführung von Beethovens Eroica. Ludwig van Beethoven widmete dem Fürsten auch mehrere Kompositionen. Bis 1979 war das Palais im Besitz der Familie, die es ab 1947 dem Französischen Kulturinstitut vermietete. Seit 1991 befindet sich im Palais, welches heute Eigentum der Republik Österreich ist, das Theatermuseum. Die dafür notwendige Generalsanierung wurde von dem Architektenteam Karl und Eva Mang durchgeführt. Die Prunkräume im ersten Stock des Palais waren für die Aufnahme der Schauräume des Museums besonders geeignet, als günstig erwies sich auch die Lage der Prunkstiege, die dem Besucher einen Rundgang durch die Räume ermöglichte. Die Charakteristik des Gebäudes konnte so, trotz der durch die neue Nutzung bedingten Änderungen gewahrt bleiben.

An das Lobkowitzpalais schließt rechts das bereits in die Spiegelgasse überleitende **Dorotheum** an, das aus dem 1707 gegründeten Versatzamt her- 96
vorgegangen und 1786 im aufgelassenen Dorotheerkloster untergebracht worden war. Das bestehende Gebäude (Spiegelgasse 16), heute vor allem als Auktionshaus bekannt, entstand in den Jahren 1898–1901 nach Plänen von Emil Ritter von Förster. Die gegenüberliegende Langseite des schmalen Platzes wird von einem Gebäude eingenommen, das Architekt Otto Wagner 1884 entworfen hat: Das im Auftrag der Länderbank erbaute Zinswohnhaus **Lob-** 97
kowitzplatz 1 steht im Werk Wagners an der Wende vom Späthistorismus zur Moderne. Der überkuppelte Rundturm an der Gebäudeecke und die Hervorhebung der Beletage sowie Einzelheiten des Fassadenschmucks sind noch traditionsbezogen. Die riesigen ungeteilten Geschäftslokale im Erdgeschoß und

Blick vom Neuen Markt zur Evangelischen Stadtkirche Helvetischen Bekenntnisses

die weitgehende Auflösung der Parterrefront in große Schaufenster muten jedoch schon sehr fortschrittlich an. Am Nordende des Lobkowitzplatzes
98 schiebt sich der Baukörper eines wenig prominenten, kaum beachteten **Zinshauses** (Lobkowitzplatz 3/Spiegelgasse 25) vor, das eine gut gegliederte Fassade im Plattenstil des späten 18. Jahrhunderts aufweist. Das Haus erstreckt sich bereits auf den ehemaligen Gartengründen des benachbarten Kapuzinerklosters am Neuen Markt.

Erreicht man, durch die Spiegelgasse weitergehend, die Plankengasse, so
99 entdeckt man am Nordwestende der Blickachse die Turmfront der **„Evangelischen Stadtkirche Helvetischen Bekenntnisses“** (Dorotheergasse 16). Sie wurde 1783–1784 auf einem Teil des ehemaligen „Königinklosters“ von Hofarchitekt Gottlieb Nigelli nach den Bestimmungen des Toleranzpatents Kaiser Josephs II. von 1781 für die evangelische Religionsausübung erbaut. Zu dieser Zeit waren bei protestantischen Kirchenbauten Türme noch verboten. Der die Kirche heute beherrschenden Turm kam erst im Zuge eines neobarocken Umbaus von 1887 hinzu.

Neuer Markt

In der entgegengesetzten Richtung, nach Südosten hin, eröffnet die Plankengasse den Blick zum Neuen Markt, und zwar genau auf den Providentia-Brunnen in der Platzmitte. Die Ostseite des Neuen Marktes, die im Hintergrund des barocken Brunnens ins Blickfeld gerät, musste aufgrund massiver Kriegsschäden nach 1945 völlig neu verbaut werden.

Die Platzanlage selbst geht auf die babenbergische Stadterweiterung zurück. Der Platzname steht im Gegensatz zum Hohen Markt, der als Hauptmarkt für das erweiterte Stadtgebiet zu klein geworden war. Schon bald bildete der Neue Markt den End- bzw. Ausgangspunkt für den Warenverkehr mit dem Süden über den Semmering und die Steiermark nach Venedig. 1276 war der Markt bereits dicht verbaut. In der „Continuatio Vindobonensis" werden für dieses Jahr am Neuen Markt 150 Herbergen gezählt. Obwohl diese Zahl gewiss stark übertrieben ist, kann man davon ausgehen, dass sich am Neuen Markt tatsächlich zahlreiche Häuser befanden, in denen durchreisende Händler Quartier bezogen. Im frühen 14. Jahrhundert entwickelte sich der Neue Markt zum Hauptumschlagplatz für Getreide und Mehl, daher auch seine historische Bezeichnung „Mehlmarkt". In diesem Zusammenhang wird 1375 erstmals ein Vorratshaus für Mehl, die „melgruobe" erwähnt.

Der Platz grenzte ursprünglich direkt an die Kärntner Straße und erstreckte sich bis zur Seilergasse. An seiner Ostseite wurden die einfachen Kaufläden, die zunächst auf der Platzfläche selbst lagen, bald durch Häusergruppen abgelöst, die von drei Quergassen durchbrochen waren. An der Westseite bildete sich eine durchgehende Häuserfront.

Die Anlage des **Kapuzinerklosters** am Beginn des 17. Jahrhunderts 100
brachte eine Neuordnung des südwestlichen Platzbereiches mit sich. 1618 von Kaiser Matthias und Kaiserin Anna testamentarisch gestiftet, sollte die Niederlassung der Kapuziner auf Grundstücken zwischen dem Neuen Markt und der Spiegelgasse entstehen. Der Grundstein wurde in Erfüllung des Stifterwillens 1622 durch Kaiser Ferdinand II. gelegt. Bereits ein Jahr später stand das Klostergebäude, und bis 1632 war auch die Kirche vollendet. Die Errichtung des Kapuzinerklosters mit seinen ausgedehnten Gärten veränderte das Gebiet westlich des Neuen Marktes. Die Seilergasse, die vorher vom Graben bis zum Lobkowitzplatz durchgelaufen war, endete nun an der Klostermauer.

Erst gegen Ende des 18. Jahrhunderts änderte sich die Topographie. Die Gartengründe der Kapuziner wurden zwischen 1782 und 1784 dem Kloster entzogen, um Baugründe für Wohnhäuser zu gewinnen. Damals entstand die Plankengasse, benannt nach den die Gärten säumenden Planken. 1842–1844 erhielt die Kirche eine neue Fassade, jedoch wurde die ursprüngliche Vorderfront der Kirche 1935/1936 nach alten Ansichten wieder rekonstruiert. Unter der Kirche befindet sich die gleichzeitig mit dem Kloster errichtete, später mehrmals erweiterte Kaisergruft der Habsburger. 1633 wurden die beiden Stifter als erste Belegung in der Kapuzinergruft bestattet. Die Gruft beherbergt 138 Mitglieder des Hauses Habsburg in Metallsärgen, von denen besonders der Doppelsarkophag aus Zinn für Kaiser Franz I. Stephan von Lothringen und Kaiserin Maria Theresia von Balthasar Moll in herausragender künstlerischer Qualität gestaltet ist. Die letzte Beisetzung, jene der Kaiserin-Witwe Zita, erfolgte am 1. April 1989.

Nach der Zweiten Türkenbelagerung setzte am Neuen Markt, wie auch in anderen Stadtteilen eine rege Bautätigkeit ein, die mit dem Bau des Palais Schwarzenberg an der südlichen Schmalseite ihren Anfang nahm und mit der
101 Errichtung des **Providentia-Brunnens** von Georg Raphael Donner 1737–1739 ihren glanzvollen Abschluss fand. Dieser Brunnen stellte für Wien einen Bruch mit der Tradition da, da er vom üblichen Einzelstandbild abwich und sich an den figurenreichen Brunnenanlagen der italienischen Spätrenaissance orientierte. Ursprünglich hatte die Stadt Wien nur eine Mittelfigur, umgeben von vier Putten, in Auftrag gegeben, 1738 wurde aber ein neuer Vertrag über vier weitere Figuren abgeschlossen, welche die Flüsse Enns, Traun, Ybbs und March verkörpern sollten. 1770 wollte man die in Bleiguß gefertigten Figuren einschmelzen, sie wurden jedoch vom Bildhauer Johann Martin Fischer in Erkenntnis ihres künstlerischen Wertes aufbewahrt und restauriert. Nachdem man sie 1801 wieder aufgestellt hatte, mussten sie 1871 wegen aufgetretener Schäden neuerlich entfernt und 1873 durch Bronzekopien ersetzt werden. Die Originale verblieben zunächst in verschiedenen Depots und fanden erst 1921 – anlässlich der Schaffung des Barockmuseums im Unteren Belvedere – ein neues Domizil, wo sie sich heute noch befinden.

Der einstige barocke Glanz ist nur mehr an den Häusern Neuer Markt 14–16 ablesbar. Die hinter den Fassaden liegenden Baukerne gehen oft noch auf die Bebauung des Marktplatzes im Mittelalter bzw. in der Renaissance
102 zurück. Beim barocken Neubau des **Palais Rauchmiller** (Neuer Markt 14) wurden zwei Häuser zusammengefasst, die um 1680 dem Leibhartschier (Bogenschützen) der Kaiserin Eleonore gehörten. 1731 erwarb Hofkammerrat Heinrich Ernst Rauchmiller von Ehrenstein das Objekt und ließ es wahrscheinlich durch Joseph Emanuel Fischer von Erlach umgestalten. Ein ähnlicher bauhistorischer Befund liegt bei dem nach dem Violinvirtuosen und
103 Komponisten Josef Mayseder benannten **Haus Neuer Markt 15** vor: Der Gebäudekern mit dem Grabendach stammt von 1548, worüber ein datierter Quaderstein im Hausflur Auskunft gibt. Die reiche Rokokofassade hingegen entstand 1768. 1851 richtete Josef Mayseders Schwiegersohn, der k.u.k. Hofjuwelier Alexander Emanuel Köchert, in diesem Haus seine Goldschmiedewerkstatt ein, die heute noch bestseht. Das Geschäftslokal wurde von Archi-
104 tekt Theophil Hansen gestaltet. Das Nachbarhaus **Neuer Markt 16** stammt im Kern aus dem 16. Jahrhundert, seine Fassade wird in die Zeit um 1770

datiert. Das zuvor vernachlässigte Gebäude wurde in Zusammenarbeit mit dem Bundesdenkmalamt und dem Kulturamt der Stadt Wien renoviert und stellt heute einen Glanzpunkt am nordwestlichen Platzausgang dar.

An der nördlichen Stirnfront des Neuen Markts liegt das stattliche späthistoristische Wohn- und Geschäftshaus **„Zum Herrnhuter“** (Neuer Markt 105
17 / Seilergasse 9), errichtet nach Plänen von Julius Mayreder, das 1900 an die Stelle von vier alten Häusern trat. Einen malerischen Akzent an der westlichen Platzseite setzte das 1897/1898 für den Kolonialwarenhändler Dominik Wild von Architekt Arnold Heymann erbaute Wohn- und Geschäftshaus **Neuer Markt 10–11** im „altdeutschen Stil“. Einst hatte dieses Haus im pitto- 106
resken, 1896 errichteten „Hotel Meißl & Schadn“ (Neuer Markt 2) ein adäquates Gegenüber, doch wurde das im Jahre 1945 ausgebrannte Hotel abgerissen und 1957 durch den modernen Neubau des **„Hotel Europa“** nach 107
Plänes des Architekten Erich Boltenstern ersetzt. Im 18. Jahrhundert war an dieser Stelle das „Hoföbstlerische Haus“ gestanden, wo Joseph Haydn 1792–1797 wohnte und die österreichische Kaiserhymne „Gott erhalte...“ komponierte.

Über die kurze Marco d´Avanio-Gasse, die nach dem berühmtesten Prediger der Kapuziner benannt wurde, erreicht man die Kärntner Straße.

Providentia-Brunnen, Neuer Markt

Palais Rauchmiller, Neuer Markt 14

Stephansplatz
Graben
Stock-im-Eisen-Platz
Singerstraße
Churhausgasse
Bräunerstraße
Dorotheergasse
Spiegelgasse
Seilergasse
Kärntner Straße
Göttweihergasse
Kärntner Durchgang
Liliengasse
Weihburggasse
111
Kupferschmiedgasse
Plankengasse
Neuer Markt
112
Rauhensteingasse
Donnerg.
Himmelpfortgasse
Dorotheerg.
Gluckgasse
Marco-d'Aviano-G.
110
108
Johannesgasse
Führichgasse
Tegetthoffstraße
109
Annagasse
Albertinaplatz
Maysedergasse
Krugerstraße
Philharmonikerstraße

Die Kärntner Straße

Die Kärntner Straße war schon im Mittelalter Teil des frequentierten Fernhandelswegs nach Süden über den Wienerberg, Wiener Neustadt, den Semmering, die Steiermark und Kärnten nach Triest und Venedig. 1257 erstmals als „strata Carinthianorum“ bezeichnet, bestand sie wahrscheinlich schon seit dem letzten Drittel des 12. Jahrhunderts, als die damaligen Herzöge von Österreich aus dem Hause der Babenberger die Steiermark erwarben. Um 1207 entstand hier die **Kommende des Johanniterordens**, deren Kirche 108
(Malteserkirche, Kärntner Straße 35) mit ihrer schlichten, klassizistischen Fassade in der heutigen Straßenfront kaum auffällt. Im Inneren der Kirche überraschen die farbenprächtigen Wappenschilde von 40 Wiener Malteserrittern.

Die Kärntner Straße hatte an allen „Bauwellen“ der Stadt an prominentester Stelle Anteil, sie war immer eine der ersten Straßen, die sich wandelte. Das einzige erhaltene barocke Palais ist das **Palais Esterházy** (Kärntner 109
Straße 41) und stammt aus der Mitte des 17. Jahrhunderts. Bei einer Umgestaltung des Inneren in den Jahren 1990/91 wurden bislang unbekannte klassizistisch-pompejanische Wandfresken entdeckt. Bei der Neugestaltung der Casinoräume wirken bekannte Wiener Künstler, unter anderen Ernst und Michael Fuchs, mit.

Die älteren Häuser dieser Straße, in denen einst berühmte Dichter, wie Franz Grillparzer, Friedrich Hebbel und Adalbert Stifter oder Musiker wie Christoph Willibald Gluck, Ludwig van Beethoven, Carl Maria von Weber und Richard Wagner gewohnt hatten, sind nach und nach durch Neubauten der Gründerzeit ersetzt worden. Immer wieder sind architektonische Kostbarkeiten dieser Zeit zu entdecken, wie das Geschäftslokal der berühmten **Glas-** 110
werkstätte J. & L. Lobmeyr (Kärntner Straße 26) mit dem firmeneigenen Glasmuseum oder die **„American-Bar“** (Kärntner Straße 10/Kärntner 111
Durchgang) mit originalem Interieur von Architekt Adolf Loos aus dem Jahr 1907. 1861 wurde die Straße über den eingeebneten Stadtgraben hinweg bis zur damaligen Elisabethbrücke über den Wienfluss verlängert. Seit dem Abbruch dieser Brücke infolge der Wienflussregulierung (1897) reicht die Straße bis zum Karlsplatz. Im letzten Jahrzehnt des 19. Jahrhunderts fiel die gesamte Westfront der Straße einer Verbreiterung von neun auf siebzehn Meter zum Opfer.

Aufgrund der Bombenschäden des Zweiten Weltkriegs 1945 waren etliche Einbussen in der historischen Bebauung der Kärntner Straße zu verzeichnen. Teilweise füllten danach Zweckbauten die entstandenen Lücken auf. Zu den bekanntesten Gebäuden aus der Nachkriegszeit gehört das **Kaufhaus Steffl** 112
(Kärntner Straße 19), das 1949/50 nach den Plänen des Architekten Carl

Einblick in die Kärntner Straße

Appel errichtet wurde. Nach verschiednen Umgestaltungen wurde das Haus in den späten neunziger Jahren durch den Architekten Mathäus Jiszda einer grundlegenden Sanierung unterzogen.

Im Zuge des Wiener U-Bahnbaues verwandelte sich die Kärntner Straße ab 1974 in eine Fußgängerzone. Aus dieser Zeit datiert die Straßenmöblierung, die man 1991 noch durch drei Trinkbrunnen von Hans Muhr ergänzte.

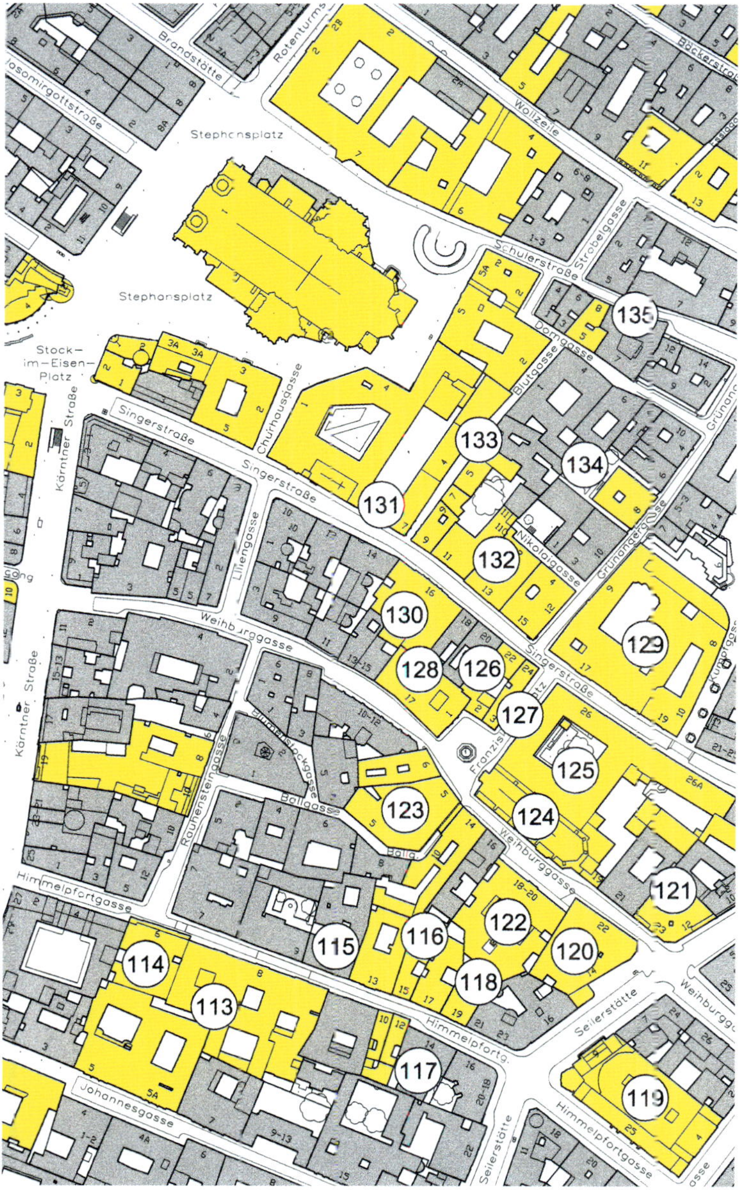
Stephansplatz
Stephansplatz
Stock-im-Eisen-Platz
Brandstätte
Jasomirgottstraße
Rotenturmstraße
Wollzeile
Schulerstraße
Strobelgasse
Domgasse
Blutgasse
Churhausgasse
Singerstraße
Singerstraße
Kärntner Straße
Kärntner Straße
Liliengasse
Weihburggasse
Weihburggasse
Grünangergasse
Nikolaigasse
Singerstraße
Franziskanerplatz
Kumpfgasse
Rauhensteingasse
Blumenstockgasse
Ballgasse
Himmelpfortgasse
Himmelpfortgasse
Himmelpfortgasse
Seilerstätte
Seilerstätte
Johannesgasse
135
133
134
131
132
130
129
128
126
127
125
123
124
121
122
120
116
115
114
113
118
117
119

Himmelpfortgasse und Seilerstätte

Über die kurze Donnergasse gelangt man wieder in die belebte Kärntner Straße, überquert diese und setzt den Weg an der gegenüberliegenden Seite durch die Himmelpfortgasse fort. Der schmale Straßenzug zweigt im rechten Winkel von der Kärntnerstraße ab und führt geradewegs zur Seilerstätte. Der eigentümliche Straßenname leitet sich von dem einst hier befindlichen „Himmelpfortkloster" – eigentlich „St. Agnes zur Himmelspforte" – ab, einer Prämonstratenserinnengemeinschaft, die hier seit der zweiten Hälfte des 13. Jahrhunderts ihren Sitz hatte. Kirche und Kloster lagen zwischen Rauhensteingasse, Himmelpfortgasse, Ballgasse und Blumenstockgasse, wurden jedoch 1784, ein Jahr nach der Aufhebung des Klosters demoliert.

Gegenüber der Kirche des Himmelpfortklosters entstand 1694–1724 das
113 **Stadtpalais des Prinzen Eugen** (Himmelpfortgasse 8), in dem heute das Finanzministerium untergebracht ist. Fast zur selben Zeit war der Prinz auch Bauherr von Schloss Belvedere sowie seines Jagdsitzes Schlosshof im Marchfeld, die beide durch Johann Lukas von Hildebrandt errichtet wurden. Architekt des Stadtpalais war aber zunächst Johann Bernhard Fischer von Erlach, der zwischen 1695 und 1698 die sieben Mittelachsen des Palastes mit dem Mittelportal fertigstellte; danach übernahm 1702 Hildebrandt die Bauleitung. Er fügte bis 1709 fünf weitere Gebäudeachsen in Richtung Seilerstätte und bis 1723/1724 fünf Achsen in Richtung Kärntner Straße hinzu. Mit diesen Zubauten nahm der Komplex ein Drittel der damaligen Gesamtlänge der Himmelpfortgasse ein.

114 Auf einer Nachbarparzelle des Palais erhebt sich das sogenannte **„Baderischen Haus"** (Himmelpfortgasse 6). Seine um 1720 entstandene Fassade zeigt deutlich, wie die architektonischen Vorgaben des Hochadels nur knapp zeitverzögert auch vom gehobenen Bürgertum aufgenommen und von dessen namentlich meist nicht überlieferten Baumeistern umgesetzt wurden. Bis zur Seilerstätte sind beide Fronten der Himmelpfortgasse durch Fassaden des 18. Jahrhunderts bestimmt, wobei sowohl schwungvolle Barockformen wie auch der einfachere Plattendekor des Jahrhundertendes vorkommen. Hinter den Fassaden freilich versteckt sich vielfach ein Baukern aus früheren Jahrhunderten. Besonders deutlich wird dies auf den Parzellen der nördlichen Straßenfront gegen die Seilerstätte hin. Gleich neben dem barocken Neubau des
115 **Palais der ungarischen Grafen Erdödy** (Himmelpfortgasse 13) von 1724
116 folgt ein schmalbrüstiges Gebäude, **Himmelpfortgasse 15**, das zwar eine spätbarocke Fassade besitzt, aber durch ein seitlich gelegenes Rundbogenportal und den Volutengiebel schon im Äußeren ein höheres Alter anzeigt.
117 Zusammen mit den beiden gegenüberliegenden Gebäuden **Himmelpfortgasse 10 und 11**, deren Baukern ins 16. bzw. 17. Jahrhundert zu datieren ist

und wo sogar noch spätgotische Kreuzgratgewölbe erhalten sind, besteht hier noch eine Gruppierung älteren Bestandes, die sich von den später erbauten, breiteren und oft auch repräsentativeren Nachbarn absetzt. Die Häuser **Him- 118
melpfortgasse 17 und 19** sind wieder dem ausgehenden 18. Jahrhundert zuzuordnen, während die letzen Bauten vor der Seilerstätte bereits sezessionistische bzw. späthistoristische Stilmerkmale tragen, und damit die Nähe der Ringstraßenzone ankündigen.

Die Straßenflucht endet beim **Ronacher** (Himmelpfortgasse 25 / Seiler- 119
stätte 9), einem Theatergebäude des auf diese Bauaufgabe spezialisierten und in der gesamten Österreichisch-Ungarischen Monarchie tätigen Architekturbüros Fellner & Helmer von 1871/1872. Der Betrieb der Spielstätte begann bereits mit der Saison 1872 als „Wiener Stadttheater", das sich bewusst vom Burgtheater absetzten wollte. Nach einer wechselvollen Geschichte unter der Direktion von Heinrich Laube brannte das Theater 1884 im Inneren aus. Die Brandruine wurde 1886 von Anton Ronacher übernommen und 1887–1888 von Ferdinand Fellner jr. als „Concert- und Ballhaus Ronacher" wiederhergestellt. An der Fassade wurde nur wenig geändert. Die Ecke Seilerstätte / Himmelpfortgasse betont ein Rundpavillon, der das Stilvorbild des Pariser „Vaudeville-Theaters" zitiert. Die Spielstätte vereinigte in sich Theater- und Ballsaal, Hotel, Restaurant und Kaffeehaus. Bis zum Ersten Weltkrieg wurde

Stadtpalais des Prinzen Eugen, Himmelpfortgasse 8

Theater Ronacher, Himmelpfortgasse 25 / Seilerstätte 9

Franziskanerkirche

das Gebäude mehrfach verändert. 1945–1955 diente es dem Ensemble des kriegszerstörten Burgtheaters als Ersatzspielstätte, war dann wieder Varieté und 1960–1967 Studiobühne des österreichischen Fernsehens. Seit seiner Restaurierung in den Jahren 1992–1993 durch den Architekten Luigi Blau ist das Ronacher heute wieder ein unverzichtbarer Teil der Wiener Theaterlandschaft. Luigi Blaus Konzept einer „sanften“ Revitalisierung kommt besonders im Zuschauerraum des Hauses zur Geltung. Der vorhandene architektonische Rahmen wie die Deckenbemalung, die Stuckelemente, der Dekor der Brüstungen blieb unangetastet, von Ergänzungen und Retuschen wurde Abstand genommen.

Weihburggasse und Franziskanerplatz

Begibt man sich von der Seilerstätte wieder nach links in die Weihburg-
120 gasse, so fällt an der Ecke zur Seilerstätte der **„Schlosserhof“** (Weihburggasse 22/Seilerstätte 14) auf. Die Bezeichnung erinnert an die im 16. und 17. Jahrhundert hier untergebrachten kaiserlichen Büchsenmacher. Seit 1775 war die Trabantenleibgarde in diesem Gebäude kaserniert. Als diese 1840 abgesiedelt wurde, zogen in rascher Folge verschiedene Hofbehörden und Amts-

stellen ein, die jeweils bauliche Veränderungen veranlassten. Die heutige Fassade mit einer wuchtigen Portalfront über zwei Geschosse, deren breite kannelierte Pilaster eine Segmentbogenbekrönung tragen, geht auf einen Umbau in den späten 1920er Jahren durch die „Nordische Bank“ zurück.

Auch an der gegenüberliegenden Ecke, **Weihburggasse 23/Seilerstätte** 121
12, befindet sich ein ehemaliges Ärarialgebäude. Im Erdgeschoß wurde 1907 das Büro der „k.k. Hof- und Staatsdruckerei“ eingerichtet, dessen frühmodernes, mit schwedischem Granit verkleidetes Portal Architekt Josef Hoffmann gestaltete.

Im Gegensatz zur geradlinigen Himmelpfortgasse nimmt die Weihburggasse einen gekrümmten Verlauf. Nach kurzer Wegstrecke gerät rechts die lange, schlicht gehaltenen Seitenfront der Franziskanerkirche ins Blickfeld. In größtem Gegensatz dazu steht die späthistoristische Fassade des gegenüberliegenden **Zentralbades** (Weihburggasse 18–20), dessen Baukörper hinter 122
die Fluchtlinie seiner Nachbarn zurückweicht. Das 1889 nach Plänen von Adolf Endl errichtete „orientalische Bad“ besaß komfortable Badeeinrichtungen verschiedenster Art für Männer und Frauen mit reichen Fliesenverkleidungen. Gleich nach der Straßenerweiterung beim Zentralbad verengt sich die Weihburggasse wieder und bildet einen schmalen Durchgang zum Franziskanerplatz. Die linke Seite ist von Bürgerhäusern aus der Mitte des 18. Jahrhundert gesäumt, **Franziskanerplatz 5 und 6**. 123

Nach rechts öffnet sich nun der Franziskanerplatz mit der **Franziskaner-** 124
kirche, der zu den intimsten Plätzen der Innenstadt gehört. Der Orden der Franziskaner geht ebenso wie jener der Minoriten auf die vom hl. Franz von Assisi 1209 gegründete Bettelordensbewegung zurück, spaltete sich jedoch um 1443 als „Bewegung der strengen Observanz“ unter Johannes Capistran von den Minoriten ab. 1451 kamen die Franziskaner nach Wien, richteten sich aber zunächst in der Vorstadt auf der Laimgrube ein. Als dieser Standort durch die erste Türkenbelagerung verlorenging, siedelten sie sich im ehemaligen Büßerinnenkloster St. Hieronymus in der Weihburggasse an, ließen aber einen Neubau erstellen. Der Provinzialobere der Franziskaner in Österreich, Pater Bonaventura Daum, war möglicherweise der Architekt der Neuanlage, einer lang gestreckten Saalkirche mit seitlichen Kapellennischen, die Teile der alten Hieronymuskapelle einbezog. Die Fassade der 1611 geweihten Kirche ist für Wien außergewöhnlich, ja einzigartig. Der kleinteilige Volutengiebel erinnert an süddeutsche Vorbilder der Renaissance, wie die Münchener Michaelskirche, während die Spitzbogenfenster noch spätmittelalterliche Anklänge zeigen. Der in den Platz ragende Vorbau wurde erst 1742 vor das Renaissanceportal gesetzt. Der an den Chor angefügte Glockenturm war bereits 1614 errichtet worden.

Da sich der Franziskanerorden großer Beliebtheit erfreute, fanden die hier gehaltenen Messen regen Zulauf, was im dicht verbauten Gebiet immer wie-

der zu Problemen führte. Lange Zeit versuchten daher die Franziskaner, die Verkehrsverhältnisse vor ihrer Kirche zu verbessern. Erst als das knapp vor der Fassade gelegene „Oellerischen Stiftungshaus“ 1624 abgerissen werden konnte, entstand vor der Kirche eine Platzanlage, in deren Mitte sich seit 1798 der Mosesbrunnen erhebt. Nördlich der Kirche schließt der fast quadratische, 1616 –1621 erbaute und nach dem Ankauf des Lilienfelder Stiftshofes
125 ab 1622 noch erweiterte **Klosterkomplex** an. Seine Seitenfront zieht sich noch weit in die Singerstraße hinein. Die Fassade zum Franziskanerplatz setzt sich deutlich von der Kirche ab. Erwähnenswert ist das Renaissanceportal, von denen es in Wien nicht viele gibt, aber wirklich erstaunlich sind an der Fassade die vertieften Kreisfelder in regelmäßigen Abständen, die farbig hervorgehoben, reich ornamentiert, bzw. mit lateinischen Sprüchen gefüllt waren. Besonders auffallend ist die Dachlandschaft, der anzusehen ist, dass das Kloster aus unterschiedlichen Baukörpern zusammengefügt wurde.

Überhaupt ist die Dachlandschaft am Franziskanerplatz durch die unterschiedliche Höhe der Gebäude, besonders an der Nordseite außerordentlich
126 abwechslungsreich. Das sogenannte **„Khlesl-Haus“** (Franziskanerplatz 2 / Singerstraße 22), wurde 1609 im Auftrag des Bischofs von Wien, Kardinal Melchior Khlesl an Stelle des Alten Dompropsthofes als Wohnsitz für die Wiener Bischöfe erbaut. Das Gebäude wendet dem Franziskanerplatz seine Rückseite zu, über der sich ein hoher Schornstein erhebt. Die Hauptfassade zur Singerstraße schuf 1775 Peter Mollner. 1803–1809 wohnte in diesem Haus der Komponist Johann Georg Albrechtsberger. Sein Nachbargebäude,
127 das außerordentlich schmal angelegte Haus **Franziskanerplatz 3**, ragt wieder fünfgeschossig in die Höhe, erhielt diese aber auch erst 1828 im Zuge eines Umbaus. Die Längsseite des Baus leitet in die Singerstraße über.

Die Westseite des Franziskanerplatzes wird von einem 1698 erbauten und
128 später aufgestockten Wohnhaus, **Franziskanerplatz 1 / Weihburggasse 17**, eingenommen, dessen Längsseite tief in die Weihburggasse hineinreicht. Die Gasse erfährt knapp hinter dem Platz eine leichte Krümmung nach Norden, wodurch die schmalen, barocken und klassizistischen Fassaden der Nachbarhäuser Weihburggasse 13 und 15 ins Blickfeld geraten.

Singerstraße und Blutgassenviertel

Der Franziskanerplatz mündet im Norden in die Singerstraße. An der jen-
129 seitigen Straßenfront schiebt sich der Komplex des **Palais Rottal** (Singerstraße 17–19) vor. Franz Hillebrand, einer der Schüler von Lukas von Hildebrandt, fasste hier 1750–1754 drei ältere Vorgängerbauten zusammen. Der Bau erfuhr durch seine spätere Funktion als Staatschuldenkassa diverse Umgestaltungen, die letzten erfolgten 1849, als das k.k. Ministerium für Kultus und Unterricht hier einzog. Jenseits der Grünangerstraße liegen auf dem

Areal des ehemaligen Nikolaiklosters zwei nach 1785 erbaute Bürgerhäuser (Singerstraße 13–15). Zu den Bauten in der Singerstraße gehört auch das **Palais Neupauer-Breuner** (Singerstraße 16). Der Doppelname des wahr- 130
scheinlich um 1715 in seiner heutigen Form entstandenen Palais geht sowohl auf seinen Erbauer, dem Stadtoberkämmerer und Bauunternehmer Johann Christian Neupauer als auch auf die gräfliche Familie Breuner, die den Bau im 19. Jahrhundert besaßen zurück. In einer 1992 eingeleiteten und 1999/2000 abgeschlossenen Renovierung gelang dem damit betrauten Architekten Manfred Wehdorn ein zweigeschossiger Ausbau des Dachbodens zu Wohnzwecken ohne den erhaltenen barocken Dachstuhl anzutasten.

Bevor man von der Singerstraße in die Blutgasse einbiegt, sollte den Gebäuden des Deutschen Ordens, nochmals Aufmerksamkeit geschenkt werden. Wir befinden uns jetzt an der Südseite des Deutschordenshauses, dessen Westabschnitt bereits am Stephansplatz betrachtet werden konnte. Die Fassade an der Singerstraße geht auf den Umbau von 1667–1682 durch Carlo Canevale und Giovanni Battista Ceresola zurück. Ihr ist die Südseite der **Deutschordenskirche** eingegliedert, die in Form einer barocken Überbauung 131
in den Jahren 1720–1722 ihre heutige Gestalt erhielt, wobei die Formen des gotischen Baues von 1326 höchst einfühlsam verändert wurden. Die Kirche gilt als bedeutendstes Beispiel barocker Nachgotik in Wien, mit der der Deut-

Pawlatscherhof in der Blutgasse

sche Orden die Stilformen seiner mittelalterlichen Blütezeit wiederaufgriff. Die schlichte, ungegliederte Fassade des Komplexes zur Blutgasse ist zumindest in Teilen der Zeit vor dem barocken Umbau zuzuordnen. An der Blutgasse, so meint man, scheinen die letzten Jahrhunderte tatsächlich spurlos vorübergegangen zu sein.

Zwei Baukomplexe, der „Große Fähnrichhof" (Singerstraße 11–11 c) und der „Kleine Fähnrichshof" (Blutgasse 9 / Singerstraße 9) bilden das Herzstück des sogenannten „Blutgassenviertels", das in seiner ältesten Anlage auf einen Stiftshof des Klosters Heiligenkreuz aus dem 13. Jahrhundert zurückgeht, in der bestehenden Bausubstanz aber auf das 15./16. Jahrhundert ver-
132 weist. Die wechselvolle Geschichte des **„Großen Fähnrichhofes"** wird an den Fassaden, an denen sich barocke Stilelemente mit Renaissanceerkern und auf noch ältere Vorläufer zurückgehenden, tiefliegenden Rundbogenportalen vereinen, ablesbar. Genau an einer Baunaht, an der offensichtlich unterschiedliche Baukörper aneinander treffen, liegt heute der Haupteingang. Die Baunaht setzt sich im Hof weiter fort; von diesem erreicht man durch einen
133 schlupflochartigen Durchgang den Innenhof des benachbarten **„Kleinen Fähnrichhofes"** (Blutgasse 9), in dessen Enge sich Pawlatschengänge in vier Geschossen übereinandertürmen. – „Pawlatschen" sind eine bauliche Wiener Eigentümlichkeit und finden sich nur im bürgerlichen Wohnbau. Es handelt sich dabei um außen an den Hofmauern liegende, meist hölzerne Verbindungswege, die den Zugang zu den einzelnen Wohnungen ermöglichten. Ein weiteres Beispiel findet man im Hof des nahegelegenen Hauses Blutgasse 3. Das „Blutgassenviertel" gilt als frühes Beispiel eines neuen Ansatzes in der Altstadtsanierung, in welchem 1962–1965 unter der Federführung der Architekten Friedrich Euler und Herbert Thurner erstmals die Möglichkeiten einer Stadterneuerung unter denkmalpflegerischen Gesichtspunkten exemplarisch vorgeführt wurden. Den östlichen, also in Richtung Ringstraße gelegenen
134 Abschluss des Blutgassenviertel bildet das sog. **„Kipferl- oder Bäckerhaus"** (Grünangergasse 8), in dem seit 1458 das Bäckergewerbe nachweisbar ist. Das noch heute über dem Portal befindliche Zunftzeichen zeigt verschiedene Gebäckformen, darunter auch das berühmte Wiener „Kipferl". Wie bei den meisten Häusern in der Innenstadt ist die heutige Bausubstanz historisch gewachsen und geht im Kern mindestens bis in das 16. Jahrhundert zurück. Besonders bemerkenswert sind die hohen gewölbten Keller, in denen sich bereits 1785 eine Weinschenke befunden haben soll. Die heutigen Fassaden des Hauses entstanden am Anfang des 18. Jahrhunderts. Der Bau wurde durch den Architekten Manfred Wehdorn restauriert.

135 In der Verlängerung der Blutgasse liegt in der Domgasse das **„Figarohaus"** (Domgasse 5), das seine heutige Gestalt 1716 erhielt. Von den zahlreichen Wohnungen, die Wolfgang Amadeus Mozart in Wien bewohnt hat, ist einzig die im „Figarohaus" erhalten geblieben, und wird vom Historischen Museum der Stadt Wien als Gedenkstätte geführt. Der Blick durch den

Durchgang des Hauses Domgasse 5a zeigt, das wir nur einen Baublock weit vom Stephansplatz entfernt sind.

„Figarohaus", Domgasse 5

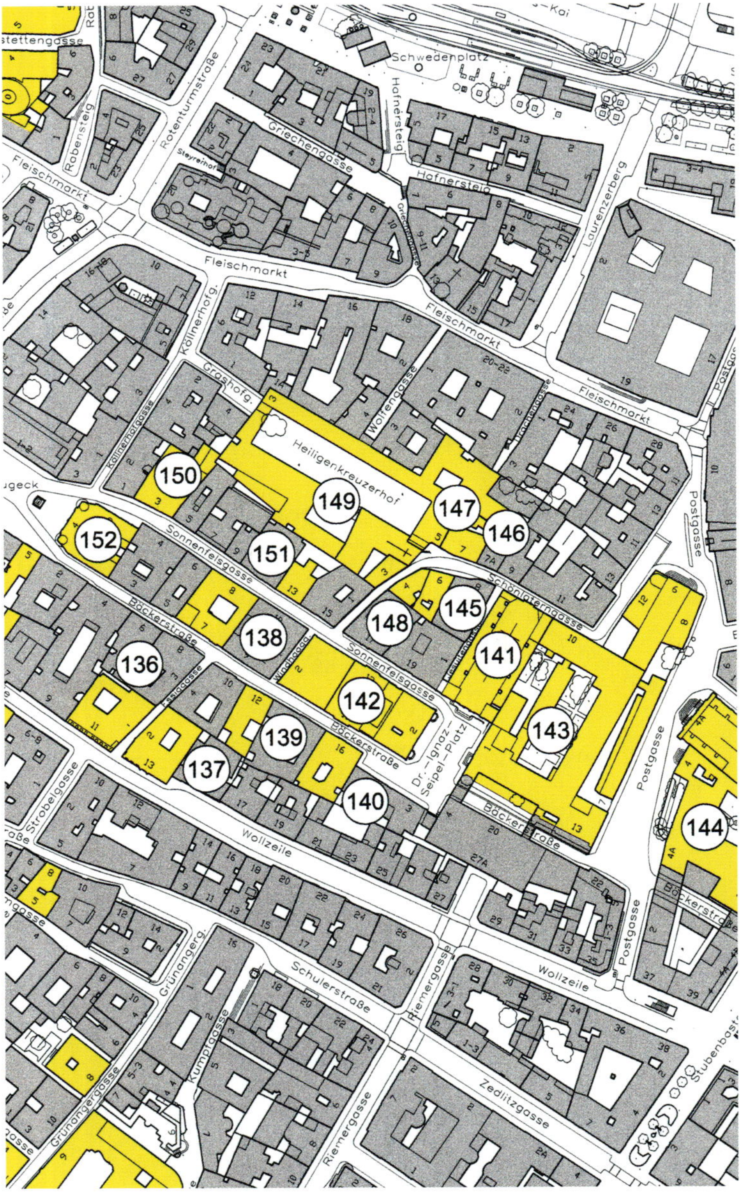
Schwedenplatz
Rotenturmstraße
Rabensteig
Griechengasse
Hafnersteig
Laurenzerberg
Fleischmarkt
Kölnerhofg.
Kölnerhofgasse
Grashofg.
Wolfengasse
Drachengasse
Heiligenkreuzerhof
Postgasse
Sonnenfelsgasse
Schönlaterngasse
Bäckerstraße
Essiggasse
Windhaggasse
Dr.-Ignaz-Seipel-Platz
Wollzeile
Strobelgasse
Grünangergasse
Schulerstraße
Kumpfgasse
Riemergasse
Zedlitzgasse
Stubenbastei
136
137
138
139
140
141
142
143
144
145
146
147
148
149
150
151
152

Bäckerstraße und Alte Universität

Durch die kurze Strobelgasse, die von zwei großen historistischen Baukörpern flankiert wird, kann die Wollzeile erreicht werden. Diese Straße bestand schon vor der babenbergischen Stadterweiterung und bildete den Anfang einer Handelstraße nach Ungarn. Heute ist ihre Bebauung in erster Linie von Häusern aus dem 19. und beginnenden 20. Jahrhundert geprägt. Doch gerade gegenüber der Einmündung der Domgasse hat sich ein charmantes älteres Relikt erhalten: Das 1712 erbaute Barockhaus **„Zum römischen** 136
Kaiser“ (Wollzeile 13) besitzt zwar sein geschwungenes Hauptportal an der Seite zur Wollzeile, reicht aber über seine abgerundete Ecke tief in die Essiggasse hinein. Das gleiche gilt für das klassizistische Gegenstück, das **Eck-** 137
haus Wollzeile 11, das 1819–1825 von Josef Kornhäusel errichtet wurde.

Die Essiggasse stellt die Verbindung von der Wollzeile zur Bäckerstraße her, die zweifellos zu den romantischsten Straßen der Wiener Innenstadt zählt. Ihre Südseite begrenzte einst gemeinsam mit der Nordseite der Sonnenfelsgasse die Freifläche eines großen linsenförmigen Marktplatzes, der zu einer um 1100 entstandenen Kaufmannssiedlung vor dem Ungartor gehörte. Hier siedelten fremde Händler, die ihre Waren von Westen über die Mariahilfer Straße und den Kohlmarkt hierherbrachten, sie in den dafür bestimmten Speichergebäuden wie dem „Kölner Hof“ und dem „Regensburger Hof“ lagerten und weiterverhandelten. Nach dem Bau der babenbergischen Ringmauer lag die Siedlung dann innerhalb der Befestigung, verlor aber zusehends an Bedeutung, da an dieser Stelle kein Stadttor war. Der große Marktplatz wurde in der Folge mit einer Häuserzeile verbaut, wodurch im Süden die Bäckerstraße und im Norden die Sonnenfelsgasse entstanden.

Die Gebäude an der Bäckerstraße haben zumindest im Kern ihre mittelalterliche Bausubstanz erhalten und tragen oft noch ihre Renaissanceerker bzw. ihre barocken Fassadenverblendungen. Die Straße insgesamt stellt ein dreidimensionales „Lehrbuch“ der Wohnhausarchitektur Wiens vom Mittelalter bis zur Neuzeit dar. Gleich gegenüber der Mündung der Essiggasse liegt das Wohnhaus **Bäckerstraße 7**, das als seltenes Beispiel unter den bürgerlichen 138
Bauten Wiens noch den Renaissanceinnenhof aus der zweiten Hälfte des 16. Jahrhunderts besitzt: Auf vier Geschossen haben sich die toskanischen und ionischen Säulen sowie die Baluster, wenn auch teilweise vermauert, erhalten. Die Schmiedeeisensammlung, die an der Außenwand des Südflügels angebracht ist, stammt aus dem Nachlass des Biedermeiermalers Friedrich von Amerling. Die südliche Front des Straßenzugs in Richtung Ignaz Seipel-Platz wird von Häusern eingenommen, die in zumindest Teilen noch auf das 15. und 16. Jahrhundert zurückgehen. Ein Beispiel ist **Bäckerstraße 12**, das an 139
der Wende zum 16. Jahrhundert erbaut wurde. Das freigelegte Fassadenfresko

Aula der Alten Universität, Dr.-Ignaz-Seipl-Platz 2

„Wo die Kuh am Brett spielt“ ist noch in diese Zeit zu setzen. Fast gleichzeitig entstand der Renaissanceerker im ersten Stock: Der Rest der Fassade ist auf eine Umgestaltung in der ersten Hälfte des 18. Jahrhunderts zurückzuführen. Den Übergang zum alten Universitätsplatz (heute Dr.-Ignaz-Seipel-Platz)
140 bildet ein um 1710 entstandenes barockes Bürgerhaus, **Bäckerstraße 16**.

Mit der Mündung der Bäckerstraße ist das Areal der „Alten Universität“ erreicht. Die 1365 von Herzog Rudolf IV. dem Stifter gegründete Universität Wiens war gleichzeitig eine der ältesten nördlich der Alpen. Durch den frühen Tod Herzog Rudolfs IV. blieb es seinem Nachfolger Albrecht III. überlassen, die Stiftung erst auf eine materielle Basis zu stellen. In einem erneuerten Stiftsbrief von 1384 wird bereits ein Haus in der Nähe des Prediger- bzw. Dominikanerklosters erwähnt, das als „Collegium“ eingerichtet wurde. In den folgenden Jahren erweiterte sich der Besitz um zwei weitere Häuser, ebenfalls gegenüber des Klosters. Trotzdem war schon zu Beginn der Raummangel ein Problem. 1417 erwarb die Universität auf eigene Kosten einige Brandstätten, auf denen die „nova structura“ errichtet wurde. Das 1425 seiner Bestimmung übergebene Gebäude lag nach heutigen Begriffen im Bereich Bäckerstraße, Wollzeile und Postgasse, war jedoch von den zuletzt genannten Straßen durch eine Häuserreihe geschieden. Der Bischof von Wien Kardinal Melchior Khlesl betrieb eine Zusammenlegung des 1563 errichteten akademischen

Kollegs der Jesuiten mit der Universität. Als 1623 die Universität von Kaiser Ferdinand II. den Jesuiten übergeben wurde, veränderte der Orden durch den Bau einer neuen Kirche und die Gestaltung der Platzanlage davor das gesamte „Lateinische Viertel“ der Alten Universität.

Die **Jesuitenkirche** nimmt die gesamte Stirnfront an der Nordseite des Platzes ein, der durch ihre Höhenerstreckung fast „gesprengt“ wird. Der Bau wurde 1623–1631 wahrscheinlich nach Plänen von Giovanni Battista Carlone errichtet. Die zweigeschossige Doppelturmfassade mit ihren Figurennischen und dem Volutengiebel ist noch frühbarocken Prinzipien verhaftet. 1703–1705 wurde die Kirche durch den weltberühmten Jesuitenarchitekten Anrea Pozzo umgestaltet. Pozzo änderte an der Außenerscheinung nur die Turmhelme, schuf jedoch eine großartige Innenausstattung mit der für sein Werk charakteristischen „Scheinarchitektur“ der Deckenfresken. 141

1753–1756 erfolgte der Bau der **Neuen Aula** (Dr.-Ignaz-Seipel-Platz 2) 142
der Universität an der Westseite des Platzes, in der seit 1857 die Österreichische Akademie der Wissenschaften untergebracht ist. Ihr Architekt war der Franzose Jean-Nicolas Jadot de Ville-Issey, der hier die für das damalige Wien seltene Möglichkeit fand, einen gesamten Baublock neu zu gestalten. Die barockklassizistische fünfachsige Hauptfassade ist an Pariser Vorbildern wie dem Palais Royal orientiert und tritt städtebaulich in Konkurrenz zur Kirchenfassade. Die Eckrisalite der hohen Sockelzone werden durch skulptierte Wandbrunnen betont. Monumentale Vollsäulen dominieren die Mitte des Hauptgeschosses. Die hohe Plastizität der Fassade, die eine dramatische Licht-Schattenwirkung erzeugte, regte schon bald nach Fertigstellung des Baues den venezianischen Vedutenmaler Bernardo Bellotto zu einer Darstellung des Platzes an, die in zwei Gemäldeversionen (Kunsthistorisches Museum und Düsseldorf) erhalten ist. Die 1755 von Gregorio Guglielmi geschaffenen Fresken des Festsaales fielen 1961 einem Brand zum Opfer. Sie wurden bis 1964 durch Paul Reckendorfer rekonstruiert, die Stuckplastiken und -dekorationen konnten restauriert werden.

Ganz im Gegensatz zu dieser Formenvielfalt steht die gegenüberliegende elfachsige Front des **Akademischen Kolleggebäudes** (Dr.-Ignaz-Seipel-Platz 143
1) an der Ostseite des Platzes, die 1623–1627 errichtet wurden. Der Bau riegelte die Riemergasse, die ursprünglich bis zum Fleischmarkt reichte, ab, dafür entstand die „Schwibbogengasse“ zur Wollzeile bei der „Haidenburse“.

Aus der schlichten Achsenfolge der Fassade hebt sich nur das ehemalige Haupttor durch Marmorgewände und Giebel hervor. Nördlich anschließend liegt die ehemalige Benediktkapelle, die am Außenbau nur durch einen kleinen Ziergiebel und ein barockes Zwiebeltürmchen erkennbar ist; sie geht auf die Hauskapelle des mittelalterlichen Vorgängerbaues zurück.

Die Bäckerstraße verengt sich an dieser Front zu einem mit Schwibbogen überspannten Durchgang und mündet in die Postgasse. Die Ecke des Kollegs springt mit einem Gebäudetrakt vor. Hier erhob sich bis 1756 eine achtgeschossige Sternwarte, von der heute nur mehr die unteren Geschosse vorhanden sind. Daran schließt sich entlang der Postgasse das sogenannte **„Stöckl"** an. Hier befanden sich einst Stallungen und der Heuboden, der schließlich zum Obergeschoss ausgebaut wurde. Der zweite Stock mit seiner hölzernen Galerie kam erst 1885 dazu. In dem von heute vermauerten Arkaden umgebenen Hof befand sich bis 1773 ein botanischer Garten. Im Norden ist dem Kolleg gegen Postgasse und Schönlaterngasse der **Bibliothekstrakt** vorgelagert. Hier liegen drei große Säle übereinander, des ehemalige Refektorium, der durch zwei Geschosse gehende Bibliothekssaal und das einstige Juniorat der Jesuiten. Die Bibliothek nahm infolge der Reformen Josephs II. die Bestände zahlreicher aufgehobener Klosterbibliotheken auf, der dadurch entstehende Platzmangel war Anlass ständiger Klage. 1827 wurde der große Umbau der Bibliothek nach Plänen des niederösterreichischen Regierungsarchitekten Prantner durch Baumeister Josef Klar in Angriff genommen. Die klassizistische Hauptfassade mit flacher Pilastergliederung und weitausgreifendem Dreiecksgiebel richtet sich gegen die Postgasse. Bis zur Übersiedlung in die Neue Universität am Ring im Jahre 1884 verblieb die Universitätsbibliothek in diesem Gebäude; heute beherbergt es das Universitätsarchiv.

Dominikanerkirche
Schönlaterngasse und Sonnenfelsgasse

An der gegenüberliegenden Front der Postgasse, die an dieser Stelle platz-
144 förmig erweitert erscheint, liegt die **Dominikanerkirche**. Der Predigerorden der Dominikaner hatte bereits um 1225 von Herzog Leopold VI. ein Grundstück hier an der Stadtmauer zugeteilt erhalten, auf dem sich vielleicht schon vorher eine Niederlassung der Tempelritter befunden hatte. Die erste Kirche wurde 1237 geweiht, nach mehreren Bränden wurde sie 1283–1302 durch einen gotischen Neubau ersetzt, der während der ersten Türkenbelagerung schwere Schäden erlitt. 1544 wurde der mittelalterliche Langchor abgetragen. Erst 1631 konnte der heute bestehende Barockbau „Santa Maria Rotonda" in Angriff genommen werden. Die Kreuzkuppelkirche gehört zu den schönsten frühbarocken Sakralbauten in Wien, die flache mit Pilastern und Gesimsen gegliederte und von einem Volutengiebel bekrönte Fassade folgt römischen Vorbildern. Der Entwurf geht auf den oberitalienischen Architekten Giovanni Giacomo Tencala zurück, als Bauführer sind Johann Jakob Spatz, Cipriano Biasino und Antonio Canevale überliefert. Da die verwendeten Fundamente des alten gotischen Baus den Neubau nicht tragen konnten, kam es zu bedeutenden Verzögerungen im Bauablauf. Die Kuppel konnte nur in einer gegenüber dem ursprünglichen Plan reduzierten Höhe verwirklicht werden. Gemeinsam mit der Fassade wurde sie erst 1666–74 vollendet. Der Chor der

Kirche lag direkt an der nach ihr benannten Dominikanerbastei. Südlich der Kirche schließt sich der schlichte Konventsbau des Klosters an.

Der Verlauf der Postgasse ist durch Inhomogenität gekennzeichnet. Dreimal hintereinander weitet sie sich platzartig aus. Auffallend ist auch der schräge Winkel, den die Kirchenfassade zum Straßenzug der Postgasse einnimmt. Ursprünglich verlief hier ein Terrainsprung zwischen dem Vorplatz der Dominikanerkirche auf dem Niveau der Stadtmauer und der getrennt verlaufenden tieferliegenden Postgasse, wie das 1759 entstandene Gemälde Bernardo Bellottos (im Kunsthistorischen Museum) zeigt. Erst 1847 wurde der Kirchenvorplatz abgegraben und der Aufgang von der Postgasse zur Kirche über eine Freitreppe geschaffen.

Die vorspringende Alte Universitätsbibliothek umschreitend, gelangen wir in die Schönlaterngasse, deren linke Straßenfront von den Rückseiten der Jesuitenkirche und der Gebäude der Alten Universität geprägt ist. Rechter Hand reihen sich barocke und josephinische Fassaden aneinander, bekleiden aber meist einen älteren Gebäudekern. Kurz vor der Gassenkrümmung nach Süden liegt das namensgebende Haus **„Zur schönen Laterne“** (Schönlaterngasse 6). Im Kern stammt das Gebäude noch aus dem 16. Jahrhundert, die 145

Dominikanerkirche

Blick über die Dächer zur alten Universitätskirche

Fassde ist auf einen Umbau um 1680 zurückzuführen. Gegenüber befindet
146 sich eines der berühmtesten Altwiener Bürgerhäuser, das **„Basiliskenhaus“**
(Schönlaterngasse 7). Es stammt, wie die gotischen Kellergewölbe beweisen,
noch aus dem 13. Jahrhundert; die gotischen Fenster der Fassade wurden erst
durch einen Umbau im 18. Jahrhundert verblendet. Bekannt ist das Haus vor
allem durch die mit ihm verknüpfte Legende, derzufolge der Bäckermeister
Martin Garhiebl im Hausbrunnen ein unbekanntes Tier mit giftigem Atem
gefunden habe. Das Tier wurde als „Basilisk“, eine Kreuzung zwischen Kröte
und Hahn, beschrieben. Man glaubt heute, den „giftigen Atem“ auf im Brun-
147 nen entstandene Erdgase zurückführen zu können. Das Nachbarhaus, **Schön-
laterngasse 5**, schon zum Komplex des Heiligenkreuzer Hofs gehörig, zeigt
trotz frühbarocker Fassade noch das mittelalterliche Giebeldach mit der Auf-
zugstür in den Dachbodenspeicher. An der linken Flanke der Gassenkrüm-
148 mung liegt ein Bürgerhaus, **Schönlaterngasse 4**, das sich seinen charakteris-
tischen, über alle Geschosse reichenden Runderker aus der zweiten Hälfte des
17. Jahrhunderts bewahrt hat.

An der rechten Seite der Krümmung der Schönlaterngasse liegt der Ein-
149 gang zum **„Heiligenkreuzer Hof“**. Dieser weitläufige Baukomplex mit gro-
ßem, sehr malerischem Innenhof gehört in seinen Fundamenten zu den ältes-
ten Gebäuden Wiens und ist seit der 1. Hälfte des 13. Jahrhunderts im Besitz
des Zisterzienserstifts Heiligenkreuz im Wienerwald. Die Anlage bestand
ursprünglich aus mehreren Einzelgebäuden, darunter einem romanischen
Haus mit kreuzrippengewölbten Kellerräumen aus der Zeit um 1200, die erst
im 16. Jahrhundert vereinigt wurden. Ein groß angelegter Umbau zwischen
1659 und 1676 geht auf den Abt Klemens Schäffer zurück. Er ließ auch die
Bernhardskapelle neu errichten, deren Türmchen von der Schönlaterngasse
aus zu sehen ist. Das heutige Aussehen der Kapelle geht auf einen 1730
erfolgten Umbau zurück. 1769/70 wurde der Hof in ein großes Zinswohn-
haus verwandelt.

Nach ihrer Krümmung mündet die Schönlaterngasse in die Sonnenfels-
gasse. Die gesamte nördliche Front dieser Gasse wird von Häusern einge-
nommen, deren Fassaden überwiegend josephinischen Plattendekor des aus-
gehenden 18. Jahrhunderts tragen; Einzelne Häuser aber zeigen ältere,
150 schwungvolle Barockformen, wie z. B. das sogenannte **„Hildebrandt-Haus“**
(Sonnenfelsgasse 3), dessen Fassade um 1720 zu datieren ist. Der Baukern
dahinter beweist allerdings seinen mittelalterlichen Ursprung in den gotischen
Gewölben der Einfahrt. Unter dem Haus erstrecken sich die zwei Geschosse
tiefen Kellergewölbe des „Zwölf Apostelkellers“. Der untere Keller weist
romanische Quadermauern auf, obwohl das Haus selbst erst 1339 urkundlich
erwähnt wird. Das darüberliegende Kellergeschoß besitzt spätgotische
151 Gewölbe aus der Zeit um 1500. An dem Bürgerhaus **Sonnenfelsgasse 13** hat
sich sein schönes, seitlich gelegenes Renaissanceportal erhalten. Sind die
Fensterflügel geöffnet, kann man einen Blick auf die mittelalterlichen Kreuz-

gratgewölbe im ersten Stock werden. Auch bei den Häusern der südlichen Straßenfront, an welcher Fassaden der josephinischen Epoche dominieren, sind im Erdgeschoß, wo überwiegend kleine Geschäfte untergebracht sind, vielfach noch die mittelalterlichen Gewölbe zu sehen.

Einblick in die Schönlaterngasse

Einblick in die Sonnenfelsgasse

Donaukanal
Franz-Josefs-Kai
Gonzagagasse
Salztorgasse
Gölsdorfgasse
Salzgries
Fischerstiege
Vorlaufstraße
Marc-Aurel-Straße
Sterngasse
Salvatorgasse
Morzinplatz
167
Ruprechtsstiege
164
166
Salzgasse
165
160
Rabensteig
Theodor-Herzl-Stiege
163
Seitenstettengasse
161
162
Jerusalem-Stiege
Judengasse
Fleischmarkt
Bauernmarkt
157
159
158
Fischhof
Hoher Markt
Landskrongasse
156
Rotgasse
Rotenturmstraße
Wildpretmarkt
Lichtensteg
Ertlgasse
Lugeck
153
155
152
154
Kramergasse
Brandstätte
Bäckerstraße
Wollzeile
Stephansplatz

Lugeck und Hoher Markt

Sonnenfelsgasse und Bäckerstraßen münden gemeinsam ins „Lugeck". Die Bezeichnung dieses kleinen Platzes ist seit 1379 nachweisbar, als der Vorläufer des Hauses Lugeck 1 „Auf dem Lug am Eck bei den Fleischbänken" bezeichnet wird. In der Folge findet man den Namen für den gesamten Platz, der für die Bewohner des angrenzenden Viertels auch als Alarmplatz im Kriegsfall diente. Die kleine Platzanlage wird an der östlichen Stirnseite durch ein hohes Geschäftshaus, **Lugeck 4**, dominiert. Dessen berühmter Vor- 152
läufer war der „Regensburger Hof", der seit dem Ende des 14. Jahrhunderts Regensburger Kaufleuten als Lagerhaus und Quartier diente. Der mittelalterliche, vielfach umgebaute Komplex wurde 1896 demoliert. An seiner Stelle errichtete der Architekt Franz von Neumann ein Geschäfts- und Zinswohnhaus und versuchte dabei die Charakteristik des Vorgängerbaues, der zwei flankierende Eckrondelle besaß, in Form der auffälligen Ecktürmchen des Neubaues zu zitieren. Die in einer Baldachinnische der Gebäudefront aufgestellte Figur Kaiser Friedrichs III. soll an die Begegnung dieses Herrschers mit dem ungarischen König Matthias Corvinus erinnern, die 1470 im Regensburger Hof stattgefunden hat. Die Fassade von 1897 wurde allerdings weit hinter die alte Baulinie zurückgesetzt, die sich etwa auf der Höhe des heutigen Gutenbergdenkmals befand. Das **Denkmal für Johannes Gutenberg** mit 153
einer Bronzefigur von Hans Bitterlich und einem secessionistischen Sockel von Architekt Max Fabiani wurde 1900 errichtet. An der Südseite des Platzes hat sich die historische Bebauung erhalten. Das Haus **Lugeck 5** gehört dem 154
Typus der Wiener Durchhäuser an, über einen Hof kann man die Wollzeile erreichen. Der Bau entstammt dem Ende des 18. Jahrhunderts, erhielt aber in der ersten Hälfte des 19. Jahrhunderts an seiner Front zum Lugeck ein neue Fassade. Die Gebäude auf den beiden Nachbarparzellen sind dem Ende des 19. Jahrhunderts zuzuschreiben, obwohl sich ältere Gebäudeteile erhalten haben. Namentlich in der Einfahrt des **„Großen Federlhofes"** (Lugeck 7) 155
sind die Reste eines Renaissanceportals und ein Marienrelief aus dem 17. Jahrhundert noch vorhanden. Der auf mittelalterliche Ursprünge zurückgehende Bau musste 1846/47 einem Neubau Leopold Mayers weichen, einem Architekten dessen Bauten im Umkreis des Stephansplatzes häufig anzutreffen sind. Im Unterschied zu diesen war dem Federlhof aber kein langes Leben beschieden. Der heutige Bau wurde 1897 nach Plänen des Architekten Franz von Neumann errichtet.

Überquert man, vom Lugeck kommend, die Rotenturmstraße, so führt der kurze Lichtensteg, geprägt von Nachkriegsbauten, auf den Hohen Markt. Dieser Platz gehört zu den ältesten Siedlungsstätten Wiens. Hier haben sich bedeutende Reste des einstigen Römerlagers erhalten, die erst infolge der

Zerstörungen des Zweiten Weltkrieges zum Vorschein kamen. Die heute
156 unterhalb des Hauses Hoher Markt 3 zugänglichen **Ausgrabungen aus der Römerzeit**, gehörten zu zwei Offiziershäusern, zwischen denen eine schmale Gasse verlief. Mehrere Umbauphasen zwischen dem beginnenden 2. und dem 5. Jahrhundert n.Chr. brachten einen Aufhöhung mit sich, sodass das jüngste römische Niveau nur knapp unter der heutigen Straßenoberfläche liegt.

Im Mittelalter schlug hier das wirtschaftliche Herz der Stadt. Der Hohe Markt ist wahrscheinlich identisch mit dem 1208 erstmals urkundlich nachgewiesenen „Markt zu Wien". 1233 wird bereits die Bezeichnung „Hoher Markt" gebraucht, wohl um diesen vom „Neuen Markt" zu unterscheiden, der im Zuge der babenbergischen Stadterweiterung entstanden war. In sämtlichen historischen Ansichten und Karten des alten Wien erscheint der Markt als rechteckiger, von prächtigen Häusern umstandener Platz, sei es auf dem „Huefnagl-Plan" von 1609, auf dem noch die spätgotischen Giebelhäuser zu sehen sind, oder auf Zeichnungen des späten 18. Jahrhunderts, die bereits die barocken Bürgerhäuser wiedergeben. Auf den historischen Abbildungen
157 erscheint auch der heute noch vorhanden **„Vermählungsbrunnen"** in der Platzmitte. Der Brunnen geht auf ein Gelübde Kaiser Leopolds I. zurück, eine Gedenksäule zu Ehren des hl. Josef zu stiften, als sein Sohn – der spätere Kaiser Joseph I. – im Jahr 1702 die pfälzische Festung Landau belagerte. Nach dem Entwurf von Johann Bernhard Fischer von Erlach entstand vorerst ein hölzerner Baldachin auf 6 Säulen mit einer Figurengruppe aus Bronze, die die Szene der Vermählung Josefs und Marias durch den Hohenpriester darstellte. Nach der kurzen Regierungszeit seines Bruders Joseph I. ließ Kaiser Karl VI. das hölzerne Denkmal von Joseph Emanuel Fischer von Erlach 1729–1732 durch einen in Bronze gegossenen Baldachin auf vier Marmorsäulen ersetzen, der die Vermählungsgruppe bekrönte. Der Vermählungsbrunnen stellt eine der wenigen Relikte der Vergangenheit dieses Platzes dar, der seine historische Bebauung durch Bombenschäden im Jahr 1945 fast vollständig verloren hat. An der Nordostseite erstreckt sich der aus zwei Gebäudeteilen bestehende
158 **„Ankerhof"** (Hoher Markt 10–11 und 12), der, obwohl beschädigt wiederhergestellt werden konnte. Der Bau wurde 1913/1914 als Verwaltungsgebäude der Lebens- und Rentenversicherung „Der Anker" durch die Architekten Ernst von Gotthilf-Miskolczy und Alexander Neumann errichtet. Besonders auffallend ist die auf einem Schwibbogen zwischen den Gebäudetrakten ruhende „Anker-Uhr" in Formen des Jugendstils; ein Werk des Malers und Bildhauers Franz Matsch, die mit ihren beweglichen Figuren vor einem großen Mosaikzifferblatt die historische Vergangenheit Wiens in Erinnerung bringen und damit auch den Gedanken an die Vergänglichkeit des Lebens anregen wollte. Zur Mittagsstunde erscheint die Abfolge aller 12 Figuren, von Marc Aurel und Karl dem Großen bis zu Maria Theresia und Joseph Haydn zu den Klängen von Orgelmusik.

Ein heute wenig beachtetes spätklassizistisches Wohnhaus, **Hoher Markt 3 / Tuchlauben 22** an der schräg gegenüberliegenden Platzecke entstand um 1855 an Stelle der „Schranne“, jenes Gebäudes, das über Jahrhunderte die Wiener Gerichtsbarkeit beherbergte. Die noch heute über der Traufe angebrachte Uhr stammt noch vom Vorgängerbau. Bei ihrer Übertragung auf das heutige Gebäude konnte eine Inschrift festgestellt werden, die – sich auf den Gerichtsort beziehend – lautet: „Diese Uhr schlägt keinem Glücklichen“. 159

Ruprechtsplatz

Ungefähr in der Mitte der nördlichen Langseite des Hohen Marktes zweigt die Judengasse nach Nordosten in Richtung zum Donaukanal ab. Die Häuser der Judengasse in der Nähe des Hohen Marktes sind größtenteils Nachkriegsbauten. Je weiter man aber Richtung Ruprechtsplatz voranschreitet, desto häufiger trifft man auf Fassaden, die aus dem 18. und der 1. Hälfte des 19. Jahrhunderts stammen. Das Viertel um die Ruprechtskirche erfuhr in den zwanziger und dreißiger Jahren des 19. Jahrhunderts eine tiefgreifende Umgestaltung. Besonders häufig tritt hier der Name des Architekten Josef Kornhäusel auf, zahlreiche andere Bauten stammen von Josef Klee.

Die Umgestaltung des Areals nahm ihren Ausgang vom **„Seitenstettener** 160
Hof“ (Ruprechtsplatz 3/Seitenstettenstraße 5/ Rabensteig 5), einem großen Zinswohnhaus, welches Josef Kornhäusel 1825–1830 im Auftrag des niederösterreichischen Benediktinerstifts Seitenstetten erbaute. Zur gleichen Zeit wurden auch die beiden an der südlichen Straßenfront befindlichen Häuser neu errichtet. Bei dem 1825–1827 erbauten Wohnhaus **Seitenstettengasse 2** 161
war Kornhäusel auch Miteigentümer. Hier errichtete er hofseitig sein bizarres Turmatelier, das nur über einen Aufzug zu erreichen war; es gilt als ältestes „Hochhaus“ Wiens. 1842–1848 wohnte Adalbert Stifter im „Kornhäuselturm“, wo er auch die von ihm beschriebene Sonnenfinsternis am 8.7.1842 beobachtete. Das benachbarte Gebäude ist der Sitz der Israelitischen Kultusgemeinde Wiens und beherbergt die älteste erhaltene **Synagoge** der Stadt. Der 162
Komplex von Schultrakt, Rituellem Bad und Bethaus über ovalem Grundriss wurde von Josef Kornhäusel 1823–1826 erbaut. Die Biedermeierhäuser **Sei-** 163
tenstettengasse 1 und 3 stammen von Josef Klee (1828), teilweise unter Beteiligung Philipp Högels. Derselbe Architekt baute wenig später 1832–1833 das Wohnhaus **Ruprechtsplatz 1**, an der Ecke zur Salzgasse, das an 164
Stelle des aufgelassenen Salzamtes errichtet wurde. Trotz einiger Kriegsverluste hat sich am Ruprechtsplatz die eineinheitliche biedermeierliche Bebauung weitgehend erhalten.

Umso größer ist der Kontrast zur **Ruprechtskirche** selbst, die als die 165
älteste bestehende Kirche Wiens gilt. Ihre Gründung durch das Bistum Salzburg soll noch auf das frühe 9. Jahrhundert zurückgehen, urkundlich nach-

Ruprechtskirche

weisbar ist sie seit 1161. Das Langhaus und die unteren Turmgeschosse werden ins 11. Jahrhundert datiert. Die oberen Turmgeschosse mit den romanischen Biforienfenstern entstanden um 1160/1170. Der frühgotische Chor, in dessen Ostfenster sich die einzige erhaltene spätromanische Glasmalerei in Wien befindet, wurde nach dem Stadtbrand von 1276 angefügt. Das nördliche Seitenschiff wurde im 14. Jahrhundert angebaut, die spätgotische Orgelempore mit Maßwerkbrüstung stiftete Friedrich III. im Jahr 1439. Danach blieb der mittelalterliche Kirchenbau von Veränderungen für lange Zeit verschont. 1931–1937 wurde eine flache Holzdecke eingezogen; erst in jüngster Zeit setzten die, 1993 eingebauten, farbigen Glasfenster von Lydia Roppolt neue Akzente im Innenraum.

Der Blick von der Ruprechtkirche auf den Donaukanal ist erst seit der Zeit nach dem Zweiten Weltkrieg möglich, da das an der Nordseite des Ruprechtsplatzes gelegene Haus 1945 zerstört und nicht wiedererrichtet, sondern durch eine Freitreppe ersetzt wurde. Am Fuß der Treppe erstreckt sich als Verbreiterung des Franz-Josefs-Kais der Mortzinplatz. Hier stand das anlässlich der Wiener Weltausstellung von 1873 errichtete „Hotel Métropole", ein imposanter Bau der Architekten Ludwig Tischler und Carl Schumann. In dem Gebäude befand sich 1938–1945 die Zentrale der nationalsozialistischen Gestapo mit dem Untersuchungsgefängnis. Bei einem Luftangriff im Januar
166 1945 wurde das Gebäude zerstört, an seiner Stelle entstand 1963 der **„Leopold Figl-Hof"**, in dem eine Gedenkstätte für die Opfer des österreichischen Freiheitskampfes errichtet wurde. Im kleinen Park vor dem Neubau befindet
167 sich das **„Mahnmal für die Opfer des Faschismus"** von Leopold Grausam.

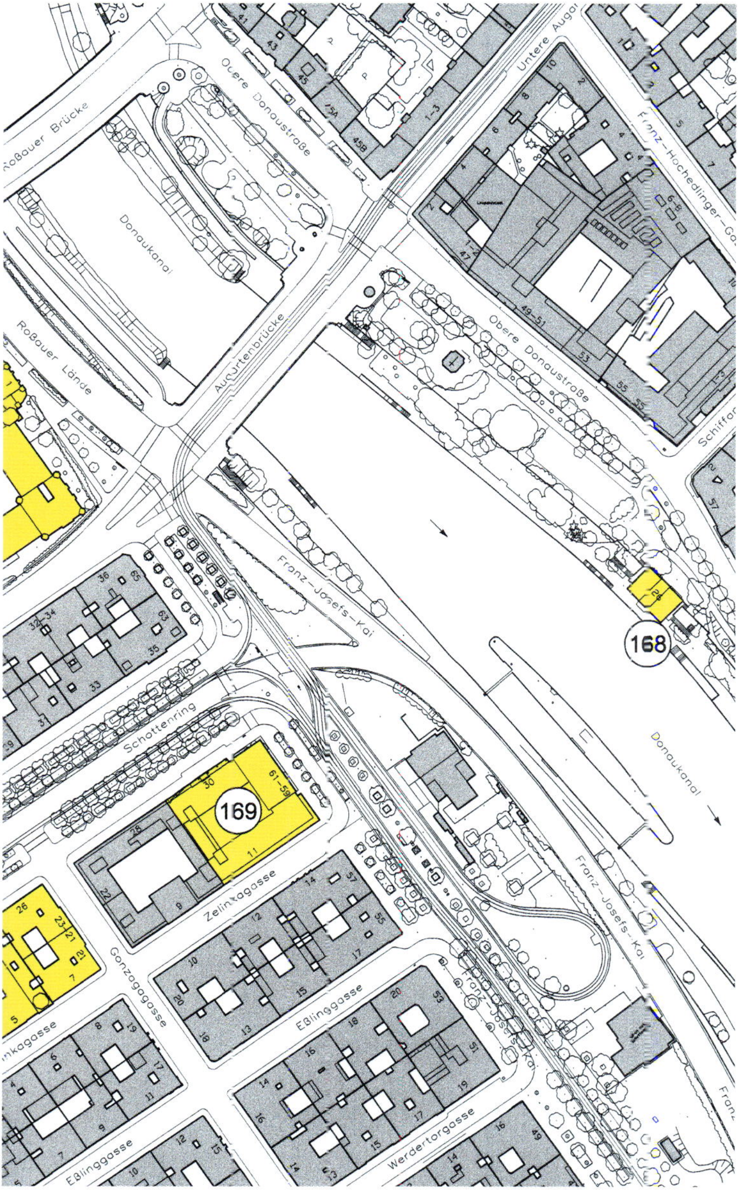
Roßauer Brücke
Obere Donaustraße
Untere Augartenstraße
Franz-Hochedlinger-Gasse
Donaukanal
Roßauer Lände
Augartenbrücke
Obere Donaustraße
Schiffamtsgasse
Franz-Josefs-Kai
168
Donaukanal
Schottenring
169
Zelinkagasse
Gonzagagasse
Eßlinggasse
Franz-Josefs-Kai
Werdertorgasse
Eßlinggasse

Donaukanal und Franz-Josefs-Kai

Der heute zwischen steinernen Kaimauern dahinfließende Donaukanal war ursprünglich ein natürlicher Donauarm, der bereits in der Römerzeit, vor allem aber im Mittelalter als Transportweg große Bedeutung hatte. Bis zur Babenbergerzeit bildete der Wiener Donauarm den Hauptstrom, des sich im Wiener Becken auf fünf Hauptarme und zahllosen Nebenarmen verbreiternden Flusses. Am Ufer siedelten sich wassergebundene Gewerbe an, wie Fischer, Schiffer und Flößer. Aber bereits um 1200 begann der Wiener Arm zunehmend zu versanden, da die Donau ihr Hauptbett nach Norden verlegte. Bereits aus dem Jahr 1376 sind erste Baggerarbeiten überliefert. Die Versuche der folgenden Jahrhunderte, wieder mehr Wasser in den Wiener Arm zu leiten, scheiterten an den mangelnden technischen Möglichkeiten der Zeit und an fehlenden Geldmitteln. Erst um 1800 begann man sich systematisch mit dem Problem der Donauregulierung auseinanderzusetzen. Wenig später wurde erstmals die Idee eines einzigen Hauptbettes mit nur einem Nebenarm, nämlich dem Donaukanal, formuliert. Schließlich erfolgte am 14. Mai 1870 durch Kaiser Franz Joseph der Spatenstich zu den Bauarbeiten. Durch die Ausbildung der regelmäßig geböschten Ufer verschwand der Eindruck eines natürlichen Wasserlaufs endgültig.

Seit 1892 entstand in Wien die Stadtbahn, zuerst die sog. „Gürtellinie“, dann die „Wientallinie“ und zuletzt, 1898–1901 errichtet, die „Donaukanallinie“. Gleichzeitig, ab etwa 1899 wurden die Böschungen des Donaukanals durch Kaimauern befestigt und erhielten ihr heutiges Aussehen. Bekrönt und abgegrenzt wurden die Kaimauern durch ein eisernes Geländer, dessen Design zu den erfolgreichsten überhaupt gehört und auf Wiener Stadtgebiet auch am häufigsten anzutreffen ist: Sein Schöpfer Architekt Otto Wagner war künstlerischer Beirat der Kommission für Verkehrsanlagen. Seine Werke „ziehen“ sich im wahrsten Sinne des Wortes durch ganz Wien. Symptomatisch dafür sind die Gitter, die er für die von ihm mitgestalteten Stadtbahnlinien entwarf, so für die Wiental- und die Gürtellinie das bekannte „Sonnenblumenmotiv“, dessen Form auch als die Initialen des Architekten OW interpretiert werden kann, und für die Donaukanallinie das kantiger wirkende Motiv mit den exzentrisch ineinander liegenden Ringen.

Am stadtauswärts gewandten Ufer finden wir ein weiteres Werk Otto Wagners, das im Zusammenhang mit der Donauregulierung zu sehen ist – das
168 **„Schützenhaus“** (Obere Donaustraße 26). Obwohl aus wirtschaftlicher und funktioneller Sicht eine Fehlplanung, ist das Gebäude mit seinen Fliesenverkleidungen eines der charakteristischsten Werke Wagners. Das Schützenhaus ist Teil einer Wehranlage, der sogenannten „Staustufe Kaiserbad“, welche 1904–1908 errichtet wurde. Der Name bezieht sich auf die „Schützen“

genannten Platten der Schleusenanlage, mit deren Hilfe das Wasser des Kanals gestaut werden konnte. Mit der Funktion des Wehrs hängt auch die Konstruktion des Gebäudes zusammen, das im erhöhten Mittelteil einen Kran enthielt, mit dem man die Schützen anheben oder absenken konnte. Der eigenwillige Bau erfüllte zwar alle an ihn gestellten technischen Forderungen, wurde aber nie in Betrieb gesetzt, da sich die Pläne, entlang des Donaukanals einen großen Stadthafen zu errichten, niemals verwirklichen ließen.

Bei der Betrachtung des gegenüberliegenden Ufers fällt sofort dessen inhomogenes Erscheinungsbild auf. Neben Bauten im Stil des Historismus und der Secession, deren Pendants auch am Graben und auf der Kärntner Straße zu sehen sind, ragen hier hohe Glastürme moderner Bürobauten auf. Diese Durchmischung der Bebauung ist auf die Verluste zurückzuführen, die durch die Zerstörungen während des Endkampfs um Wien zwischen den über den Donaukanal zurückweichenden Verbänden der Deutschen Wehrmacht und den vorrückenden russischen Truppen im März 1945 entstanden sind und die auch am südlichen Ufer im Bereich des Franz-Josefs-Kais ihre Spuren hinterlassen haben. Eine dieser Lücken füllte der **Ringturm** (Schottenring 169
13). Der dreiundzwanzig Geschosse hohe Turm und das dazugehörige Bürogebäude wurden 1953–1955 von Erich Boltenstern im Auftrag der Wiener Städtischen Versicherung errichtet. Der als Dominante am Kanal und als städtbaulicher Abschluss der Ringstraße geplante Bau stellt das erste Hochhaus der Zweiten Republik in Wien dar und hat in der Zwischenzeit ohne Zweifel einen gewissen Symbolcharakter für Wien erhalten.

Schützenhaus der ehemaligen Staustufe Kaiserbad

Ringturm, Schottenring 30

Die Ringstraße – Planung und Gestalt

Die Bäume des Franz-Josefs-Kais, der den Donaukanal auf seiner Stadtseite begleiten, leiten bereits den Übergang in die Ringstraßenallee ein, die noch heute sichtbar die Innenstadt von den sie in einem Kranz umgebenden Vorstädten trennt. Seit dem Ausbau Wiens zur Festung nach der Ersten Türkenbelagerung von 1529 erhoben sich hier die Ravelins und Basteien der Stadtbefestigung. Vor den Mauern erstreckte sich das Glacis, ein fast fünfhundert Meter breiter, unbebauter Geländestreifen, der ein freies Schussfeld garantieren sollte. Erst Kaiser Joseph II. ließ die riesige Fläche ab 1780/1781 durch Baumreihen ausgestalten und ermöglichte gleichzeitig der Bevölkerung den Zugang zu den Basteien, die sich zu Flanierpromenaden entwickelten, da auch ihre breite Krone mit Bäumen bepflanzt worden war. Gleichzeitig begannen die alten Befestigungen die immer stärker bevölkerte Stadt einzuengen, Wohnungsnot und katastrophale hygienische Bedingungen waren allgegenwärtig.

Erste Ansätze, die Stadt aus dieser Einengung zu befreien, datieren in das Jahr 1817, als das Areal vor der Burg, wo die alten Befestigungen bereits von Napoleon gesprengt worden waren, freigelegt wurde. Ab den dreißiger Jahren des 19. Jahrhunderts wurden immer wieder Flächen am äußeren Glacisrand zur Bebauung freigegeben. Zu den glühendsten Verfechtern einer Stadterweiterung gehörte der Architekt Christian Ludwig Förster, der ab 1836 immer wieder Erweiterungsprojekte für einzelne Bereiche vorlegte.

Die Forderung, die Basteien abzureißen und das Glacis zu verbauen, wurde öffentlich zwar immer wieder erhoben, konnte sich aber angesichts der Einsprüche der Militärs nicht durchsetzen. Die politische Situation Österreichs im Vormärz – in der als „golden" gepriesenen Biedermeierzeit – war geprägt von Konservativismus, Zensur und Polizeigewalt. So sah auch die Generalität in den Stadtmauern weniger einen Schutz gegen äußere Feinde, sondern eher gegen Volksaufstände aus den bevölkerungsreichen Vorstädten. Die Revolution von 1848 zeigte, dass die Stadtbefestigungen dagegen auch nicht halfen. Nach Niederschlagung der bürgerlichen Revolution durch die Armee erhielt das Militär die Verfügungsgewalt über die Flächen des Glacis und nutzte diese Position, um neue Kasernen zu planen. Zwei Projekte wurden verwirklicht, und zwar die heute nicht mehr existierende Franz-Joseph-Kaserne (erbaut 1854–1857) und die noch bestehende Rossauer Kaserne (erbaut 1868–1870).

Den von langer Hand vorbereiteten Abbruch der Stadtbefestigungen leitete Kaiser Franz Joseph selbst durch ein mit 20. Dezember 1857 an seinen Innenminister Alexander von Bach gerichtetes Handschreiben ein. Der Text dieses Schreibens ist geradezu legendär geworden:

„Es ist Mein Wille, dass die Erweiterung der inneren Stadt Wien mit Rücksicht auf eine entsprechende Verbindung derselben mit den Vorstädten ehemöglichst in Angriff genommen und dabei auch auf die Regulierung und Verschönerung Meiner Residenz- und Reichshauptstadt Bedacht genommen werde. Zu diesem Ende bewillige Ich die Auflassung der Umwallung und Fortifikationen der inneren Stadt, sowie der Gräben um dieselbe."

Bereits im darauffolgenden Frühjahr begannen die Abbrucharbeiten. Gleichzeitig wurde zur Erstellung eines Verbauungsplanes ein Wettbewerb ausgeschrieben, der im In- und Ausland großes Interesse erregte. Auf der Grundlage der prämiierten Projekte erstellte schließlich ein Kollegium von Fachleuten den endgültigen Bebauungsplan, der die Ideen vieler eingereichter Projekte zu einem neuen Ganzen zusammenfügte. Die Grundidee war die Anlage zweier konzentrisch um die Stadt verlaufender Straßenzüge, der repräsentativen Ringstraße mit dem Kai zum Donaukanal und der weiter außen verlaufenden „Lastenstraße", die für den Transport von Gütern bestimmt war. Die Ringstraße war von Beginn an als Prachtstraße geplant, welche öffentliche Verwaltungsgebäude, sowie Bildungseinrichtungen, Theater und Museen aufnehmen sollte. Wesentlich war auch der Anteil an Grünflächen, der im Plan etwa 25%, in der Ausführung noch immer 20% der Gesamtfläche einnahm. Der Erweiterungsplan sah auch die Anlage einer Allee mit vier Baumreihen vor. Noch heute erscheint die Ringstraße im Stadtgrundriss als fünffach geknicktes Polygon mit einer Gesamtlänge von 4,4 Kilometern und einer Breite von rund 57 Metern, beim Franz-Josefs-Kai von etwa 38 Metern. In der Mitte verläuft die Hauptfahrbahn, von ihr durch seitliche Alleen getrennt, verlaufen je zwei Nebenfahrbahnen, wobei die inneren Nebenfahrbahnen ursprünglich als Reitwege gedacht waren. An Stellen, an denen eine Seite unverbaut blieb, wie im Bereich Burggarten, Volksgarten und Heldenplatz, fällt eine Nebenfahrbahn zugunsten einer dritten Baumreihe weg.
Die gewaltigen Summen, die der Verkauf der Baugründe erbrachte, flossen dem eigens eingerichteten „Stadterweiterungsfonds" zu. Die Käufer der Grundstücke entstammten zum Großteil der Schicht der großbürgerlichen Industriellen aus dem Milieu des Wirtschaftsliberalismus, die, zu Vermögen gekommen, nun in ihren Repräsentationsansprüchen den Adel ablösten. Der geläufige Bautypus des Ringstraßenpalais ist das Miethaus, eine repräsentative Stiege führt oft nur bis in die „Beletage", die vom Hausherrn bewohnt wurde, während alle anderen Geschosse der Vermietung dienten.

Mit den Erträgnissen des Fonds konnten andererseits die meisten öffentlichen Gebäude finanziert werden, z.B. die Hofmuseen (das Kunsthistorische und das Naturhistorische Museum), die Staatsoper (Hofoper), das Burgtheater sowie die Neue Hofburg. Die Kosten für Parlament (Reichsratsgebäude) und Universität wurden von der Staatskasse getragen, für die Baukosten des Neuen Rathauses kam die Gemeinde Wien auf.

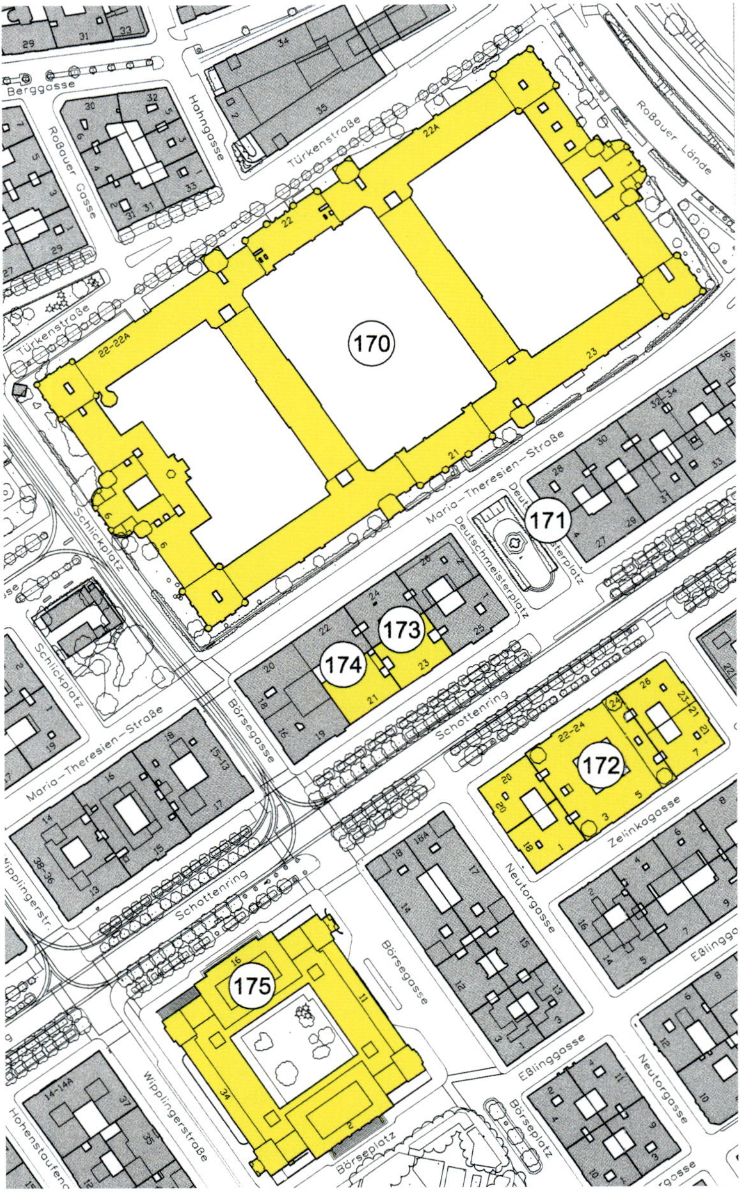
Berggasse
Roßauer Gasse
Hahngasse
Türkenstraße
Roßauer Lände
Türkenstraße
22-22A
22A
22
170
23
21
Maria-Theresien-Straße
Deutschmeisterplatz
171
Schlickplatz
Schlickplatz
173
174
Börsegasse
Schottenring
172
22-24
Zelinkagasse
Maria-Theresien-Straße
Schottenring
Wipplingerstr.
Neutorgasse
Eßlinggasse
175
Börsegasse
Wipplingerstraße
Börseplatz
Börseplatz
Eßlinggasse
Neutorgasse

Schottenring
Deutschmeisterplatz und Börse

Vom Franz-Josefs-Kai kommend, fällt dem Betrachter als erstes der riesige, festungsartige Sichtziegelkomplex der **Rossauer Kaserne** (Schlickplatz 170
6) auf. Allein die Maße des Gebäudes sind schon beachtlich: Die Länge beträgt 270 Meter, die Breite 140 Meter, die bebaute Fläche umfasst 17.940 m². Das von Oberst Alois Pilhal und Major Karl Markl errichtete Gebäude wurde 1870 seiner Bestimmung übergeben und ist durch zwei langgestreckte Baublöcke vom eigentlichen Ring getrennt. Nach dem Zerfall der Monarchie stellte sich auch bei der Rossauer Kaserne das Problem der Neunutzung. Ab 1927 als Obdachlosenasyl und Museum genutzt, diente die Rossauer Kaserne nach Beseitigung der Schäden des Zweiten Weltkriegs Dienststellen des Innenministeriums und der Polizei als Unterkunft. Aufgrund des zunehmend schlechten Bauzustands wurde in den siebziger Jahren ein Abbruch in Erwägung gezogen. Die dadurch in Gang gebrachte Debatte endete 1989 in einem Wettbewerb für eine mögliche Neunutzung, dessen Ergebnis aber nie realisiert wurde. So dient die Kaserne heute noch dem Militär und Dienststellen des Innenministeriums, welche immerhin seit 1990 das Gebäude nach denk-

Rossauer Kaserne, Schlickplatz 6

Wohnhaus, Schottenring 23

malpflegerischen Gesichtspunkten restaurierten und ausbauten (Architekten Peter Czernin, Heinz Neumann, Manfred Wehdorn).

Der Deutschmeisterplatz bildet eine vergleichsweise schmale Sichtöffnung von der Ringstraße auf den von zwei zinnenbekrönten Türmen flankier-
171 ten Mittelrisalit der Längsseite. Das **„Deutschmeisterdenkmal“** füllt fast die gesamte Fläche dieses Vorplatzes aus. Es wurde 1896 anlässlich des zweihundertjährigen Bestehens des Wiener Hausregiments „Hoch- und Deutschmeister“ errichtet und stellt eine Würdigung des „einfachen Soldaten“ dar. Auf große Posen wurde verzichtet. Die Figuren des Fahnenträgers, der „Vindobona“, des „treuen Kameraden“ und des „Grenadiers von Landshut“ stammen von Anton Weber, die Architektur des Denkmals von Johannes Benk.

Gegenüber erhebt sich an der Innenseite der Ringstraße ein einheitlich gestalteter Baublock – ebenfalls ein Sichtziegelbau. Es handelt sich um ein von Theophil Hansen und Heinrich Förster anlässlich der Weltausstellung von
172 1873 errichtetes **Großhotel** (Schottenring 20–26), das von Anfang an so geplant war, dass es nach dem Ende der Weltausstellung in Wohnungen oder Büros unterteilt werden konnte. Heute sind in diesem Gebäude verschiedene Ämter der Wiener Stadtverwaltung untergebracht

Am äußeren Schottenring befindet sich auch ein 1877/1878 von Otto
173 Wagner errichtetes **Wohnhaus, Schottenring 23**. Dieses Frühwerk des Architekten zeichnet sich durch eine Mischung sehr verschiedenartiger Stilele-

mente aus. Besonders auffallend sind das Hauptportal mit einem Türsturz aus Triglyphen und Metopen, und die volutenartig gerollten Konsolen des weit vorkragenden Abschlussgesimses. Scheinen diese Architekturteile von der Antike inspiriert, so geht die rot-schwarze Farbigkeit der beiden Hauptgeschosse auf Vorbilder des Mittelalters und der Renaissance zurück.

Ein vergleichsweise vertrautes Erscheinungsbild bietet das benachbarte ab
1874 errichtete **Palais Sturany** (Schottenring 21) von Ferdinand Fellner jun. 174
und Hermann Helmer, dessen Fassade sich an barocken Formen orientiert. Tatsächlich handelt es sich um den ersten neobarocken Bau an der Ring-
straße. Am Schottenring fand auch die **Börse** (Schottenring 16) ihren endgül- 175
tigen Standort, nachdem die Institution, die auf dem Börsepatent Maria Theresias aus dem Jahr 1771 beruht, fast hundert Jahre lang in verschiedenen Quartieren der Innenstadt, zuletzt in der Herrengasse, untergebracht war. 1877 bezog sie ihr von Theophil Hansen in Neorenaissanceformen errichtetes Gebäude. Der Bau wurde bei einem Großbrand 1956 schwer beschädigt, wobei besonders der Verlust des großen Börsesaales zu beklagen war. Die Erneuerung nach Plänen Erich Boltensterns vermied bewusst eine Wiederherstellung und verwandelte die entstandene „Wunde“ des Baukörpers in einen Innenhof.

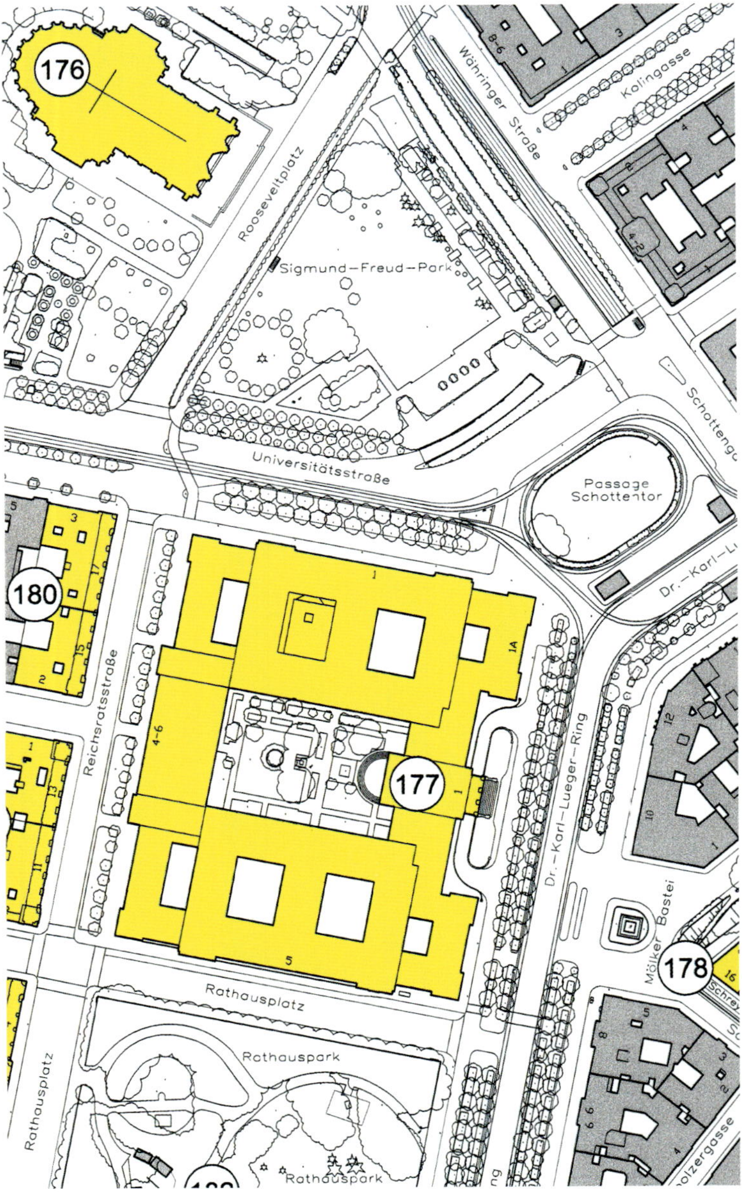
176
Rooseveltplatz
Währinger Straße
Kolingasse
Sigmund-Freud-Park
Schottengasse
Universitätsstraße
Passage Schottentor
Dr.-Karl-Lueger-Ring
180
Reichsratsstraße
177
Mölker Bastei
178
Rathausplatz
Rathauspark
Rathauspark
Rathausplatz

Dr.-Karl-Lueger-Ring
Votivkirche und Universität

Im Zwickel zwischen Schottenring und Dr.Karl-Lueger-Ring erhebt sich die Doppelturmfassade der **Votivkirche**. Sie stellt das älteste Bauwerk im Bereich der Ringstraße dar, geplant zu einem Zeitpunkt, als wohl bereits Ideen über eine Stadterweiterung kursierten, aber von einer Ringstraße im eigentlichen Sinn noch keine Rede war. Die Votivkirche gemahnt an ein am 18. Februar 1853 auf Kaiser Franz Joseph verübtes Attentat und die glückliche Errettung des jungen Monarchen. Wenige Tage nach dem Mordanschlag wandte sich der Bruder des Kaisers, Erzherzog Ferdinand Max, der spätere Kaiser von Mexiko, an die Bevölkerung mit der Bitte, Geld für den Bau einer „Votivkirche" zu spenden. 1856 konnte bereits der Grundstein gelegt werden. Baumeister der Kirche war ein erst siebenundzwanzig Jahre alter „Newcomer" in der Architektenszene, Heinrich Ferstel. Der in neugotischem Stil errichtete Bau verkörpert noch heute eher ein Denkmal, als an einen dem Gebet gewidmeten Sakralraum. Auch war die Votivkirche – ganz im Gegen- 176

Votivkirche

Universität,
Dr.-Karl-Lueger-Ring 1

satz zum Stephansdom, ihrem „großen gotischen Bruder" im Herzen der Stadt – von Anfang an auf Fernwirkung berechnet. Der Bau geriet allerdings bald ins Stocken, Spenden allein genügten auch damals nicht, um ein so großes Vorhaben zu verwirklichen. Die feierliche Einweihung erfolgte erst 1879, mehr als zwanzig Jahre nach der Grundsteinlegung. Zweifellos konnte sich aber Heinrich Ferstel mit diesem Werk einen Platz unter den etablierten Architekten sichern und am weiteren Ausbau der Ringstraße wesentlichen Anteil nehmen.

Wir finden bei unserem Rundgang gleich wieder ein Hauptwerk Ferstels –
177 es ist das unmittelbar an der Ringstraße gelegene Hauptgebäude der **Universität** (Dr.-Karl-Lueger-Ring 1). Hier orientierte sich der von Italien begeisterte Architekt an den Universitätsbauten in Bologna und Padua. Die Pläne vollendete Ferstel bereits 1872, doch sollte es ihm nicht mehr vergönnt sein, die Fertigstellung seines Werks zu erleben. Erst 1884, ein Jahr nach Ferstels Tod, konnte das Universitätsgebäude seiner Bestimmung übergeben werden. Ferstel gelang es, den Geist der italienischen Renaissance mit dem Historismus der Ringstraßenära zu verbinden. Der fertig gestellte Bau fand allgemein den Zuspruch und das Lob der Zeitgenossen. Er dominiert mit seinen Auffahrtsrampen, den mächtigen Eckrisaliten und dem hohen Mittelrisalit bis

heute diesen Bereich der Ringstraße. Im großen Arkadenhof der Universität befinden sich an Pfeilern und Wänden zahlreiche Büsten und Gedenktafeln berühmter Professoren. In der Mitte des Hofes erhebt sich der „Kastaliabrunnen" von Edmund Hellmer.

Gegenüber der Universität reicht das „alte" Wien ganz nahe an die Ringstraße heran. Die in Teilen noch bestehende Mölkerbastei vermittelt uns heute noch den Eindruck der Basteien der Biedermeierzeit; kleine Häuschen, manche schindelgedeckt, reihen sich aneinander. Unter ihnen steht auch das **„Pasqualatihaus"** (Mölkerbastei 8), das 1791–1798 auf zwei kleineren Parzellen errichtete wurde. In den Jahren 1804–1815 bezog hier Ludwig van Beethoven mehrmals Quartier, da er dem Hausherrn Johann Baptist Freiherrn von Pasqualati-Osterburg freundschaftlich verbunden war. Die Wohnung im vierten Stock, von der man zu Beethovens Zeit noch den Ausblick auf die Weite des Glacis genießen konnte, ist heute als Gedenkstätte zugänglich. 178

Mit dem Blick über den Ring zum nächstfolgenden Prachtbau, dem Rathaus (Rathausplatz 1), ändert sich der Maßstab wieder. Das Rathaus weicht weit hinter die Flucht der Ringstraße zurück, wodurch die Anlage einer ausgedehnten Parkanlage, des Rathausparks, ermöglicht wurde. Vom Mittelrisalit des Rathauses verläuft eine breite Achse auf das Burgtheater zu. Dieses Zusammenspiel der in Stil und Funktion so unterschiedlichen Monumentalbauten gehört zu den gelungensten Ensembles der Wiener Ringstraße.

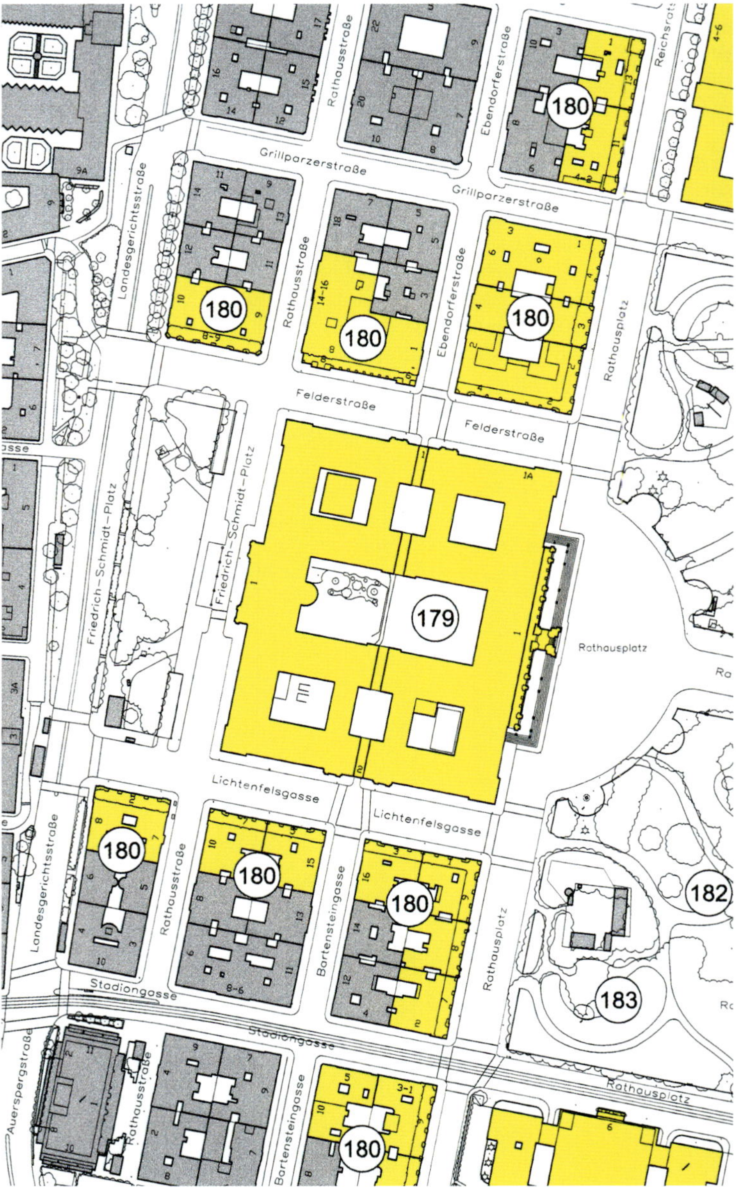
Rathausstraße
Ebendorferstraße
Reichsratsstraße
Grillparzerstraße
Grillparzerstraße
Landesgerichtsstraße
Rathausstraße
Ebendorferstraße
Rathausplatz
Felderstraße
Felderstraße
Friedrich-Schmidt-Platz
Friedrich-Schmidt-Platz
Rathausplatz
Lichtenfelsgasse
Lichtenfelsgasse
Landesgerichtsstraße
Rathausstraße
Bartensteingasse
Rathausplatz
Stadiongasse
Stadiongasse
Auerspergstraße
Rathausstraße
Bartensteingasse
Rathausplatz
179
180
182
183

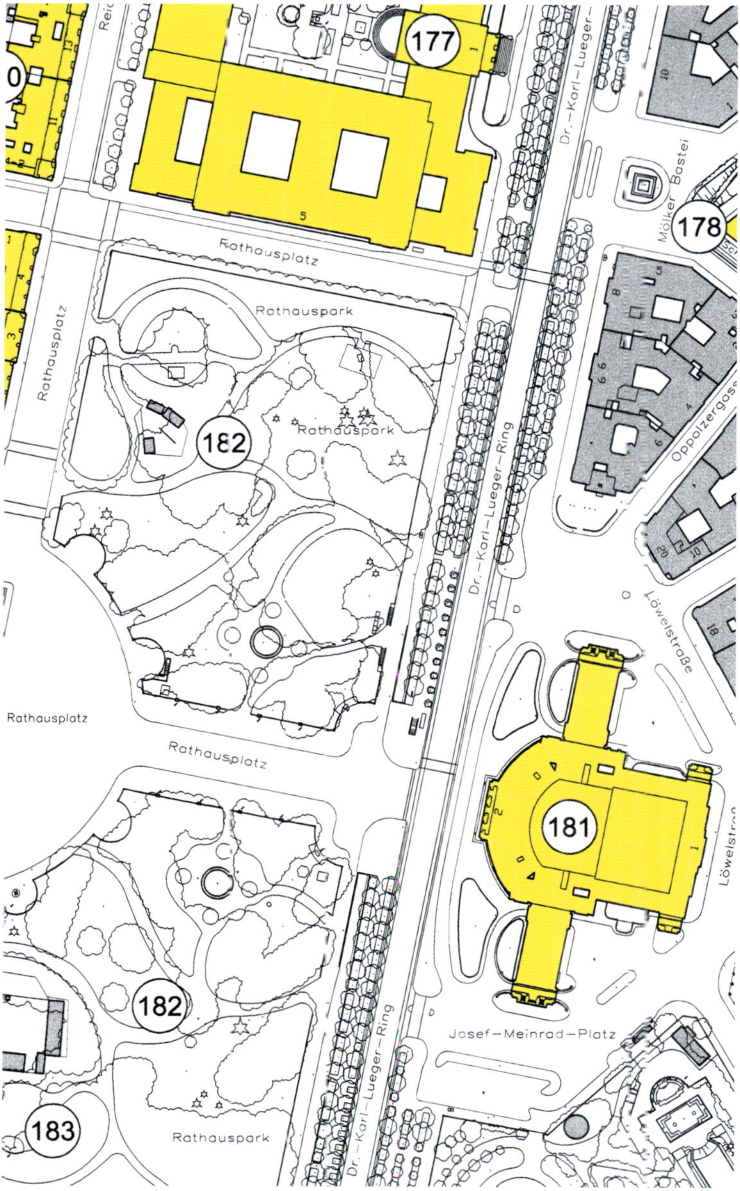
177
178
181
182
182
183
Rathausplatz
Rathausplatz
Rathausplatz
Rathausplatz
Rathauspark
Rathauspark
Rathauspark
Dr.-Karl-Lueger-Ring
Dr.-Karl-Lueger-Ring
Dr.-Karl-Lueger-Ring
Mölker Bastei
Oppolzergasse
Löwelstraße
Josef-Meinrad-Platz

Rathaus,
Rathausplatz 1

Rathausplatz und Burgtheater

179 Das 1872–1883 im neogotischen Stil errichtete **Rathaus** (Rathausplatz 1)ist ein Werk des Architekten Friedrich von Schmidt. Die breit gelagerte Hauptfront mit dem fast 98 Meter hohen Mittelturm ist einem System von Innenhöfen, die sich um einen großen, zentralen Arkadenhof gruppieren, vorgelagert. Die Wahl des gotischen Baustils wurde – obwohl fast gleichzeitig überall in Europas Metropolen „gotische" Rathäuser entstanden – nicht unwidersprochen hingenommen. Die Neugotik war für einen Profanbau viel weniger akzeptiert, als für einen Sakralbau wie die Votivkirche. Um das Rathaus
180 gruppieren sich die sogenannten **„Arkadenhäuser"** (Reichsratsstraße 7–9, 11–13, 15–17, Rathausplatz 2–4, 7–9 sowie Lichtenfelsgasse und Feldergasse), die auf die Konzeption Franz von Neumanns, eines Mitarbeiters von Friedrich Schmidt, zurückgehen. Gemeinsames Merkmal sind die hohen, über die Erdgeschosszone und das fallweise vorhandene Mezzaningeschoss reichenden Arkadengänge. Durch diese Häuser sollte der unmittelbare Bereich um das Rathaus einheitlich, und in der gewünschten repräsentativen

Weise gestaltet werden. Es entstand dabei ein Ensemble von außergewöhnlicher städtebaulicher und gestalterischer Qualität.

Von der Hauptfassade des Rathauses weg, begleiten Statuen bedeutender historischer Persönlichkeiten den Besucher bis an den Ring, wo er auf die Neorenaissancefassade des **Burgtheaters** (Dr.-Karl-Lueger-Ring 2) trifft. Die 181
Planung des 1874–1888 errichteten Baues stammt von Architekt Gottfried Semper, der zuvor bereits das Dresdner Opernhaus geschaffen hatte. Die Innengestaltung geht auf Carl Hasenauer zurück, und ist eher den Formen des Neobarocks verpflichtet. Trotzdem gelang ein architektonisch ausgewogener Theaterbau, allerdings nicht ohne die heftigste Rivalität zwischen den beiden Architekten, die auch ein fast dreißigjähriger Altersunterschied trennte. Entnervt zog sich der ältere Semper, schon kränkelnd, 1876 zurück. Die Übersiedlung der „darstellenden" Künste in das neue Haus am Ring erfolgte ebenfalls nicht ohne Klagen. Die schlechten Sichtverhältnisse im Zuschauerraum sowie die mangelhafte Akustik wurden beanstandet. Bereits 1897 – nicht einmal zehn Jahre nach der Hausübergabe – mussten die ersten einschneidenden Umbauten erfolgen, die von Max Ferstel, dem Sohn des berühmten Ringstraßenarchitekten Heinrich von Ferstel, geleitet wurden: Die Lyraform im Grundriss der Galerie wurde durch eine Hufeisenform ersetzt, der Zuschauerraum verbreitert, Orchester wie auch Decke wurden niedergelegt, um die Sichtverhältnisse zu verbessern. Die Veränderungen waren durchaus erfolgreich, neue Schauspieler drängten sich bald um Engagements und die alten

Burgtheater, Dr.-Karl-Lueger-Ring 2

begannen allmählich, das geliebte Hofburgtheater am Michaelerplatz, das 1898 endgültig abgerissen wurde, zu vergessen.

Gleichzeitig mit den Monumentalbauten von Burgtheater und Rathaus
182 wurde auch die dazwischen liegende **Rathauspark** geplant. Der Park war bereits zum Zeitpunkt der Grundsteinlegung des Rathauses fertiggestellt. Der Grund dieser „Phasenverschiebung" war die lange Diskussion darüber, wo der endgültige Standort von Universität, Rathaus und Parlament festgelegt werden sollte, eine Diskussion, die noch andauerte, als die Architekten bereits an den Entwürfen dieser Bauten arbeiteten. Erst 1870 konnte die Freigabe des Paradeplatzes am Josefstädter Glacis, der die riesige Fläche zwischen der heutigen Universitätsstraße und der Bellariastraße einnahm, gegen den heftigen Widerstand des Militärs erreicht werden.

Die Schaffung der Grünanlagen in der Ringstraßenzone war Aufgabe der Kommune. Parks wurden nicht mehr ausschließlich als Zusatz zur Architektur gesehen, sondern man war sich ihrer vielfältigen Aufgaben innerhalb einer Großstadt durchaus bewusst. Die Ausschreibung von Wettbewerben, wie bei öffentlichen Gebäuden, war bei Grünanlagen allerdings nicht üblich. Planung und Ausführung lag in den Händen des Stadtgartendirektors, gelegentlich wurde den Architekten Mitspracherecht eingeräumt. Konflikte bezüglich der Beziehung zwischen dem Park und der ihn umgebenden Architektur waren beruflicher Alltag für alle Beteiligten. Während die einen den Grünraum als mit der Architektur gleichberechtigt bewerten wollten, forderten die anderen eine funktionelle Unterordnung unter die bauliche Substanz.

So war dies auch beim Rathauspark der Fall. Ein erster Plan Friedrich Schmidts entstand in Abstimmung mit Heinrich Ferstel, dem Erbauer der Universität, und Theophil Hansen, dem Schöpfer des Parlaments, wobei sich alle diese Gebäude noch im Planungsstadium befanden. Der Entwurf sah für den Park eine monumentale Gestaltung vor, die sich in ihrer Ästhetik den öffentlichen Gebäuden unterordnete. Der damalige Bürgermeister Cajetan Felder, der die Freigabe des Paradeplatzes erkämpft hatte, wollte jedoch dem Erholungswert des Parks für die Bevölkerung Priorität einräumen. Im endgültigen Entwurf, der von Stadtgartendirektor Dr. Rudolf Sieböck in Zusammenarbeit mit Friedrich Schmidt erstellt wurde, war der Park doppelt so groß wie ursprünglich vorgesehen und dem Prinzip des Landschaftsgartens verpflichtet. Prompt meldeten die Architekten Hansen und Ferstel Bedenken an, dass die Bepflanzung die Sicht auf ihre Bauten behindern könne. Indem er immer wieder Durchblicke zu den Gebäuden schuf, nahm Sieböck aber durchaus Rücksicht auf die Architektur im Umfeld. Mit der Fertigstellung des Parks und der darauf folgenden Errichtung der geplanten Gebäude war die Diskussion über die Gestaltung der Grünanlage aber noch keineswegs abgeschlossen, immer wieder gewannen die Vertreter der „architektonischen" Richtung an Boden, man gab Neuplanungen in Auftrag und der Baumbestand wurde ausgelichtet. Letztlich blieb aber der ursprüngliche Entwurf trotz allem gewahrt und hat sich im wesentlichen bis heute erhalten.

An den geschwungenen Wegen des Rathausparks fanden zahlreiche Denkmäler Aufstellung. Überhaupt war die Ringstraßenära eine „denkmalwütige“ Epoche, überall wurden die steinernen oder bronzenen Bildnisse von Persönlichkeiten der nahen und fernen Vergangenheit enthüllt: Regenten, Feldherren, Wissenschafter, Musiker oder Künstler. Im Rathauspark werden unter anderen die **Komponisten Johann Strauss** und **Joseph Lanner** geehrt. 183
Die Standbilder der beiden Künstler stehen nur ein wenig über den Betrachter erhoben wie auf dem Dirigentenpodest vor dem Orchester. Die Figuren werden von einem Halbrund umschlossen, auf dem das Reliefbild einer biedermeierlichen Tanzgesellschaft erscheint. Die Gesamtkomposition des 1905 aufgestellten Denkmals entwarf Architekt Robert Oerley, die Bildhauerarbeiten stammen von Franz Seifert.

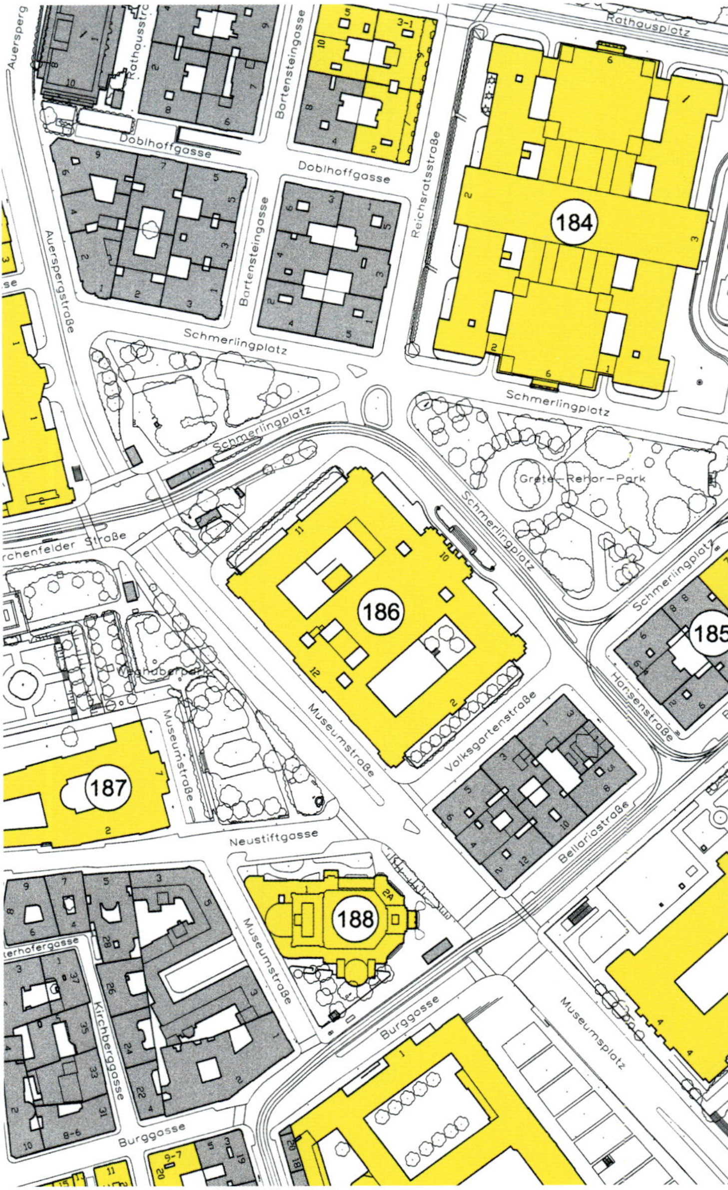
Rathausplatz
Auersperg
Rathausstr.
Bartensteingasse
Doblhoffgasse
Doblhoffgasse
Reichsratsstraße
184
Auerspergstraße
Bartensteingasse
Schmerlingplatz
Schmerlingplatz
Schmerlingplatz
Grete-Rehor-Park
Schmerlingplatz
Schmerlingplatz
Lerchenfelder Straße
186
185
Hansenstraße
Museumstraße
Volksgartenstraße
Weghuberpark
Museumstraße
187
Bellariastraße
Neustiftgasse
188
Museumstraße
Kirchberggasse
Burggasse
Museumsplatz
Burggasse

Parlament, Dr.-Karl-Renner-Ring 2

Dr.-Karl-Renner-Ring
Parlament und Justizpalast – Volkstheater und Palais Trautson

Gegenüber der südlichen Flanke des Rathausparks ragt über einem hohen Gebäudesockel das **Parlament** (Dr.Karl-Renner-Ring 3) auf. Mit dem 1874– 184
1883 entstandenen Bau verwirklichte der aus Dänemark stammende Architekt Theophil Hansen seinen größten Monumentalbau im hellenischen Stil. Die detaillierten Bezugnahmen auf die griechische Antike waren für einen Bau der demokratischen Volksvertretung offenkundig programmatisch motiviert. Die Gesamtkonzeption des riesigen Parlamentsgebäudes erscheint allerdings ganz in der Gestaltungsart des 19. Jahrhunderts verankert. Der Bau war als Sitz des Reichsrates der Kronländer der österreichischen Monarchie konzipiert, er beherbergt heute den Nationalrat und den Bundesrat der Republik Österreich. Die Hauptfassade des zweigeschossigen Komplexes wendet sich der Ringstraße zu. Beherrschend ragt über der in paarweisen Rampen geführten Auffahrt der achtsäulige Portikus auf. Die Fassaden des Parlaments sollten – den griechischen Vorbildern folgend – farbig gefasst werden. Ein noch erhaltenes Musterstück an der Ecke zum Palais Epstein zeigt heute noch, wie das Parlament eigentlich aussehen hätte sollen.

An keinem anderen Bau der Ringstraße wurde der Plastik neben der Architektur so große Bedeutung beigemessen, wie beim Parlament. Die Marmorsitzfiguren auf der Rampe, die erst um 1900 aufgestellt wurden, stellen

Statue der Pallas Athene vor dem Parlament

antike Geschichtsschreiber dar, links erscheinen die des alten Griechenland, rechts die des alten Rom. Zu Füssen der Rampe stehen an beiden Seiten die bronzenen Figurengruppen der „Rossebändiger“, geschaffen von Josef Lax. Über dem First fallen die acht plastischen Gruppen von Quadrigen ins Auge, die von geflügelten Niken gelenkt werden. Auf den Balustraden stehen nicht weniger als sechzig Marmorfiguren, die Persönlichkeiten aus der griechischen und römischen Geschichte darstellen. Der vor dem Parlament stehende Pallas-Athene-Brunnen wurde zwar noch von Theophil Hansen entworfen, jedoch erst 1898–1902 von Carl Kundmann ausgeführt.

An der Außenseite des Rings, an einer Knickstelle des Ringstraßenpoly-
185 gons, liegt das **Palais Epstein** (Dr.-Karl-Renner-Ring 1), das 1870–1873 von Theophil Hansen für den Bankier Gustav Ritter von Epstein errichtet wurde. Das Palais wurde 1902 vom Staat erworben und beherbergte im Laufe der Zeit verschiedene staatliche Institutionen. Während der Besatzungszeit nach dem Zweiten Weltkrieg war die sowjetrussische Kommandantur hier untergebracht. Die der Ringstraße zugewandte Fassade des an drei Seiten freistehenden Gebäudes ist vor allem durch den karyatidengeschmückten Vorbau akzentuiert. Die räumliche Enge, die hier durch das Stationsgebäude von U-Bahn und Straßenbahn entstand, nimmt dem Gebäude heute viel von seiner ursprünglichen Wirkung. Zukünftig soll das Palais als Bürohaus für das Parlament eine neue Nutzung erhalten.

Zwischen Palais Epstein und Parlament, aber von der Ringstraße zurückversetzt am keilförmigen Schmerlingplatz, befindet sich der **„Justizpalast“** 186
(Schmerlingplatz 10), 1875–1881 nach Plänen des Architekten Alexander von Wielemans errichtet. Der breit gelagerte, 111 Meter lange und 81 Meter tiefe Bau richtet seine Hauptfront gegen den Ring. Der mächtige Mittelrisalit gliedert sich in zwei übereinander gelagerte, über jeweils zwei Geschosse reichende Säulenstellungen. Der Justizpalast wurde während der politischen Demonstrationen infolge des Schattendorfer Prozesses 1927 in Brand gesteckt. Der Schattendorfer Prozess spiegelte die politischen Verhältnisse der Zwischenkriegszeit wieder: Im burgenländischen Ort Schattendorf waren die paramilitärischen Verbände von Heimwehr und Schutzbund aneinandergeraten. Im Zuge der Auseinandersetzung fanden unbeteiligte Personen den Tod. Im darauffolgenden Prozess wurden die Angehörigen der Heimwehr, die das Feuer eröffnet hatten, freigesprochen. Der Freispruch löste in Teilen der Bevölkerung tiefe Empörung aus, die sich in gewaltsamen Demonstrationen entlud. Einige Demonstranten drangen in den Justizpalast ein, begannen Akten und Mobiliar in Brand zu setzen, und das Feuer sprang auf das Gebäude über. 1928–1931 beseitigte Architekt Heinrich Ried die Brandschäden und nahm eine Aufstockung des Gebäudes vor.

Jusitizpalast,
Schmerlingplatz 10

Am äußeren Glacisrand, wo einst Ringstraßenzone und Vorstädte aneinander trafen, bildeten sich oft merkwürdige Architekturensembles. Nach der zweiten Türkenbelagerung 1683, als man endlich auch auf dem „offenen Land“ gefahrlos, und im großen Stil bauen konnte, errichtete der Hofadel vor der Stadt große Paläste mit ausgedehnten Gartenanlagen. Schon wenige Jahrzehnte nach Abwendung der Türkengefahr war Wien mit einem Kranz von Barockgärten umgeben. Nachvollziehbar ist der Eindruck dieser Prachtentfaltung allerdings nur mehr in der Betrachtung des Vogelschauplanes von Josef Daniel von Huber – ausgearbeitet 1769–1773 im Auftrag Maria Theresias – dessen Druck im Historischen Museum am Karlsplatz ausgestellt ist. Um 1800 begann man jedoch schon, die großen Barockgärten zu parzellieren und zu verbauen. Einige der Palais existieren noch, sie stehen heute aber zwischen überwiegend biedermeierlichen und historistischen Nachbargebäuden.

An dieser Grenze befindet sich gegenüber der stadtauswärts gewandten
187 Fassade des Justizpalastes das **Palais Trautson** (Museumsstraße 7). Der dreigeschossige Gartenpalast wurde 1710–1712 im Auftrag von Leopold Donat Graf Trautson nach Plänen von Johann Bernhard Fischer von Erlach errichtet. 1760 kam der Bau in den Besitz von Kaiserin Maria Theresia, die hier die Ungarische Garde unterbrachte. Im Zuge dieser Umwidmung wurden auf Teilen des ausgedehnten Gartens Ställe und eine Reitschule errichtet. Als 1848 die Garde aufgelöst wurde, diente der Bau bis 1867 als Sitz des niederösterreichischen Landesarmeekommandos. 1867 wurde die Garde anlässlich der Krönung Franz Josephs I. zum König von Ungarn reaktiviert und erhielt das Palais zurück. Nach dem Ersten Weltkrieg verlor das Trautsonpalais seine Funktion und wurde jahrzehntelang vernachlässigt. 1961 wurde es für die Justizverwaltung angekauft und sorgte für hitzige Diskussionen, da zeitweise sein Abriss im Gespräch war. 1965 wurden die Nebengebäude der Ungarischen Garde abgebrochen und auf dem Gelände Fertigteilbauten für die UNIDO errichtet. 1967 erfolgte die Demolierung des westlichen, in die Neustiftgasse reichenden Traktes, an dessen Stelle ein Büroneubau errichtet wurde.

Südöstlich des Trautsonpalais erhebt sich, ebenfalls in Randlage des
188 Glacis, das Gebäude des **Volkstheaters** (Neustiftgasse 1), 1888–1889 errichtet von den Architekten Helmer & Fellner. Als Bauherr trat der „Verein des Deutschen Volkstheaters“ auf, eine private Vereinigung, die eine in der Stückauswahl vom Burgtheater unabhängige Spielstätte schaffen wollte. Der Bau war der erste, der dem Wiener Theatergesetz von 1882 folgend, freistehend konzipiert wurde. Mit dem Volkstheater schufen die beiden Architekten einen Typus, der in zahlreichen Theaterbauten der ehemaligen Monarchie seinen Niederschlag fand. 1907 wurde das Theater durch Zubauten an der Museumsstraße erweitert. Die über dem Mittelfoyer befindliche Kuppel, die 1945 zerstört wurde, konnte bei einer Generalsanierung des Hauses 1981/1982 wiederhergestellt werden. Mit der Erneuerung der Fassade und dem

Wiederaufbau der Kuppel, die, da keine Originalpläne erhalten waren, nach historischen Photographien rekonstruiert wurde, wurde der Architekt Lutz Lernhart betraut. Die Gesamtleitung der Sanierung, die auch den Innenausbau und die Erneuerung der Bühnentechnik umfasste, lag in den Händen des Architekten Rudolf Jarosch.

Der Bau bildet durch die Schrägstellung seiner Fassade und den wiederhergestellten Kuppelbau, der über die Fassaden des ehemaligen Hofstallgebäudes und des Palais Trautson hinausragt, eine anspruchsvolle Verbauung der Randzone der Ringstrasse.

Volksgarten mit Minoritenkirche im Hintergrund

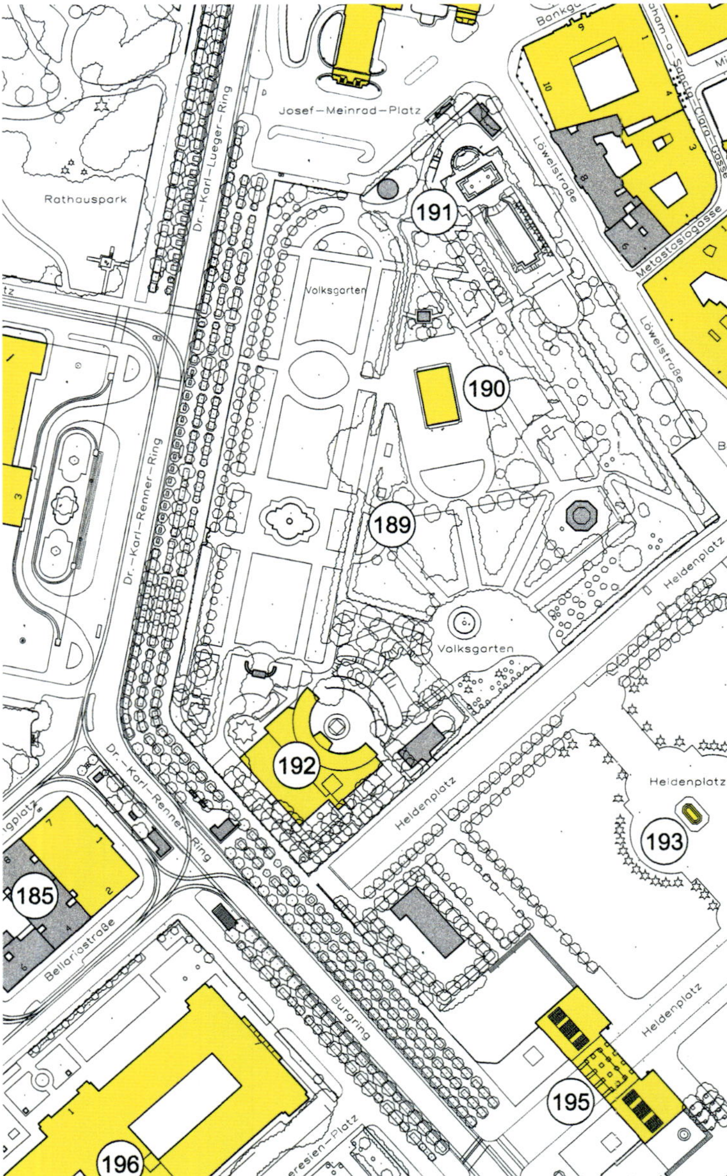
Josef-Meinrad-Platz
Rathauspark
Dr.-Karl-Lueger-Ring
Volksgarten
Löwelstraße
Metastasiogasse
Dr.-Karl-Renner-Ring
Heldenplatz
Volksgarten
Bellariastraße
Burgring
Theresien-Platz
191
190
189
192
193
185
195
196

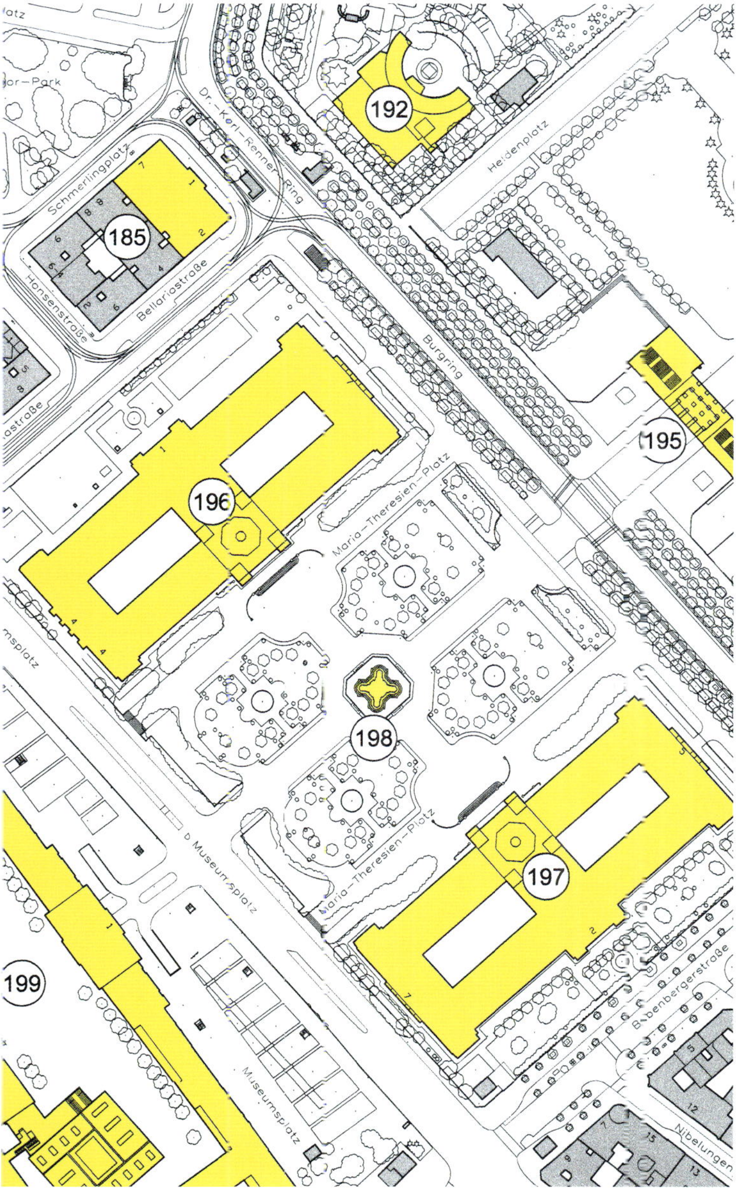
Schmerlingplatz
Hansenstraße
Bellariastraße
Dr.-Karl-Renner-Ring
Heldenplatz
Burgring
Maria-Theresien-Platz
Museumsplatz
Babenbergerstraße
Nibelungen
185
192
195
196
197
198
199

Burgring
Das Areal der Neuen Hofburg und seine Gärten

An der Innenseite des Ringes, gegenüber von Parlament und Palais
189 Epstein, liegt der **Volksgarten**. Der Garten war noch von Kaiser Franz I. in Auftrag gegeben worden und stellt die erste von Anfang an für die Öffentlichkeit konzipierte Grünanlage Wiens dar, die anstelle der im Hofburgbereich schon von Napoleon gesprengten Basteien angelegt wurden. In der Folge entstanden um 1820 auf dem Areal der Volksgarten, ein Privatgarten für den Kaiser (der spätere Burggarten) und der äußere Burgplatz, heute Heldenplatz. Der Volksgarten wirkt mit seinen axial ausgerichteten Gehwegen und den streng geometrischen Alleen wie ein Beispiel formaler architektonischer Gartenschöpfungen. Doch fehlen ihm die „klassischen" Elemente einer Ausrichtung auf Gebäude, ornamental gestaltete Beete sowie beschnittene Hecken. Allerdings wurden für die Erstbepflanzung Pyramidenpappeln gewählt, deren natürlicher Wuchs den Eindruck von Strenge vermittelt. Später ersetzten Linde und Ahorn die Pappeln, die die architektonische Wirkung abschwächten. An der Grundrissgestaltung sind noch heute die Entstehungsphasen abzulesen. Der älteste Teil, gestaltet von Ludwig von Remy, nimmt den Bereich
190 gegen den Burgplatz mit den ausstrahlenden Achsen und dem **„Theseustempel"** ein. Diese Nachbildung des antiken Theseions in Athen wurde 1820–1823 von Peter von Nobile erbaut und beherbergte ursprünglich die 1819 von Kaiser Franz I. erworbene klassizistische Figurengruppe von Antonio Canova, die den Kampf des Theseus mit den Kentauren darstellt. Seit 1890 befindet sich die „Theseusgruppe" im Stiegenhaus des Kunsthistorischen Museums. 1863 erfolgte durch die endgültige Niederlegung der Basteien eine erste Erweiterung des Volksgartens um einen vierzig Meter breiten Streifen gegen die Ringstraße. Hofgärtner Franz Antoine jun. schuf diesen formal gestalteten Teil und trennte ihn durch eine gestutzte Allee vom älteren Bereich ab. Zwanzig Jahre später, als eine Häuserzeile an der Löwelstraße abgebrochen wurde, erfuhr der Volksgarten eine neuerliche Erweiterung. Die ursprüngliche
191 Gestaltung Antoines wurde nach der Jahrhundertwende, als das **Kaiserin-Elisabeth-Denkmal** errichtet wurde, stark verändert und erhielt damals seine noch heute spürbare kühle, melancholische Stimmung. Hans Bitterlich schuf das Denkmal für die im Jahre 1898 einem Attentat zum Opfer gefallene Monarchin. Der intensiv durchkomponierte Gesamtentwurf stammt von Architekt Friedrich Ohmann, der als der eigentliche Schöpfer dieses 1907 fertig gestellten Gesamtkunstwerks gilt.

Die Veränderungen im Volksgarten während des 20. Jahrhunderts betrafen
192 vor allem das **„Cortische Kaffeehaus"**, das 1822/23 von Peter von Nobile errichtet worden war. Der Bau erlitt im Zweiten Weltkrieg starke Schäden,

danach wünschte man sich hier ein Vergnügungscafé im Stil der Zeit. Der beauftragte Architekt Oswald Haerdtl umbaute mit der Unbefangenheit der frühen fünfziger Jahre das klassizistische Kolonnadengebäude. Auch die unmittelbare Umgebung des Baus wurde verändert, was die Symmetrie des ursprünglichen gartenarchitektonischen Entwurfs beeinträchtigte, aber dem Stilempfinden der Zeit entsprach. Es entstanden Wasserbecken mit Mosaiken und geschwungene, von Plattengneismäuerchen eingefasste Wege; die leichte in Pastellfarben gehaltenen Möblierung spiegelte den Zeitgeschmack wider. Vieles davon ist heute noch erhalten, inzwischen selbst zum „Original" geworden, und steht nun selbstbewusst neben den anderen Elementen des Parks.

Tritt man aus dem Tor des Volksgartens zum Heldenplatz, dehnt sich eine von gestutzten Alleen durchzogene Rasenfläche, die vom Halbrund der „Neuen Hofburg" eingerahmt wird. Zwei monumentale Reiterstandbilder, Erzherzog Carl und Prinz Eugen, stehen einander in der weiten Platzfläche gegenüber. Beide Denkmäler sind Werke des Bildhauers Anton Dominik Fernkorn. Der Auftrag für das **Erzherzog-Carl-Denkmal** erfolgte bereits 193
1847 und wurde nach der Revolution von 1848 zum persönlichen Anliegen Kaiser Franz Josephs. Der Sieger von Aspern ist in einer sehr bewegten Pose, seinen Soldaten vorausreitend, dargestellt. Der Steinsockel geht auf einen Entwurf von Eduard van der Nüll zurück. Vollendet und enthüllt wurde das Standbild erst 1860. Gegenüber nimmt die Figur des **Prinzen Eugen** die klas- 194
sische Pose des Feldherrn auf dem Rücken eines sich aufbäumenden Schlachtrosses ein. Fernkorn nahm den Auftrag 1860 an, wurde aber durch Krankheit zunehmend behindert. Die Ausführung des Denkmals ist daher zumindest zu einem Teil seinem Mitarbeiter Franz Pönninger zuzuschreiben.

Zur Linken erstreckt sich die lange Fassadenfront des Leopoldinischen Traktes der Hofburg. Zu Rechten liegt das von Luigi Cagnola 1821 begonnene und von Peter von Nobile 1824 vollendete **Burgtor**, das zur Erinnerung 195
an die Völkerschlacht von Leipzig errichtet wurde. An der Außenseite trägt die fünfbogige Toranlage die Regierungsdevise von Kaiser Franz I.: „IUSTITIA REGNORUM FUNDAMENTUM" („Gerechtigkeit ist Grundlage des Herrschens"). 1933/34 wurde das Burgtor nach Plänen von Rudolf Wondracek zum Österreichischen Heldendenkmal umgebaut, 1965 plante Robert Kramreiter den im Südwestflügel untergebrachten Weiheraum zum Gedenken an die österreichischen Freiheitskämpfer der Jahre 1934 bis 1945. Blickt man stadtauswärts, so erheben sich hinter dem Burgtor die Zwillingsbauten der beiden einstigen Hofmuseen (heute Kunsthistorisches und Naturhistorisches Museum) und dazwischen das prunkvolle Kaiserin-Maria-Theresia-Denkmal. Jenseits der ehemaligen „Lastenstraße", heute in diesem Bereich Museumstraße, wird das riesige Hofburgareal durch das barocke Hofstallgebäude Johann Bernhards Fischer von Erlach am äußeren Glacisrand abgeschlossen.

Naturhistorisches Museum, Burgring 7

Das im Laufe der Jahrhunderte zusammengewachsene Konglomerat der Hofburg sollte im Zuge der Stadterweiterung eine ungeahnte Monumentalisierung erfahren. Doch zunächst blieb alles beim Alten, denn der Kaiser selbst klammerte in seinem Handschreiben von 1857 den Bereich vor seiner Burg ausdrücklich aus. Doch die Hofburg konnte aus den Ringstraßenplänen gar nicht ausgespart werden. Ihre Lage ist zu zentral, zu groß die Bedeutung sowohl als Bauwerk als auch als Institution. Die Gedanken der Planer begannen schon bald um das Problem zu kreisen wie man Ringstrasse und Hofburg zu einem stimmigen Konzept zusammenbinden könnte. Im Jahr 1869 begutachtete der eigens aus Bern berufene Gottfried Semper die bereits vorliegenden Projekte. In der Folge entwickelte er, aufbauend auf Carl Hasenauers Entwürfen für die Hofmuseen, die Idee eines „Kaiserforums“. Das ursprüngliche Konzept, festgehalten in einer für die Weltausstellung angefertigten Darstellung, dessen farbige Gestaltung von Rudolf Alt stammt, sah als Hauptfront einen vor dem Leopoldinischen Trakt neu zu errichtenden Thronsaalbau vor, an den beidseitig konkav ausschwingende Seitenflügel mit Kolonnaden anschließen sollten. Die Ringstrasse wollte man mit zwei Triumphtoren überspannen und so die Verbindung zu den beiden Museumsbauten herstellen.

Mit diesen „Zwillingsbauten“ wurde das Werk 1871 in Angriff genom-
196 men. Das **Naturhistorische Museum** (Burgring 7) konnte im Jahre 1889, das
197 **Kunsthistorische Museum** (Burgring 6) bald danach, 1891, vollendet wer-
den. Während die Außenerscheinung der beiden Bauten vollkommen gleich-

gewichtig wirkt, ist das Kunsthistorische Museum im Inneren wesentlich reicher ausgestattet. Eine bis an die Spitze getriebene Repräsentation war auch Programm, denn der „Zweck" der Zurschaustellung der habsburgischen Sammlungen lag in erster Linie darin, das überragende Mäzenatentum des Kaiserhauses zu belegen.

Dermaßen prunkvoll umrahmt, erhebt sich in der Mitte des Platzes zwischen den beiden Museen das 1888 enthüllte **Maria-Theresia-Denkmal**. 198
Streng blickt die Landesmutter, umgeben von ihren Beratern und Feldherrn, in Richtung Hofburg. Die Entstehung des Denkmals ist ohne die Arbeit eines späten Bewunderers der Kaiserin Alfred Arneth nicht denkbar. Ihm ist die Aufarbeitung der die Kaiserin betreffenden Dokumente im Haus-, Hof- und Staatsarchivs, der er zwei Jahrzehnte seines Lebens widmete, zu verdanken. Arneth schuf das figurale Programm des Denkmals, die architektonischen Teile stammen von Hasenauer, die Statuen von Caspar von Zumbusch. Die Kaiserin ist als reife Frau, als Herrscherin thronend dargestellt, ihre Rechte ist grüßend erhoben, im Schoß das Zepter, die Linke umfasst die Urkunde der „Pragmatischen Sanktion", der Legitimation ihrer Herrschaft.

Maria-Theresia-Denkmal

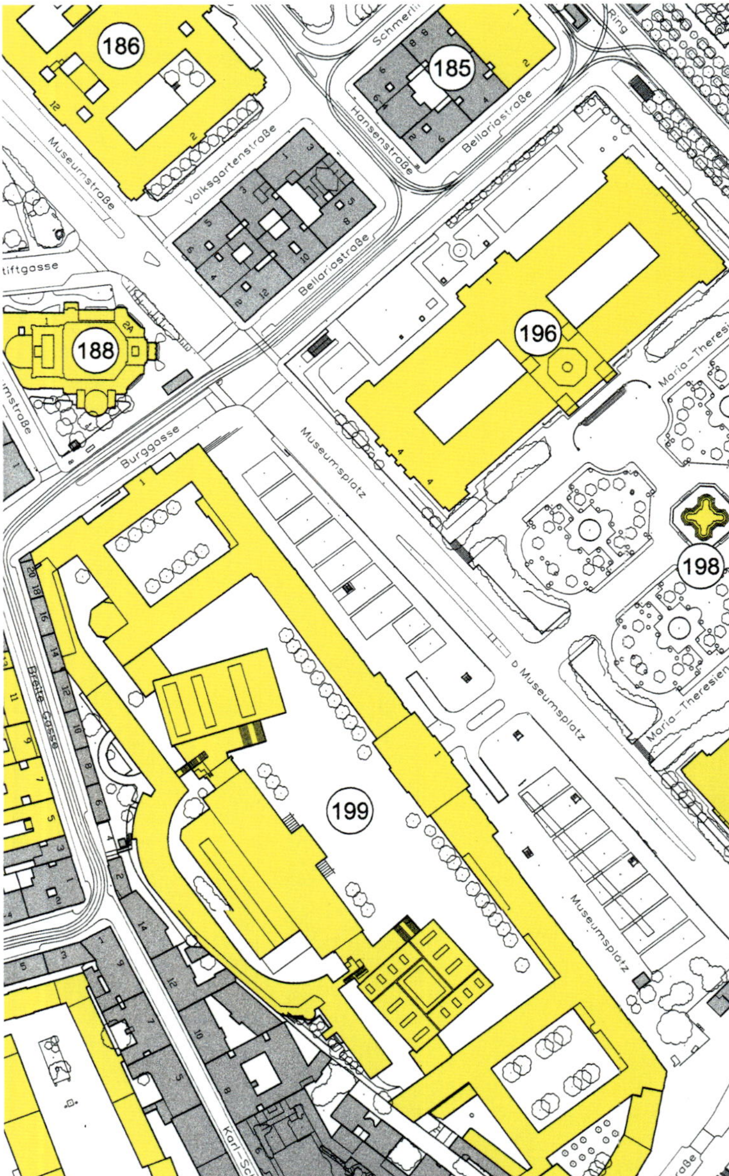
186
185
196
198
188
199
Schmerling
Ring
Hansenstraße
Bellariastraße
Museumstraße
Volksgartenstraße
Bellariastraße
tiftgasse
Burggasse
Museumsplatz
Museumsplatz
Museumsplatz
Maria-Theresien
Maria-Theresien-
Breite Gasse
Karl-Sch
Straße

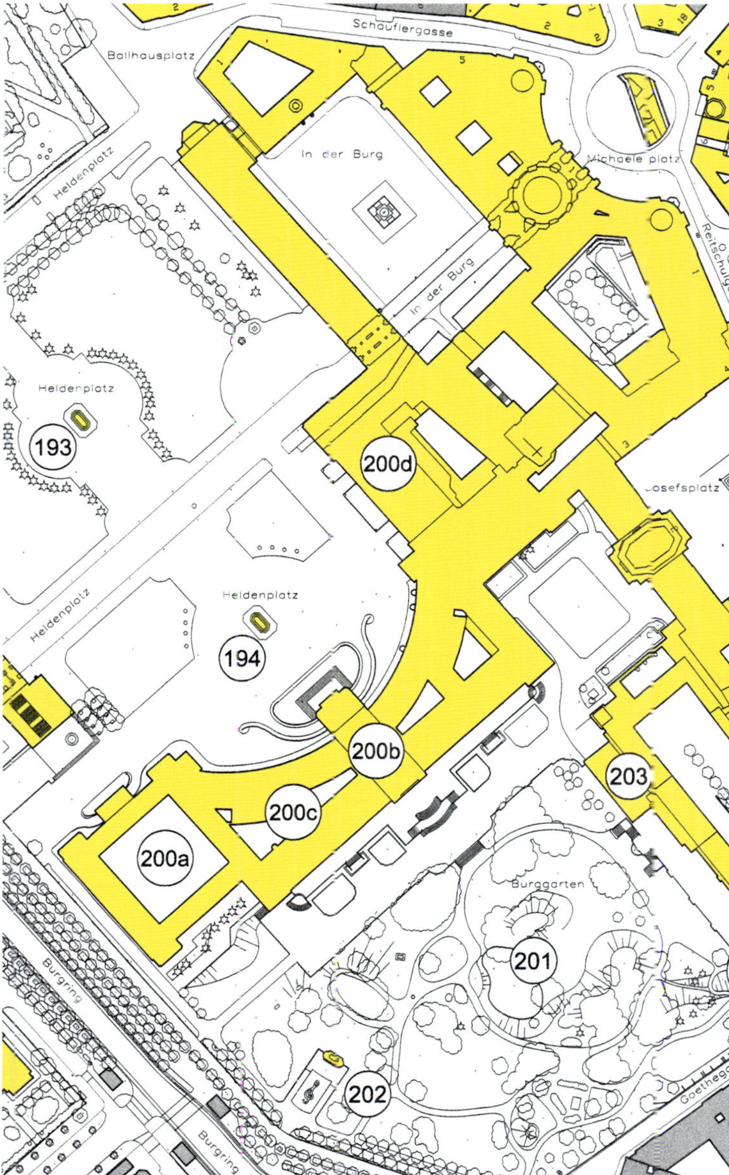
Schauflergasse
Ballhausplatz
In der Burg
Michaeleplatz
Heldenplatz
In der Burg
Reitschulgass.
Heldenplatz
193
200d
Josefsplatz
Heldenplatz
Heldenplatz
194
200b
203
200c
200a
Burggarten
201
Burgring
202
Burgring
Goethegasse

Hofstallgebäude, Messeplatz 1

199 Im Rücken der Herrscherin erstreckt sich das **Hofstallgebäude** (Messeplatz 1), Teil des heutigen **MuseumsQuartiers**. Das Gebäude wurde unter Karl VI. 1719 vom Architekten Johann Bernhard Fischer von Erlach begonnen. Sein Sohn Joseph Emanuel Fischer von Erlach vollendete den weitläufigen, sechshundert Pferden Platz bietenden Bau bis 1723. In den Jahren 1850–1854 erfuhr der Komplex bedeutende Erweiterungen, wie den Trakt gegen die Mariahilfer Straße sowie die neobarocke Reithalle im mittleren Hof. Nach dem Ersten Weltkrieg zog die „Wiener Messe" mit ihren Produktausstellungen ein. Ende der siebziger Jahre des 20. Jahrhunderts wurden diese Nutzer wieder abgesiedelt und es begannen die Auseinandersetzungen um die Neunutzung des Areals, die rund zwei Jahrzehnte andauern sollten. Erst 1998 bis 2001 konnte der Gedanke eines MuseumsQuartiers realisiert werden. Bemerkenswert sind vor allem die drei Neubauten im Innenhof, Leopold-Museum, MUMOK -Museum Moderner Kunst und Kunsthalle der Stadt Wien (Architekten Laurids und Manfred Ortner, Manfred Wehdorn).

200 Jenseits der Ringstrasse erhebt sich der halbkreisförmige **Bau der Neuen Hofburg** mit seinen Kolonnaden, und dem markanten südlichen Abschluss des „Corps-de-logis". Der im Plan Gottfried Sempers vorgesehen gewesene gegenüberliegende Halbkreisbau, das symmetrische Pendant, wurde niemals ausgeführt. Es unterblieb auch die Errichtung der geplanten Triumphtore über

die Ringstrasse sowie des Thronsaalbaues vor dem Leopoldinischen Trakt. Der Baubeginn der Neuen Hofburg erfolgte erst im Jahr 1881. Das Gebäude besteht aus dem der Ringstraße zugewandten, fast quadratischen **„Corps-de-logis“** mit einem glasgedeckten Innenhof (heute Völkerkundemuseum) dem **Burggartentrakt** mit seiner 170 Meter langen Palastfront gegen den Burggarten (heute Nationalbibliothek) und dem halbkreisförmig rückschwingenden **Kolonnadenbau** (heute Ephesosmuseum, Sammlung alter Musikinstrumente und Waffensammlung des Kunsthistorischen Museums). Der **„Festsaaltrakt“** bildet den Übergang zu den älteren Teilen der Hofburg. 200a 200b 200c 200d

Da der gesamte Bau aus Marzanastein, einem schweren, marmorähnlichen Kalksteinmaterial errichtet werden sollte, waren fünfundzwanzig Meter tiefe Fundamente notwendig, bis zu deren Fertigstellung fünf Jahre vergingen. Um 1890 erreichte man endlich das Straßenniveau. Vier Jahre später, 1894, starb Carl Hasenauer und mit seinem Tod riss die Verbindung zur „klassischen“ Grundidee des Projektes ab. Die Leitung der Arbeiten wurde langjährigen Mitarbeitern Hasenauers, Otto Hofer und Bruno Gruber übertragen. Ab 1898 – inzwischen hatte Emil Förster die Oberaufsicht übernommen – trug man sich mit Änderungsgedanken. Die Folgezeit war von ständigen Planänderungen, ja von teilweisen Demolierungen bereits gebauter Abschnitte geprägt. Das Chaos erreichte unter Friedrich Ohmann, der 1899 eigens aus Prag berufen worden war, einen vorläufigen Höhepunkt, sodass sich dieser an den Thronfolger Franz Ferdinand mit der Bitte um Intervention wandte. Resultat dieser Intervention war die Einsetzung einer „Burgbaukommission“. Ohmann legte noch 1906 einen Entwurf vor, scheiterte jedoch am Einspruch Franz Ferdinands. Unter Ohmanns Nachfolger Ludwig Baumann nahm man von der Errichtung des zweiten Kolonnadenflügels an der Volksgartenseite sowie vom Thronsaalbau endgültig Abstand, womit das Semper-Hasenauer-Projekt für immer zum Torso wurde. 1916, bereits während des Ersten Weltkriegs und zugleich im Todesjahr Kaiser Franz Josephs, gelang es

Neue Hofburg

endlich, den „Corps-de-logis"-Trakt fertig zustellen. Unter der Ägide des Grafen Berchtold wurde eine letzte Anstrengung unternommen, den von Baumann entworfenen Festsaaltrakt und somit die Verbindung zur alten Hofburg herzustellen. Noch in den Jahren von 1920–1926 wurde der Innenausbau fortgesetzt, und schließlich 1957/1958 das „Kongreßzentrum" nach entsprechenden Umbauten und Adaptierungen eingerichtet.

201 Im nahe gelegenen **Burggarten** erholt sich das Auge von soviel Architektur. Man betritt den Park durch ein Portal unmittelbar neben der Hofburg und
202 sieht sich sofort einem großen Komponisten gegenüber. **Wolfgang Amadeus Mozart** blickt vom Sockel seines Denkmals auf einen riesigen Notenschlüssel, den die Wiener Stadtgärtner ihm zu Füßen gelegt haben. Das von Victor Tilgner 1896 geschaffene Denkmal zeigt am Sockel Szenen aus der Oper „Don Giovanni" und Mozart selbst als Kind bei einem Konzert im Familienkreis. Im Burggarten befindet sich dieses Denkmal aber erst seit 1953, der ursprüngliche Standort war am Albertinaplatz.

Der Burggarten, ehemals „Kaisergarten" bezeichnet, wurde von Hofgärtner Franz Antoine dem Älteren in den Jahren 1816 bis 1819 gemeinsam mit Kaiser Franz I., der selbst den bürgerlichen Beruf eines Gärtners erlernt hatte, angelegt. Der Garten trug damals die typischen Merkmale der Biedermeierzeit. Der Repräsentationsgedanke rückte in den Hintergrund, handelte es sich doch um einen „Privatgarten" des Kaiserhauses. Zur Zeit Kaiser Franz Josephs wurde die Anlage zu einem Landschaftspark verändert und durch dendrologisch interessante Solitärgehölze bereichert. Die Wege erhielten mit Ausnahme der geknickten Allee entlang der Ringstraße eine gekrümmte Linienführung. Mit der Anlage der Neuen Hofburg wurde das Areal verkleinert, sonst blieb die Konzeption aber unverändert. 1919 wurde der Kaisergarten in „Burggarten" umbenannt und für das allgemeine Publikum freigegeben.

Einen guten Überblick über den Burggarten gewinnt man von der breiten
203 Terrasse vor dem großen **Glashaus**, einem über hundert Meter langen Bau in Stahl-Glas-Konstruktion mit Jugendstilornamenten, errichtet in den Jahren 1901–1905 durch Architekt Friedrich Ohmann. An seiner Stelle stand bereits seit 1822 ein Vorgängerbau unmittelbar an der Stadtmauer, der eine der frühesten Glas-Eisen-Architekturen Wiens dargestellt hatte. Seit seiner Restaurierung in den neunziger Jahren ist das Glashaus im Burggarten mit dem darin eingerichteten Restaurant und dem Schmetterlingshaus eine Attraktion für Einheimische und Touristen in diesem beliebten Innenstadtpark. Die Instandsetzung der historischen Bausubstanz erfolgte durch den Architekten Herbert Prehsler, die Einrichtung des Restaurants durch Gregor Eichinger und Christian Knechtl.

Glashaus im Burggarten

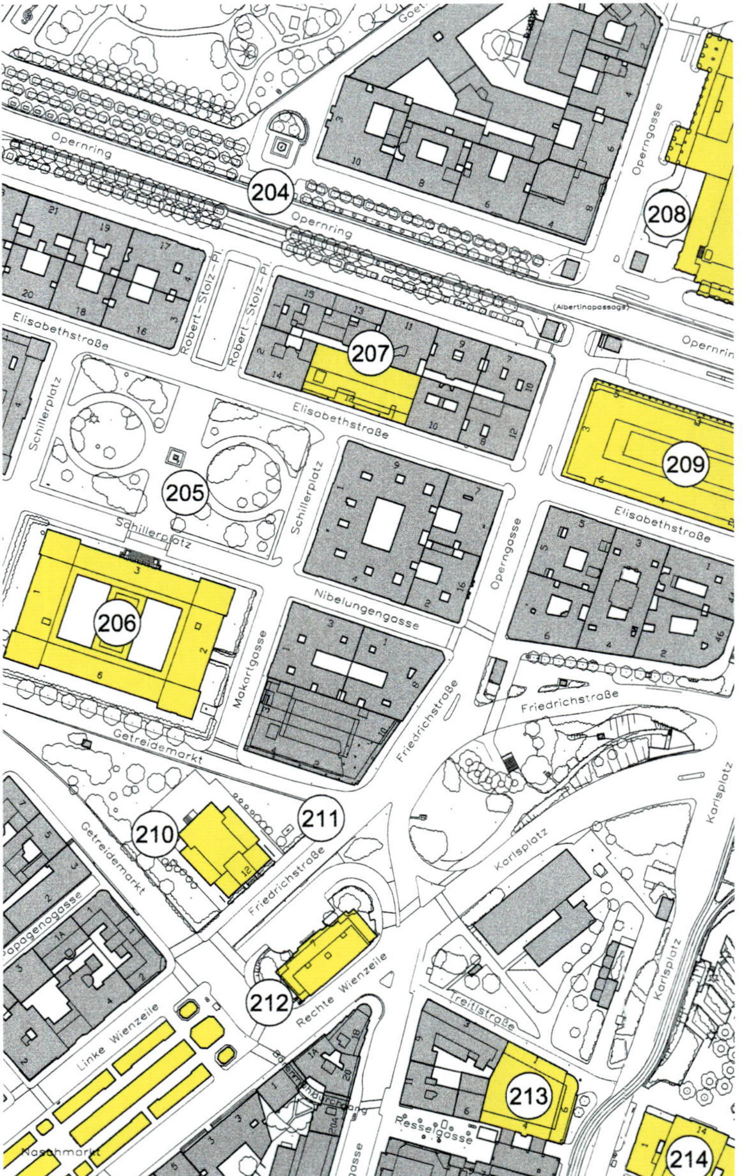
Opernring
204
Opernring
208
Operngasse
Elisabethstraße
Robert-Stolz-Pl.
Robert-Stolz-Pl.
207
(Albertinapassage)
Opernring
Schillerplatz
Elisabethstraße
209
205
Schillerplatz
Schillerplatz
Operngasse
Elisabethstraße
206
Nibelungengasse
Makartgasse
Friedrichstraße
Friedrichstraße
Getreidemarkt
211
210
Getreidemarkt
Friedrichstraße
Karlsplatz
Karlsplatz
Papagenogasse
Rechte Wienzeile
212
Linke Wienzeile
Treitlstraße
Karlsplatz
213
Resselgasse
Naschmarkt
214

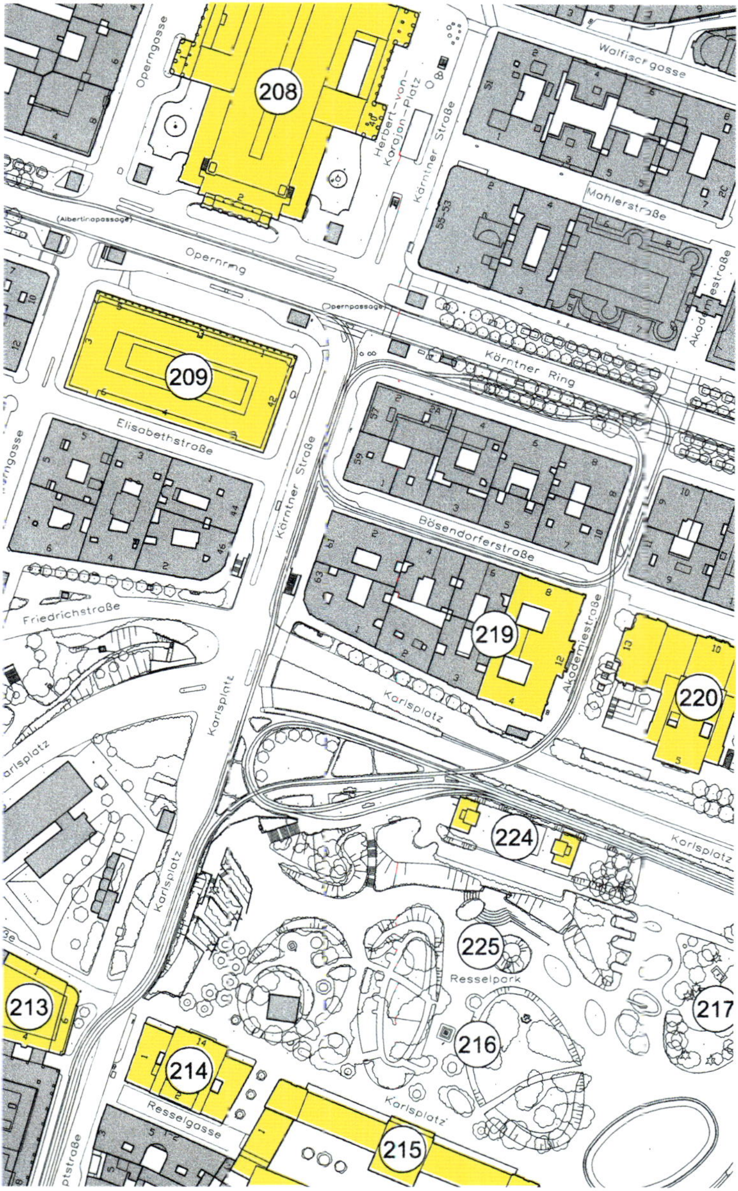
Operngasse
Walfischgasse
Herbert-von-Karajan-Platz
Kärntner Straße
Mahlerstraße
(Albertinapassage)
Opernring
Opernpassage
Akademiestraße
Kärntner Ring
Elisabethstraße
Bösendorferstraße
Friedrichstraße
Karlsplatz
Resselpark
Resselgasse
208
209
219
220
224
225
213
214
215
216
217

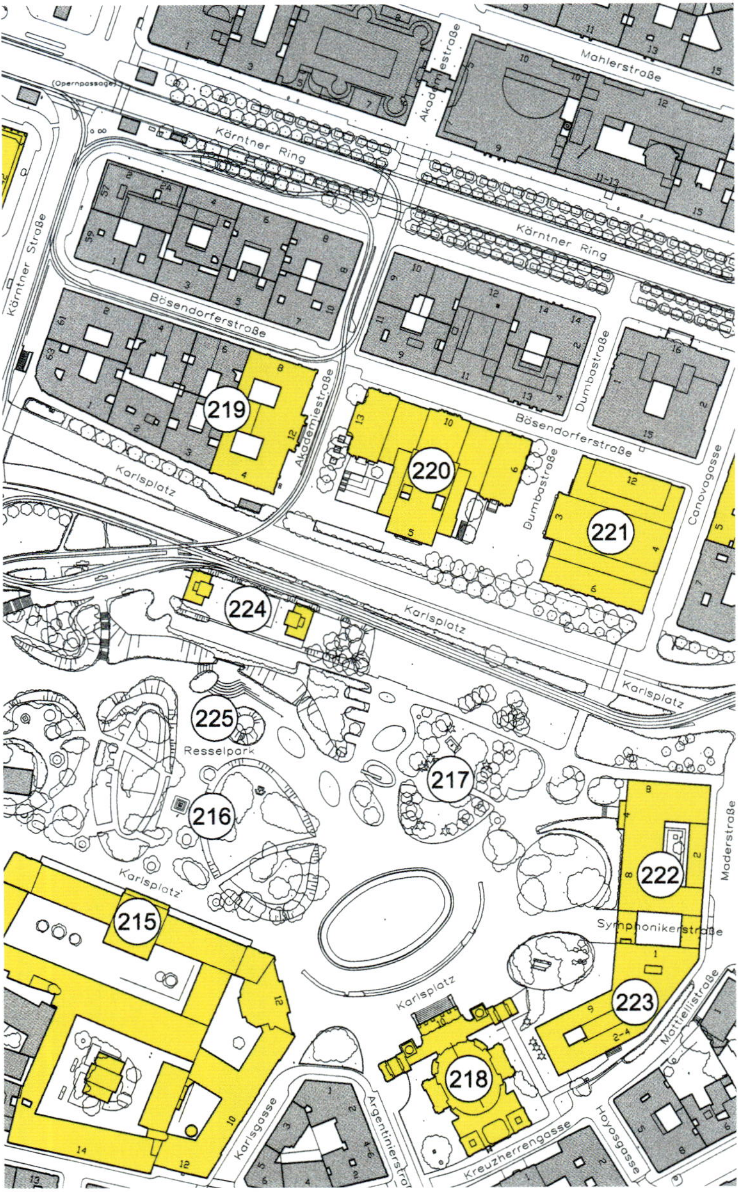
(Opernpassage)
Kärntner Ring
Kärntner Ring
Mahlerstraße
Akademiestraße
Kärntner Straße
Bösendorferstraße
Bösendorferstraße
Dumbastraße
Dumbastraße
Canovagasse
Akademiestraße
Karlsplatz
Karlsplatz
Karlsplatz
Karlsplatz
Karlsplatz
Resselpark
Maderstraße
Symphonikerstraße
Mattiellistraße
Karlsgasse
Argentinierstraße
Kreuzherrengasse
Hoyosgasse
215
216
217
218
219
220
221
222
223
224
225

Opernring
Schillerplatz und Staatsoper

Von der Terrasse durch den Garten zur Ringstraße zurückkehrend gelangen wir zu einem Portal, an dessen Schwelle sich das **Goethe-Denkmal** 204 befindet. Zwar sitzt der Dichterfürst auf einem Prunksessel, doch fällt seine legere, nachlässige Sitzhaltung auf. In dieser wenig prätentiösen, gleichsam gedankenversunkenen Darstellung erscheint Johann Wolfgang von Goethe ganz im Gegensatz zu seinem in aufrechter Haltung posierenden Dichterkollegen **Friedrich Schiller**, dessen Denkmal sich jenseits der Ringstraße, vor 205 der Akademie der bildenden Künste erhebt. Das 1900 enthüllte Goethedenkmal, das auf Kosten des Wiener Goethe-Vereins errichtet wurde, stammt von Edmund Hellmer, der sich im Wettbewerb gegen seine Konkurrenten Victor Tilgner und Carl Kundmann durchsetzen konnte. Ist Goethes Denkmal gleichsam überschattet von Häusermauern, befindet sich Schillers Standbild inmitten einer Grünfläche. Das bereits 1876 aufgestellte Denkmal stammt von dem Dresdner Künstler Johannes Schilling und ist noch einem älteren Denkmaltypus verhaftet. Die Standfigur ist von den Allegorien der vier Lebensalter und von Reliefs auf denen Genie, Poesie, Wissenschaft und Heimatliebe dargestellt sind, umgeben

Hinter dem Schiller-Denkmal erhebt sich die Fassade der **Akademie der** 206 **bildenden Künste** (Schillerplatz 3). Die Ursprünge dieser Kunstakademie gehen auf ein von Kaiser Joseph I. 1705 gegründetes kaiserliches Institut zurück, das aus einer Privatschule des Kammermalers Peter Strudel hervorgegangen war. Im Vormärz erlangte sie den Rang einer Kunstbehörde wurde aber 1872 gänzlich reformiert und erhielt die Aufgabe die akademische Jugend in den bildenden Künsten zu unterrichten. Die Akademie übersiedelte 1877 in das von Theophil Hansen errichtete neue Gebäude am Schillerplatz. Der viergeschossige Bau ist in den Formen der italienischen Renaissance gehalten. Die beiden bronzenen Kentauren an der Freitreppe sind Werke des Bildhauers Edmund von Hoffmann. An der weiteren plastischen Ausstattung des Baues waren Alois Düll, Franz Melnitzky und Vinzenz Pilz beteiligt.
Schräg gegenüber der Akademie erhebt sich die Curtain-Wall-Fassade des **Böhler-Hauses** (Eisabethstraße 12) – eine der Ikonen der zeitgenössischen 207 Architektur in Wien, 1956 nach Plänen des Architekten Roland Rainer entstanden.

Wieder auf der Innenseite der Ringstraße, erhebt sich stadtinnenseitig als nächstfolgender Monumentalbau die **Staatsoper** (Opernring 2), die als k.k. 208 Hofoper von Eduard van der Nüll und August Sicard von Sicardsburg errichtet wurde. Auf die 1863 vorgenommene Grundsteinlegung konnte bereits 1869 die Eröffnung mit der Aufführung von Mozarts „Don Juan“ folgen. Die

Staatsoper, Opernring 2

Oper war der erste aus den Mitteln des Stadterweiterungsfonds errichtetet Monumentalbau an der Ringstraße. Die Hauptfassade beeindruckt durch ihre Loggia mit den beiden, von Ernst Julius Hähnel geschaffenen Pegasusplastiken. Dahinter liegt der zentrale Baukörper, der das Hauptstiegenhaus, den Zuschauerraum und die Bühne beinhaltet und unter einem gemeinsamen Dach zusammenfasst. Seitlich sind ihm je zwei niedrigere Nebenflügel beigeordnet. Diese klare, vertikal ausgerichtete Gliederung wird durch eine spätere Niveauanhebung der Ringstraße allerdings beeinträchtigt, wie das Gebäude überhaupt die knapp 150 Jahre seines Bestehens nicht unbeschädigt überstand. Die Oper wurde durch einen Brand 1945 bis auf die Hauptmauern und das große Stiegenhaus zerstört. Bei dem fast unverzüglich begonnenen Wiederaufbau übernahm Architekt Erich Boltenstern die Neugestaltung des Zuschauerraumes, der Stiegenaufgänge zwischen den Rängen, der Garderoben sowie der Pausenräume. Die Architekten Otto Possinger und Felix Cewla restaurierten die Seitenfronten. Die Wiedereröffnung des Hauses am 5. November 1955 erfolgte mit Beethovens „Fidelio". Die moderne Verglasung der Loggia entstand 1994 nach Plänen des Architekten Hermann Czech; sie wird jährlich in den Sommermonaten abgebaut und erst mit Wintereinbruch wieder errichtet.

209 Der Oper lag einst der einen gesamten Häuserblock umfassenden **„Heinrichshof"** gegenüber, der so wie die Oper den Krieg ebenfalls nur schwer

beschädigt überstand. Der Industrielle Heinrich Drasche errichtete hier 1861/62 den Komplex dreier Zinshäuser nach Entwurf Theophil Hansens. Die Gebäude erschienen wie ein einziger Baukörper und waren für die Entwicklung eines für die Ringstraßenzone charakteristischen Wohnblocktyps ausschlaggebend. Die Nähe zur Oper veranlasste prominente Sänger hier ihr Domizil aufzuschlagen. Der beschädigte, jedoch durchaus reparaturfähige Bau wurde nach dem Krieg bedauerlicherweise abgetragen, der Neubau erhielt den Namen „Opernringhof“ und wurde 1954–1956 nach Plänen von Carl Appel, Georg Lippert und Alfred Obiditsch errichtet.

Karlsplatz

An der Flanke des Opernringhofs vorbei führt die über die Stadterweiterungsgründe verlängerte Kärntner Straße zum Karlsplatz. „Der Karlsplatz ist kein Platz, er ist eine Gegend“ formulierte Otto Wagner, und beschrieb damit in knappster Form die Probleme, die Architekten, Stadtplaner und auch die Kommune mit diesem Platz hatten und heute noch haben. Die Anlage ist nur aus ihrer Geschichte heraus zu erklären. Es handelt sich tatsächlich um keinen Stadtplatz im eigentlichen Sinn, vielmehr um eine Ansammlung unter-

Secession, Friedrichstraße 12

schiedlichster Monumentalbauten, die auf dem ausgedehnten Areal einfach so „herumstehen".

Aus dem unübersichtlichen Gelände am westlichen Randbereich des Plat-
210 zes blitzt die kuppelartige Dachbekrönung der **Secession** (Friedrichstraße 12)
auf. Die Secession war ein programmatischer Bau, gleichsam die architektonisch formulierte Ablehnung, die eine neue Künstlergeneration dem Historismus der Ringstraßenära entgegenbrachte. Die Gründung der „Vereinigung der bildenden Künstler Österreichs" erfolgte 1897 anlässlich des Austritts einiger Persönlichkeiten wie Gustav Klimt, Kolo Moser, Carl Moll, später auch Otto Wagners, aus der seit langem etablierten Vereinigung des „Wiener Künstlerhauses". Die Generalversammlung des neuen Vereins entschloss sich zur Herausgabe einer eigenen Zeitschrift unter dem Titel „Ver sacrum", und zum Bau eines Ausstellungsgebäudes, das nach den Plänen von Josef Maria Olbrich 1897/1898 errichtet wurde. Das Baugrundstück stiftete der Industrielle und Mäzen Carl Wittgenstein, der Vater des Philosophen Ludwig Wittgenstein. Auffallendstes Merkmal des im Vergleich zu seiner Umgebung niedrigen Gebäudes der Secession, ist sein bekrönender Abschluss – eine Kugel aus vergoldeten Lorbeerblättern, die die Einheit von Kunst und Natur symbolisiert. Von den Wienern erst hämisch, später liebevoll als „Krauthappel" (Krautkopf) bezeichnet, steht dieses Werk am Beginn einer neuen Kunstauffassung und gilt zu Recht als Schlüsselwerk der österreichischen Moderne. Noch heute umgibt den Bau, obwohl er an einer Hauptverkehrsader gelegen ist, eine tempelartige, weihevolle Atmosphäre – ein Eindruck, der durch die vom angesehenen Kunstkritiker Ludwig Hevesi verfaßte programmatische Inschrift über dem Portal: „Der Zeit ihre Kunst, der Kunst ihre Freiheit" noch verstärkt wird.

Rechts neben dem Gebäude der Secession erhebt sich das Bronzebildwerk
211 der **„Marc-Anton-Gruppe"** von Arthur Strasser, eines weiteren Secessions-
mitglieds. Irritiert sucht der Betrachter nach einer erklärenden Inschrift, er findet keine. Die feiste, wenig der Vorstellung von einem römischen Feldherrn und Staatsmann entsprechende Figur lehnt in einer von Löwen gezogenen Quadriga. Diese auf der Weltausstellung von 1899 präsentierte und prämiierte Plastik bezog nach heftigen Auseinandersetzungen um ihren Aufstellungsort provisorisch neben der Secession Quartier. Da Provisorien in Österreich bekanntlich am längsten halten, befindet sich die Gruppe auch heute noch, nach zwei Weltkriegen, am selben Ort.

212 Der Secession gegenüber liegt das Gebäude des **Österreichischen Verkehrsbüros** (Friedrichstraße 7). In gewisser Weise ist sein Schicksal mit dem des Denkmals vergleichbar, denn es war ursprünglich als zwanzigjähriges Provisorium gedacht. Der Bau wurde 1922/23 in Stilformen des Art Déco von den Otto-Wagner-Schülern Heinrich Schmid und Hermann Aichinger errichtet.

Jenseits der Rechten Wienzeile erstreckt sich auf dem Areal des früheren „Starhemberg'schen Freihauses" der jüngste Erweiterungsbau der Technischen Universität, in dem auch das 1987 fertiggestellte **Bibliotheksgebäude** 213 (Resselgasse 4) der ARGE der Architekten Justus Dahinden, Reinhard Gieselmann, Alexander Marchart, Roland Moebius, Helmut Benesch und Josef Moser integriert wurde. Der plastische Schmuck der Eckgestaltung, eine riesige Eule mit ausgestreckten Schwingen, wurde vom Bildhauer Bruno Weber gemeinsam mit den Architekten entwickelt. Die Figur weckte die Spottlust der Wiener, die in dem „überfütterten Uhu" keineswegs das Symbol der Weisheit zu entdecken vermochten.

Jenseits der Rechten Wienzeile erhebt sich die **„Evangelische Schule"** 214 (Karlsplatz 14). Das 1860–1862 von Theophil Hansen errichtete Schulgebäude in seinen der italienischen Renaissance angenäherten Formen bildet, stärkstens betont durch die räumliche Enge, einen deutlichen Gegensatz zu dem utilitaristischen Klassizismus der direkt benachbarten Technischen Hochschule.

Der langgestreckte Baukörper der „alten" **Technischen Universität** (Karls- 215 platz 13) nimmt den Großteil der südlichen, stadtauswärts gerichteten Front des Karlsplatzes ein. Sie wurde als „Polytechnisches Institut" ab 1816 nach Plänen der Hofbaudirektion errichtet. Der spätklassizistische Bau, dessen Mittelrisalit eine ionische Säulenportikus und Figurenschmuck von Joseph Klieber aufweist, erfuhr mehrmalige Erweiterungen, die letzte fiel in die Jahre 1905–1907 und betraf den Bereich Karlsplatz-Karlsgasse-Paniglgasse, also die der Karlskirche zugewandten Teile, die nach Entwurf von Carl König in barockklassizistischen Formen gestaltet wurden.

Vor der Hochschule erstreckt sich heute der Resselpark, der selbst wieder von den verkehrsreichen Fahrbahnen der ehemaligen Lastenstraße, der heutigen Lothringer Straße begrenzt wird. Der Park trägt seinen Namen nach **Josef** 216 **Ressel**, dem Erfinder der Schiffsschraube, dessen von Anton Dominik Fernkorn geschaffenes Denkmal 1863 vor der Hauptfront der Technischen Hochschule aufgestellt wurde. Im Park befindet sich neben zahlreichen anderen Standbildern auch ein Denkmal für den Komponisten **Johannes Brahms**, das 217 von Bildhauer Rudolf Weyr geschaffen und 1908 enthüllt wurde.

Östlich an die Hochschule anschließend erhebt sich der künstlerische Mittel- und gleichzeitig geschichtliche Ausgangspunkt des Platzes – die **Karls-** 218 **kirche**.

1713 gelobte Kaiser Karl VI. bei Erlöschen der damals in Wien herrschenden Pest, seinem Namespatron, dem „Pestheiligen" Karl Borromäus, eine Kirche zu errichten. Bereits 1714 konnte das Vorhaben in Angriff genommen werden. Aus einer Konkurrenz zwischen den führenden Baumeistern Ferdinand Galli-Bibiena, Johann Lukas von Hildebrandt und Johann Bernhard Fischer von Erlach ging letzterer als Sieger hervor. Bis 1723 ging der Bau auch zügig voran, aber dann kam es durch den Tod Johann Bernhard

Karlskirche

Fischers von Erlach zu einer Unterbrechung der Arbeiten. Sein Sohn, Josef Emanuel übernahm die Bauleitung und veränderte das Konzept des Vaters sowohl im Kuppelaufbau als auch in der Innenausstattung. Die Errichtung der Triumphsäulen zog sich noch einige Jahre hin, und so konnte der Bau erst 1733 fertig gestellt werden. Die Karlskirche ist nicht nur der bedeutendste barocke Sakralbau in Wien, er steht durchaus in einer Reihe mit den bedeutendsten architektonischen Schöpfungen seiner Zeit. Fischer von Erlach schuf mit dieser Kirche in erster Linie ein Denkmal, das den Weltherrschaftsanspruch der Habsburgerdynastie ausdrücken sollte. Als Sakralraum kam der Karlskirche im religiösen Leben der Stadt nie eine erstrangige Bedeutung zu.

Die Schrägstellung der dominierenden, auf silhouettenhafte Wirkung angelegten Schauseite mit dem großen Kuppelbau und den beiden flankierenden Säulen wird einerseits mit einem intendierten axialen Bezug auf die Hofburg erklärt, hat aber auch „praktische" Gründe, denn die Kirche liegt auf dem Weg zwischen der Hofburg und der „Favorita" – dem heutigen „Theresianum" – dem bevorzugten Sommerschloss Karls VI. Mit der Vollendung der Karlskirche war nicht nur der bedeutendste Bau im späteren Platzbereich festgelegt, sondern auch dessen optische Dominante. Direkt an die Karlskirche angebaut war das Gebäude der Fruhwirthschen Gewehrfabrik, die sich ab

1765 an der Flanke der Kirche etablierte. Die Fabrik erzeugte als erste in der Monarchie Zündnadelgewehre und verlor erst durch die 1872 erfolgte Gründung der Werndlschen Gewehrfabrik in Steyr an Bedeutung. Die kulturhistorische Bedeutung des Gebäudes erscheint kurios. Als Atelier eines Bildhauers, wie Johann Schaller, war es gewiß gut geeignet, doch erscheint unklar weshalb Franz Schubert gerade hier Quartier bezog und zahlreiche Kompositionen schuf. Das Fruhwirthsche Haus wurde 1961 abgebrochen und durch ein Bürohaus ersetzt.
Bis zum Ende des 18. Jahrhunderts etablierten sich um die Karlskirche einige Märkte. So übersiedelte nach längeren Zwistigkeiten zwischen der Stadtverwaltung und dem Schottenkloster der Obstmarkt von der Freyung auf den Platz vor dem „Starhembergischen Freihaus“, an dessen Stelle sich heute die Bibliothek der Technischen Universität erhebt. Aus dem Obstmarkt entwickelte sich der berühmteste aller Wiener Märkte, der „Naschmarkt“.
Ein wesentliches Element, welches das gesamte Areal ursprünglich prägte, war der Wienfluss, der die Entstehung einer Platzanlage behinderte. Erst 1787, nach verheerenden Hochwasserkatastrophen, versuchte man eine Regulierung dieses tückischen Gewässers. Das Flussbett wurde vertieft und geebnet, die Ufer wurden aufgeschüttet und bepflanzt. Die Maßnahmen dienten allerdings eher der Verschönerung als der Hochwasserbekämpfung.

Im Zuge der Stadterweiterung begann sich die stadteinwärtsgelegene Bebauung zu verändern. Bei der Betrachtung der Stadtseite muss man sich immer wieder ins Gedächtnis rufen, dass hier ursprünglich der Wienfluss mehr oder minder parallel zur Ringstraße verlief, gegenüber dem die Karlskirche eine städtebaulich unbefriedigende Diagonalstellung einnahm. Infolgedessen wurde das gesamte Areal eher stiefmütterlich behandelt. An der Stadtfront des Karlsplatzes entstanden in schneller Folge die **Handelsakademie**, 219
das Künstlerhaus und das Musikvereinsgebäude. Die Handelsakademie (Karlsplatz 4), 1860–1862 von Ferdinand Fellner d.Ä. errichtet, gehört zu den letzten Monumentalgebäuden des Frühhistorismus mit typischen Anklängen der englischen „Tudorgotik“, wogegen sich die Ringstraßenbauten insgesamt eher an den Formen der italienischen Renaissance orientierten. So auch das benachbarte **Künstlerhaus** (Karlsplatz 5), das 1865–1868 nach Entwurf von 220
Architekt August Weber erbaut wurde. Schon 1861 war die „Genossenschaft der bildenden Künstler Wiens“ gegründet worden, die sich hier das erste von den Künstlern selbst erbaute Vereinhaus Europas schuf. 1881 erfuhr der Bau eine Erweiterung bis an die Bösendorferstraße. Das dritte der eng aufeinander bezogenen Gebäude ist der **„Musikverein“** (Karlsplatz 6), der durch die Neu- 221
jahrskonzerte der Wiener Philharmoniker internationale Bekanntheit genießt. Architekt Theophil Hansen schuf 1866–1869 einen vollkommen freistehenden Baukörper, dessen Mittelbau den „Großen Musikvereinsaal“ (oder „Goldenen Saal“) umfasst, während die zwei Seitenflügel neben Büroräumen und Lehrsälen auch den „Kleinen Saal“ („Brahmssaal“) beherbergen. 1911 wurde

außerdem unter Zusammenlegung verschiedener Räumlichkeiten der „Kammersaal" geschaffen. In den letzten Jahren entstanden unterirdisch neue Säle nach Plänen des Architekten Wilhelm Holzbauer, die voraussichtlich ab Frühjahr 2004 bespielt werden. Der große, bis zu 400 Plätze fassende Saal soll Konzerten zeitgenössischer Musik, halbszenischen Produktionen und auch Musikfilmvorführungen den passenden Rahmen geben und die Probensituation des Hauses verbessern.

Nach Vollendung der Stadtfront standen sich am Karlsplatz noch immer Ringstrassenrandbereich und eine inhomogene Vorstadtbebauung, gegenüber, dazwischen floss die Wien.
Der eigentliche Karlsplatz konnte erst in der Folge der Regulierung von Wienfluss und dem Bau der Verkehrsanlagen ab 1892 entstehen.
Noch im gleichen Jahr erfolgte die Ausschreibung für die Gestaltung des Karlsplatzes. Die prämierten Entwürfe erhellen – aus der Sichtweise des heutigen Betrachters – schlagartig die beiden grundlegenden Probleme, die zu bewältigen waren: einerseits die Entwicklung eines breiten Verkehrbandes entlang des Wientals, andererseits die Konzeption eines großen architektonischen Platzes unter Dominanz der Karlskirche mit ihrer schräg zur Verkehrsader liegenden Achse. Otto Wagner ignorierte in seinen Projektplänen das Platzproblem, verlegte die Verkehrsflächen direkt vor die Karlskirche und die Technische Universität und fügte vor dem bereits bestehende Bauensemble um das Künstlerhaus noch weitere Baublöcke ein. Als Gegenpol künstlerischer Auffassung kann das Projekt Theodor Bachs gelten, das vor der Karlskirche einen weiten, kreisrunden Platz vorsah, der von noch zu errichtenden Neubauten gebildet werden sollte.

Als Grundlage für weitere Planungen wurde jedoch das Projekt der Brüder Mayreder gewählt, das diese Gegensätze miteinander verbinden wollte. Bei dieser Planung liegt die Verkehrsader direkt vor der Front von Handelsakademie, Künstlerhaus und Musikverein. Der daraus resultierende rechteckige Platzraum sollte durch Neubauten an den Schmalseiten geschlossen werden. Die bestehenden Hauptgebäude wollte man durch eine Gartenanlage miteinander verbunden, nur für die Karlskirche war ein ovaler, gegen die Stadt offener Vorplatz vorgesehen. So blieb das Erscheinungsbild der Front zwischen Evangelischer Schule und Karlskirche gewahrt, und die ehemalige Uferlandschaft wurde in einen Garten verwandelt. Der Straßenzug wurde durch eine Grünanlage vom eigentlichen Platz getrennt, die optische Dominanz der Kirche blieb unbeeinträchtigt. Die Ausführung wurde einem Generalregulierungsbüro unter der Leitung von Karl Mayreder übertragen, der bis 1895 detailierte Pläne vorlegte. Eine revidierte Fassung wurde nach diversen Einsprüchen 1897 zur Ausführung bestimmt. Damit waren die endlosen Diskussionen aber noch keineswegs zu Ende. Großbauvorhaben wohnte zu allen Zeiten eine gewisse Eigendynamik inne.

Mit Vollendung der Stadtbahn und dem Abschluss der Wienflussregulierung erfolgte 1899 neuerlich ein Wettbewerb, der die Fassadengestaltung der Neubauten an den Schmalseiten im Bereich der Karlskirche festlegen sollte. Trotzdem wurde der Grundplan Mayreders aufgrund der Wettbewerbsergebnisse lediglich modifiziert. Dessen Verwirklichung wurde aber ab 1901 durch das Auftauchen einer neuen Idee weiter verzögert. Bereits 1887 hatte der Wiener Gemeinderat der Stadt die Gründung eines **Historischen Museums** 222
beschlossen, das die durch Ankäufe und Schenkungen entstandene Sammlung zur Wiener Stadtgeschichte aufnehmen sollte. Die Räumlichkeiten im Rathaus erwiesen sich hiefür als ungeeignet, und so wählte man die östliche Schmalseite des Karlsplatzes als Bauplatz für einen Museumsneubau aus. Die Stadtväter erhofften sich davon auch eine endgültige Klärung der Platzfrage. Doch wieder sollten sich die Gemüter an zwei gegensätzlichen Vorschlägen erhitzen. Die Jury konnte sich zwischen dem neobarocken Entwurf des Architekten Friedrich Schachner und dem Projekt Otto Wagners nicht entscheiden. Nach dem Tod Schachners beauftragte die Stadt Wien Wagner 1907 mit der Detailplanung. Aber Wagner konnte nicht in Ruhe bauen. Der Wahlkampf für den Gemeinderat veranlasste Bürgermeister Karl Lueger, ursprünglich Befürworter Otto Wagners, sich angesichts der öffentlicher Polemik von dem Vorhaben zu distanzieren. Damit war sowohl der Museumsbau als auch die Gesamtgestaltung des Karlsplatzes auf unbestimmte Zeit vertagt. Der Ausbruch des Ersten Weltkriegs führte zu einem Ende aller diesbezüglichen Planungen. Die Vorschläge und Gestaltungsideen der Zwischenkriegszeit kamen ebenfalls über das Planungsstadium nicht hinaus. Erst nach dem Zweiten Weltkrieg beschäftigte sich der Gemeinderat wieder intensiver mit der Errichtung eines Historischen Museums der Stadt Wien am Karlsplatz. Trotz eines ausgeschriebenen Wettbewerbs wurde nicht einer der prämiierten Entwürfe verwirklicht, sondern das Projekt Oswald Haerdtls. Der 1958 vollendete Bau ordnet sich in Kubatur und Detailformen der Karlskirche unter und stellt ein signifikantes Werk der österreichischen Nachkriegsarchitektur dar. Gemeinsam mit dem 1974 anstelle des „Fruhwirtschen Hauses“ entstandenen Gebäudes der **Winterthur-Versicherung** nach Plänen Georg Lipperts schloss sich 223
damit die Ostflanke des Karlsplatzes.

Der Karlsplatz wurde und wird aber auch wesentlich durch seine Verkehrsbauten geprägt, namentlich durch die U-Bahn. Heute treffen sich unter dem Platz nicht weniger als drei U-Bahnlinien – U1, U2 und U4 – letztere bezieht die Trasse der ehemaligen Stadtbahn ein. 1969 begannen die Arbeiten am Karlplatz, die erste öffentliche Fahrt der U4 erfolgte im Februar 1978. Da die Passagen der Stationen über der Wienflusswölbung lagen, mußte das Niveau im Bereich der Wiedner Hauptstraße um etwa eineinhalb Meter angehoben werden, was im Volkmund sofort zur spöttischen Benennung des Karlsplatzes als „Monte Carlo“ oder „Wiedner Kogel“ führte.

Als wesentlichste Denkmäler wurden die beiden 1901 von Otto Wagner
224 entworfenen **Stadtbahnpavillons** in den Umbau einbezogen; sie mussten allerdings transloziert werden. Seit dem Umbau dient einer der beiden Pavillons als Abgang zur U-Bahnlinie U4 und wird auch für kleiner Wechselausstellungen genutzt, der andere beherbergt ein Café, das sich vor allem in den Sommermonaten zu einem beliebten Treffpunkt entwickelt hat.

Gleichzeitig mit dem U-Bahnbau erfolgte die Ausschreibung eines Wett-
225 bewerbs zur Umgestaltung des **Resselparks**. Den ersten Preis errang der dänische Landschaftsarchitekt Sven-Ingvar Andersson, dessen gemeinsam mit Odd Brochmann und Peter Brogaard gegründetes „Atelier Karlsplatz“ auch mit der Ausführung betraut wurde. Um den aus den unterirdischen Passagen tretender Fußgänger den Übergang zum Tageslicht zu erleichtern, schlug er eine muldenförmige Absenkung eines Teils des Parks vor, wodurch die Anlage von Treppen vermieden werden konnte. Ein großes, ovales Wasserbecken vor der Karlskirche unterstrich die architektonische Dominanz dieses Bereiches. Das gesamte Gelände sollte durch ovale Beete, in denen sich Baum- und Pflanzengruppen konzentrierten, gegliedert werden. Der dänische Preisträger musste seinen Entwurf 1972–1975 aber mehrfach umplanen. Heute wirkt der Park wie eine Binnenlandschaft inmitten der Stadt. Er steht damit im Gegensatz zur städtebaulichen Lage des Karlsplatzes und zum Charakter der umliegenden Gebäude, deren Fassaden nun hinter wucherndem Grün zurücktreten. Freilich soll der unter so großen Schwierigkeiten erreichten Konzeption die Anerkennung aber nicht versagt werden. Die Probleme im Resselpark sind heute weniger gestalterischer als vielmehr sozialer Natur. Er bleibt, wie die anschließnde Passage zur Oper, einer der Treffpunkte der erfreulicherweise kleinen und im internationalen Vergleich harmlosen Punker- und Rauschgiftszene in Wien.

Schwarzenbergplatz

So wie der Karlsplatz war auch der benachbarte Schwarzenbergplatz ursprünglich durch die deutliche Zäsur des Wienflusses geprägt und reichte nur bis zur heutigen Lothringerstraße. Der zentrumsnahe Teil des Platzes besticht noch heute durch seine ausgewogenen Proportionen. Die Platzanlage wurde um das zentrale Denkmal des Feldmarschalls Karl Philipps Fürst Schwarzenberg, des Siegers der Schlacht bei Leipzig, geplant. Die seitlichen Platzfronten wurden symmetrisch durch an den Ecken vor- und in der Mitte zurückspringende Gebäude gegliedert. Die Strenge des von der Architektur bestimmten Platzes wird durch den Ausblick auf die Fontäne des Hochstrahlbrunnens gemildert, der 1873 anlässlich der Fertigstellung der Ersten Wiener Hochquellenwasserleitung angelegt wurde augenscheinlich die Kraft des Wassers demonstrieren sollte. Der auf jeden plastischen Schmuck verzichtende Brunnen stand vor den Silhouetten zweier barocker Lustschlösser, des Belvederes und des Palais Schwarzenberg. Die Sichtachse wurde durch das stadtauswärts ansteigende Gelände zusätzlich betont. Heute blockiert jedoch das 1945 errichtete Befreiungsdenkmal der Roten Armee, zu dessen immerwährender Erhaltung sich die Republik Österreich im Staatsvertrag von 1955 verpflichtet hat, den Ausblick.

Das **Reiterdenkmal des Fürsten Schwarzenberg** vom Dresdener Bild- 226
hauer Ernst Julius Hähnel war nach den Denkmälern am Heldenplatz, das dritte Feldherrenstandbild, das Kaiser Franz Joseph in Auftrag gab. Als Aufstellungsort legte der Kaiser selbst den Schwarzenbergplatz fest, der damals

Schwarzenbergplatz

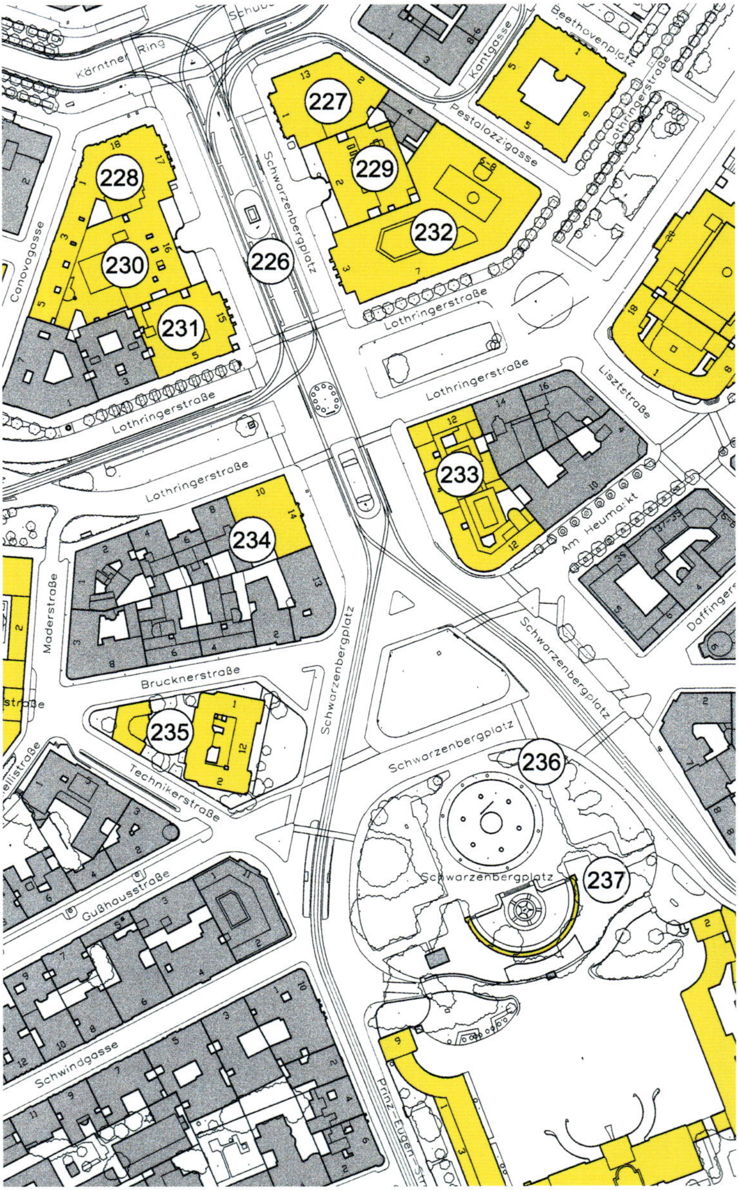
Kärntner Ring
Beethovenplatz
Kantgasse
Pestalozzigasse
Lothringerstraße
Canovagasse
Schwarzenbergplatz
Lisztstraße
Am Heumarkt
Maderstraße
Bucknerstraße
Technikerstraße
Gußhausstraße
Schwindgasse
Prinz-Eugen-Str
Daffingers
226
227
228
229
230
231
232
233
234
235
236
237

noch freie Fläche war. Die Gebäude, die gleichsam um das Denkmal herum geplant wurden, waren auch bei dessen Enthüllung 1867 noch nicht alle fertig gestellt.

Mit der Gesamtkomposition des Schwarzenbergplatzes wurde der Architekt Heinrich Ferstel betraut, der 1863–1869 auch das erste Haus am Platz, das **Palais für Erzherzog Ludwig Victor** (Schwarzenbergplatz 1) errichtete. 227
Der prunkvolle Bau wendet sich mit einem breiten fünfachsigen Mittelrisalit gegen die Platzfläche. Acht rustizierte Säulen fassen die beiden Untergeschosse zusammen. Das darüberliegende Hauptgeschoss wird durch korinthische Säulen gegliedert. Darüber erheben sich sechs Großplastiken, im Mittelfeld über einem gesprengten Dreiecksgiebel befindet sich das erzherzogliche Wappen. Diesem Bau gegenüber liegt das **Palais des Industriellen Ludwig 228
von Wertheim** (Schwarzenbergplatz 17), mit dessen Errichtung Heinrich Ferstel ab 1864 betraut war. Es gelang dem Architekten, das äußere Erscheinungsbild der beiden Paläste trotz des unterschiedlichen sozialen Ranges der Auftraggeber einander anzugleichen. Die beiden anschließenden Gebäude mussten in ihrer Front zurückweichen um dem sich auf der gleichen Höhe befindlichem Denkmal mehr Raum zu gewähren. An der westlichen Platzfront befand sich das ab 1869 nach den Plänen des Architekturbüros Johann Romano & August Schwendenwein errichtete **Palais Eduard Wiener von 229
Welten** (Schwarzenbergplatz 2). Der Bau wurde 1945 schwer beschädigt und 1946–1947 wiederaufgebaut. Gegenüber liegt ein von denselben Architekten stammendes **Bürohaus, Schwarzenbergplatz 16**, das ab 1914 ein Hotel 230
beherbergte. Beide Gebäude sind durch die auffallenden Balustraden aus hellem Leithakalk aufeinander bezogen. An der östlichen Platzfront folgt das **Palais Victor Ofenheim Ritter von Ponteuxin** (Schwarzenbergplatz 15), das 231
ebenfalls ab 1868 von Romano & Schwendenwein errichtet wurde. Das Gebäude ist seit 1932 Sitz der Zürich-Kosmos-Versicherung. Das Pendant dazu stellte das ehemalige **Administrationsgebäude der k.k. priv. Staatsei- 232
senbahn** dar. Das 1868–70 durch Heinrich Ferstel errichtete Gebäude wurde nach Kriegsschäden des Jahres 1945 abgetragen und erst 1981–1983 nach Plänen des Architekten Georg Lippert mit stilkopierender Fassadengestaltung zum Platz hin neu erbaut. Es war die letzte große, von heftigen Architekturdiskussionen begleitete Fassadenrekonstruktion nach dem Krieg.

Stadtauswärts liegen die durch einen Grünstreifen getrennten Fahrbahnen der verkehrsreichen Lothringerstraße, deren Verlauf durch die Einwölbung des Wienflusses entstand. Erst 1904, nachdem die bis dahin durch den Flusslauf gegebene Zäsur verschwunden war, wurde der Schwarzenbergplatz 1904 auf die heutige Platzfläche erweitert. Der gesamte östliche Baublock wird vom **„Haus der Industrie“** (Schwarzenbergplatz 4) eingenommen. Der 233
1907–1909 von Architekt Carl König errichtete Bau mit neobarocker Werksteinfassade korrespondiert mit seiner abgerundeten südlichen Ecke mit dem gegenüberliegenden Wohn- und Geschäftshaus Schwarzenbergplatz 13. Die

Französische Botschaft, Schwarzenbergplatz 12

symmetrische Konzeption des Schwarzenbergplatzes aus den sechziger Jahren des 19. Jahrhunderts wurde also auch nach der Jahrhundertwende im
234 erweiterten Bereich fortgesetzt. Das benachbarte **„Haus der Wiener Kaufmannschaft“** (Schwarzenbergplatz 14), ab 1905 von Architekt Ernst von Gotthilf-Miskolczy ebenfalls in neobarocken Formen des Späthistorismus errichtet, fällt durch seinen reichen plastischen Schmuck ins Auge. Die im Erdgeschoss von Säulen flankierte Mittelachse setzt sich im Hauptgeschoss durch ein hohes Fenster fort, welches von einer Büste Merkurs, des Gottes des Handels, bekrönt wird. Über dem Hauptgesims wird der Bau durch allegorische Figuren von Josef Heu abgeschlossen.

Anschließend beginnt sich die Platzfläche merklich auszuweiten. Die Achsen der Baublöcke beziehen sich nicht mehr ausschließlich auf die Ringstraße, sondern vielmehr auf die Achsen der den Platz im südlich begrenzenden Barockpaläste. An der östlichen Platzfront befindet sich das eigenwillige
235 und elegante Bauwerk der **Französischen Botschaft** (Schwarzenbergplatz 12). Das Palais wurde 1904–1912 vom Chefarchitekten des französischen Außenministeriums Georges-Paul Chédanne errichtet und stellt ein Hauptwerk des „Art Nouveau“ außerhalb Frankreichs dar. Besonders auffallend erscheint die Gestaltung der Eckrisalite und die hochgezogenen Giebel. In den Bronzere-

liefs „Austria“ und „France“ von Paul Gasq und Francois Sicard werden die freundschaftlichen Beziehungen Österreichs und Frankreichs angesprochen.

In der Mitte des Platzes steigt die Fontäne des **„Hochstrahlbrunnens“** 236
empor. Der Brunnen wurde von Anton Gabrielli, dem Bauunternehmer der Hochquellenwasserleitung, anlässlich der Vollendung dieser Anlage, errichtet. Seine Gestaltung weist enge Beziehungen zur Astronomie auf. Am Beckenrand befinden sich 365 kleine Springbrunnen, die die Tage des Jahres symbolisieren, die sechs Fontänen und die innere Insel entsprechen den sieben Tagen der Woche, 12 hohe Strahlen versinnbildlichen die Monate, 24 niedrige die Stunden des Tages, die 30 Strahlen auf der mittleren Insel die Tage des Monats. 1906 wurde der Brunnen zu einem Leuchtbrunnen (Fontaine lumineuse) umgestaltet. Nach dem Zweiten Weltkrieg ging der Brunnen erstmals 1959 wieder in Betrieb.

Hinter dem Hochstrahlbrunnen entstand 1945 das **„Befreiungsdenkmal“**, 237
das die Rote Armee zu Erinnerung an den unbekannten russischen Soldaten errichten ließ. Auf einem zwanzig Meter hohen Sockel steht die Statue eines Rotgardisten mit erhobener Fahne. Dahinter befindet sich eine halbrunde Kolonnade, die an den Enden von Figurengruppen kämpfender Soldaten eingefasst wird. Zwischen 1946 und 1956 trug der äußere Teil des Schwarzenbergplatzes die Bezeichnung „Stalinplatz“. 1953–1955 war das „Haus der Industrie“ (Schwarzenbergplatz 4) Sitz des „Alliierten Rates“ der Besatzungsmächte.

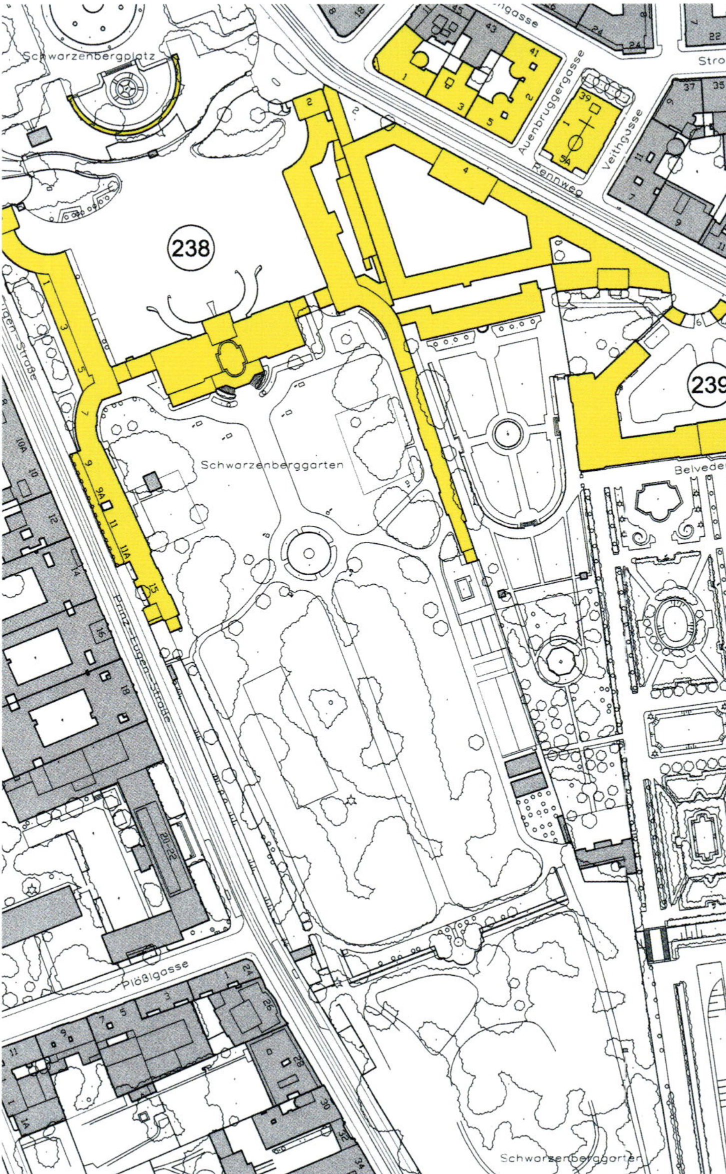
Schwarzenbergplatz
Auenbruggergasse
Veithgasse
Rennweg
238
239
Schwarzenberggarten
Prinz-Eugen-Straße
Plößlgasse
Schwarzenberggarten

Die barocke Hauptachse von Palais Schwarzenberg und Schloss Belvedere

Das barocke **Palais Schwarzenberg** (Rennweg 2), dessen Vorderansicht 238
von der Ringstraße her jetzt durch das Befreiungsdenkmal verdeckt ist, liegt direkt am äußeren Rand des Platzes. Nachdem man das abfallende Terrain trassiert hatte, beauftragte der Generalfeldmarschall und Oberstkämmerer Kaiser Leopolds I., Heinrich Franz Fürst Mansfeld-Fondi den Architekten Johann Lukas von Hildebrandt mit der Planung des Palais, was den ersten größeren Auftrag des Baumeisters in Wien darstellte. Die Anlage bildet einen großzügigen Ehrenhof gegen den Platz. Der Mittelbau mit dem stark vortretenden Vestibül wird von elegant geschwungenen Seitenteilen flankiert. Hinter dem Vestibül befindet sich im Hauptbau ein halbrund vor die Gartenfront vorspringender Saal mit hohen Fenstern, dessen Ringkronenaufsatz dem Palais seine unverwechselbare Silhouette verleiht. 1704 war das Palais im Rohbau fertig, aber Hildebrandt leitete die Arbeiten nur bis 1715, da er vom Prinzen Eugen, der die benachbarten Grundstücke besaß, abgeworben wurde. Im selben Jahr verstarb der Auftraggeber, und seine Erben mussten das erst halb vollendete Palais an Adam Franz Fürst Schwarzenberg veräußern, der die Bauleitung 1720 an Johann Bernhard Fischer von Erlach übertrug. Die Entwürfe für die Reitschule und Orangerie lieferte 1752 Andrea Altomonte. Ein wesentlicher Bestandteil der Anlage ist der Garten, dessen erste Planungen 1697 auf Jean Trehet zurückgehen. Der wahrscheinlich 1654 in Paris geborene Künstler war Schüler Le Nôtres und wurde 1686 nach Wien berufen. Er lieferte unter anderem die Entwürfe für die Wiederherstellung des Gartens der Favorita, für Schloss Schönbrunn und für die Neuanlage des Augartens. Der Barockgarten des Palais Schwarzenberg wurde 1720–26 angelegt und später in einen englischen Landschaftsgarten umgewandelt. Im letzten Jahr des Zweiten Weltkrieges wurde der Mittelrisalit von einer Bombe zerstört und in den Jahren 1950 bis 1957 nach Plänen des Architekten Michel Engelhart mit einer vereinfachten Innenausstattung des Vestibüls wieder aufgebaut. Die Einrichtung einer ersten Hotelpension im Westflügel erfolgte 1960 bis 1962 und entwickelte sich nach Erweiterungen und Umbauten zu einem international bekannten Luxushotel. Ein Umbau der Sala terrena und des Souterrains zu einem großen Restaurant und Küchenkomplex erfolgte 1982–1984 durch den Architekten Hermann Czech, dem es vorbildlich gelang, die neue Nutzung mit der historischen Bausubstanz zu verbinden.

Die Gartenanlage des benachbarten Schlosses Belvedere ließ Prinz Eugen durch Dominique Girard, ebenfalls einen Le-Nôtre-Schüler, gestalten. Wie auch beim Palais Schwarzenberg ging man zuerst daran, den Garten anzulegen, erst dann folgte der Bau der beiden Hauptgebäude, des Unteren und des Oberen Belvederes, zwischen denen die Gartenanlage eingespannt ist. Das Belvedere des Prinzen Eugen von Savoyen, ist neben Schloss Schönbrunn die

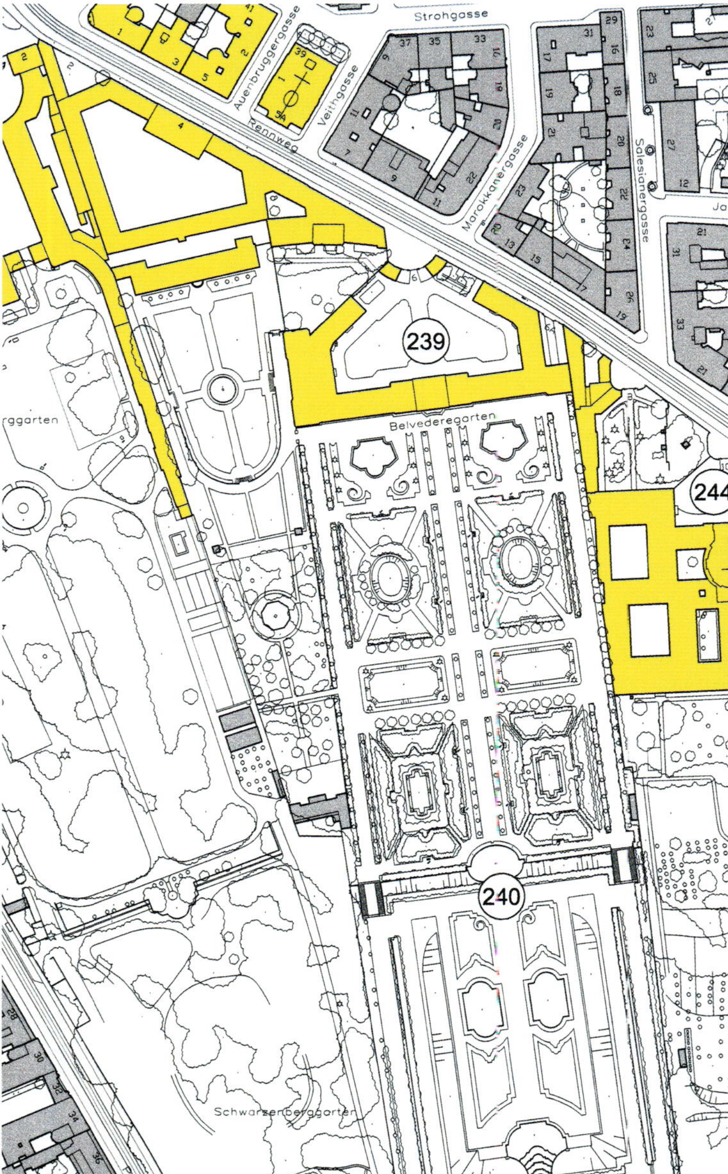
Strohgasse
Auenbruggergasse
Veithgasse
Rennweg
Marokkanergasse
Salesianergasse
239
244
Belvederegarten
240
Schwarzenberggarten

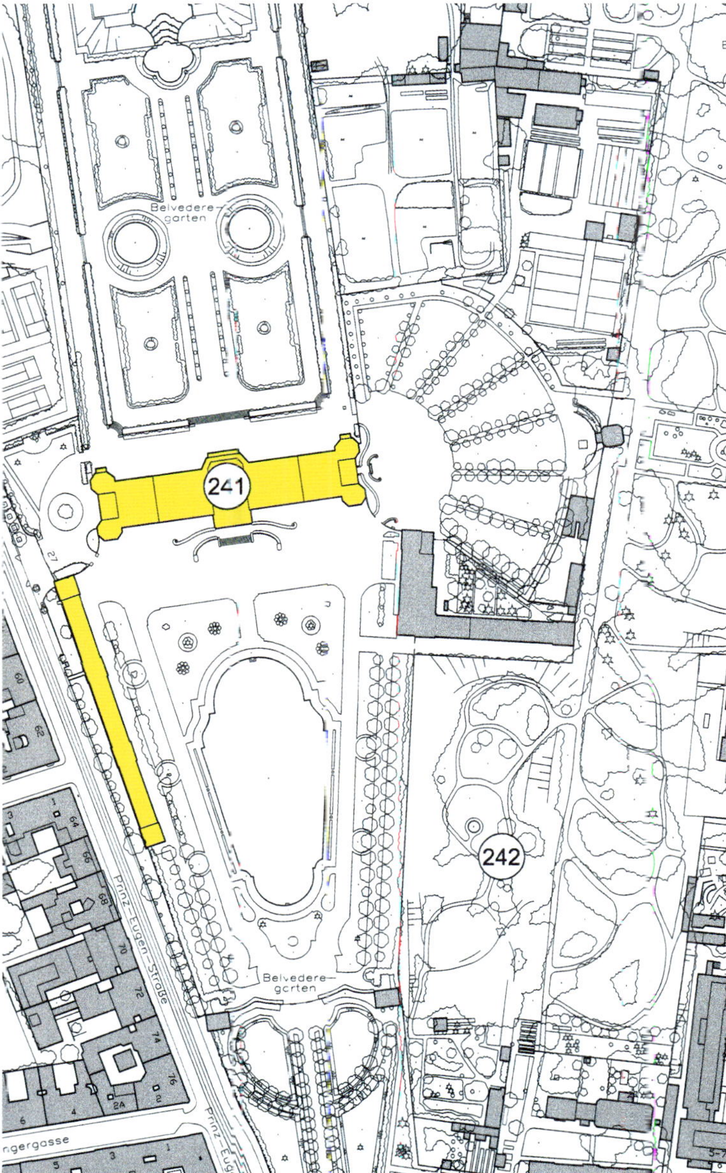
Belvedere-
garten
241
242
Prinz-Eugen-Straße
Belvedere-
garten
Prinz-Eugen
ngergasse

beeindruckendste Schlossanlage in Wien. Betritt man den Komplex vom
239 Rennweg, ist man zuerst mit dem **„Unteren Belvedere“** (Rennweg 6), einem lang gestreckten, eingeschossigen Baukörper mit einem triumphbogenartigen Eingangsportal und einer angeschlossenen Orangerie, konfrontiert. Der Bau erfolgte 1714–1716 durch Johann Lukas von Hildebrandt, also zu einer Zeit, als die Arbeiten am benachbarten Palais Schwarzenberg ruhten. Das Untere Belvedere war das eigentliche Wohnschloss, wogegen die oberhalb gelegene Anlage des Oberen Belvederes repräsentativen und festlichen Anlässen vorbehalten war. Im Unteren Belvedere ist heute das Österreichische Barockmuseum und in der Orangerie das Museum mittelalterlicher Kunst untergebracht.

240 Der barocke Zustand des **Gartens** ist durch einen um 1730 entstandenen Stich hervorragend dokumentiert. Der zeitgenössischen Auffassung folgend, diente der Garten zur Selbstdarstellung des Besitzers in einer kosmisch-geordneten Welt. Der untere Bereich beginnt mit einem kleinen Brunnenparterre direkt vor der Orangerie und wird anschließend durch versenkte „Boulingrins“ – das sind abgesenkte Rasenflächen, die ursprünglich tatsächlich dem Spiel mit Kugeln dienten – und durch Heckenbosquette gegliedert, zwischen denen langgestreckte Fontänenbrunnen lagen. Der in die Hauptachse gesetzte Brunnen war den Meeresgottheiten Neptun und Thetis und den Erdgottheiten Pluto und Proserpina gewidmet. An dieser Stelle befinden sich seitlich steinerne Rampen um den Geländesprung zu überwinden. Nach diesem Niveauunterschied liegt ein Rasenparterre, das durch einen großen Kaskadenbrunnen abgeschlossen wird. Darauf folgte ein aufwendiges „Parterre de Broderie“, das sich bis zur Gartenfassade des Oberen Belvederes erstreckte. Das Figurenprogamm des Gartens ist den antiken Göttern Apollo und Herkules gewidmet, mit denen sich die Feldherren der Zeit – so auch Prinz Eugen – mit Vorliebe identifiziert sehen wollten.

Zur Linken öffnet sich ein schmiedeeisernes Portal, durch das man ehedem den Bereich des Tiergartens – die Menagerie – betreten konnte. Um die Seitenflanke erreicht man schließlich die Südfassade des oberen Schlosses, vor dem sich ein großes Spiegelbecken erstreckt.

241 Das **„Obere Belvedere“**, das von Johann Lukas von Hildebrandt 1720–1723, errichtet wurde, bildet den bekrönenden Abschluss der Gesamtanlage. Der langgestreckte Baukörper besteht aus einem stark gegliederten Mittelrisalit mit vorspringenden Hauptachsen und vier achteckigen kuppelbekrönten Eckpavillons. Auf beiden Seiten wird dem Bau durch die „Wasserkunst“ Leichtigkeit verliehen: an der Gartenfront durch die aufsteigende Wasserkaskade, über der die Silhouette des Schlosses zu schweben scheint, auf der stadtauswärts gerichteten Front durch das Spiegelbecken, das die Fassade seltsam verzerrt zurückwirft. Charakteristisch ist aber die vielfach abgestufte Dachlandschaft, deren Gestaltung man von erbeuteten türkischen Prunkzelten ableiten zu können glaubt. Insbesondere die Details der Dächer der Eckpavillons scheinen mit ihren Verzierungen und Bordüren auf textile Vorbilder

Bezug zu nehmen. Im Erdgeschoß des Mittelrisalits befindet sich die „Sala terrena", der Gartensaal, der an Wänden und Decke freskiert ist. Das Deckengemälde stammt von Carlo Carlone und stellt den „Sieg des Lichts über die Finsternis" dar. Carlones kongenialer Partner an diesem Werk war Gaetano Fanto, der die Architekturmalerei schuf. Der darüber im ersten Stock liegende Marmorsaal wird vom Deckenfresko „Allegorie des Ruhms" überspannt. Die Wände dieses Raumes sind mit rotem Marmor und Stuccolustro verkleidet. In diesem Saal wurde 1955 der österreichische Staatsvertrag durch die Außenminister der USA, der Sowjetunion, Großbritanniens, Frankreichs und Österreichs unterzeichnet.

Nach dem Tod des Prinzen Eugen erwarb 1752 Kaiserin Maria Theresia das Schloss Belvedere. Ihr Sohn Kaiser Josef II. brachte 1775–1777 die kaiserliche Gemäldesammlung im Oberen Belvedere unter. Im Unteren Belvedere befand sich ab 1806 die Ambraser Sammlung. Beide Bestände wurden 1890 in das Hofmuseum (Kunsthistorische Museum) an der Ringstraße übersiedelt. Im Kustodentrakt des Belvedere lebte ab 1895 dank einer kaiserlichen Zuweisung der Komponist Anton Bruckner, der hier am 11.Oktober 1896 verstarb. 1894 wurde das Schloss als Residenz des Thronfolgers Erzherzog Franz Ferdinand adaptiert, der das Belvedere bis 1914 bewohnte.

Oberes Belvedere,
Gittertor Südseite

Kuppel des Salesianerinnenklosters

Von den Veränderungen blieb auch die Gartenanlage nicht unberührt. Nach dem Tode Prinz Eugens wurde sie nur sporadisch benutzt, Brunnen und Statuen wurden teilweise in andere Gärten, vor allem nach Schönbrunn gebracht. Ab 1779 war der Belvederegarten für die Öffentlichkeit zugänglich. Um die Mitte des 19. Jahrhunderts wurde durch Peter Krafft, den Direktor der k.k. Gemäldegalerie, ein Rekonstruktionsversuch des Barockgartens unternommen. Er kombinierte dabei, den Vorstellungen seiner Zeit entsprechend, das noch Erhaltene mit nachempfundenen Bauelementen. Dadurch blieben zwar viele barocke Skulpturen erhalten, das ursprüngliche ikonographische Programm aber ging verloren. Eine weitere Veränderung brachte die Umgestaltung zur Residenz Erzherzog Franz Ferdinands, die vor allem den Bereich südlich des Oberen Belvederes, also des ursprünglich repräsentativsten Eingangs betraf. Hier wurde der ursprünglich nur karg mit Pflanzen ausgestattete Bereich im Sinne eines späthistoristischen Formalgartens mit Hochstammrosen und geschnittenen Ziersträuchern gestaltet, ein Zustand der sich teilweise noch heute dem Betrachter bietet. Nach dem Zweiten Weltkrieg setzten intensivere Bemühungen zur Erhaltung des Gartens ein. 1990 wurde ein Parkpflegewerk erstellt, das die weitere Entwicklung der Gesamtanlage regeln soll; seither wurde der Pflanzenbestand sukzessive erneuert, am Unteren Belvedere erfolgte die Wiederherstellung des barocken Wasserparterres.

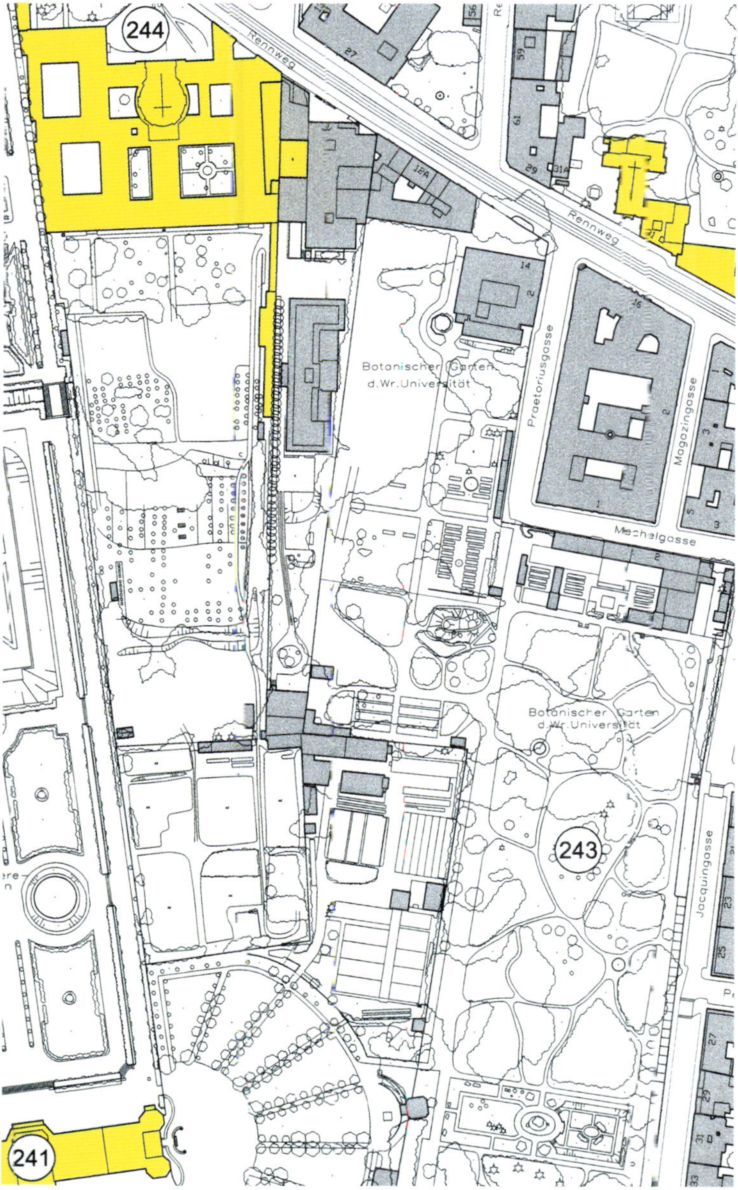
244
Rennweg
27
59
61
29
31A
12A
Rennweg
14
2
16
Botanischer Garten
d.Wr.Universität
Praetoriusgasse
Magazingasse
Mechelgasse
2
Botanischer Garten
d.Wr.Universität
243
Jacquingasse
23
25
27
29
31
33
241

Zwischen den Gartenmauern und den ebenfalls in Nordsüdrichtung ver-
242 laufenden Rennweg befindet sich heute der **„Alpengarten“**, der 1803 einge-
243 richtet wurde; an ihn schließt der **„Botanische Garten“** (Rennweg 14) an. Dieser wurde von Kaiserin Maria Theresia auf Anraten ihres Hofarztes Gerhard van Swieten 1754 angelegt und 1757 der Universität geschenkt. Im 19. Jahrhundert wurde das Areal mit dem Aufblühen der Naturwissenschaften immer mehr erweitert und bildet heute eine stattliche Sammlung von Gehölzen, die nach pflanzengeographischen Gesichtsgruppen eingeteilt die verschiedenen Floren der Welt umfassen.

Im weiteren Verlauf des Rennwegs, an der barocken Westseite, liegt das
244 **Kloster der Salesianerinnen**. Dieser Frauenorden widmete sich der Erziehung adeliger Mädchen. Die Witwe Kaiser Josephs I., Amalie Wilhelmine, ließ für den von ihr 1716 aus Brüssel berufenen Orden am Rennweg Kloster und Kirche errichten. Der Bau, den Donato Felice d´Allio leitete, wurde den Nonnen bereits 1719 übergeben; die endgültige Fertigstellung erfolgte 1730. Die Kirche liegt nicht unmittelbar am Rennweg sondern ist etwas zurückversetzt. Die Flügel des Klosters bilden um den Kirchenbau eine ehrenhofartige Anlage. Die zweigeschossig aufgebaute Fassade besitzt im unteren Bereich eine große Pilasterordnung, im oberen Bereich stehen auf den Voluten die Steinfiguren des hl. Hieronymus und des hl. Augustinus, auf dem dreieckigen Giebel eine Maria Immaculata. Dominierendes Charakteristikum der Außenerscheinung der Salesianerinnenkirche ist die 48 Meter hohe Tambourkuppel. Der Gebäudeflügel links der Kirche umfasste den ursprünglichen Wirtschaftshof, der repräsentativere rechte Flügel bestand aus Apothekerhof und Noviziatshof. Hier befanden sich auch die Räume der Stifterin, die sich das Kloster zum Witwensitz erwählt hatte und es bis zu Ihrem Tode im Jahre 1742 bewohnte. Die Kaiserinwitwe wurde in der Gruft unter dem Hochaltar beigesetzt.

Beethovenplatz – Akademietheater und Konzerthaus

Kehrt man über den Rennweg wieder zum Schwarzenbergplatz zurück, so
erhebt sich zur Rechten zwischen Heumarkt, Lisztstraße und Lothringerstraße
der Gebäudekomplex des Akademietheaters mit dem benachbarten **Konzert-** 245
haus (Lothringerstraße 20 / Am Heumarkt 6–8). Auftrageber für den Bau die-
ser zweiten großen musikalischen Spielstätte der Stadt war die 1908 gegrün-
dete „Wiener Konzerthausgesellschaft“. 1909 ging das damalige
„Konservatorium der Gesellschaft der Wiener Musikfreunde“ als „Akademie
für Musik und darstellende Kunst“ in staatliche Verwaltung über. Unterrichts-
ministerium und Konzerthausgesellschaft kamen überein, für beide Institutio-
nen eine neue Heimstätte zu errichten. Die Eröffnung des von den Architek-
ten Ferdinand Fellner und Hermann Helmer geplanten Hauses erfolgte 1913.
Das Konzerthaus besitzt drei Säle, den „Großen Saal“, den „Mozartsaal“ und
den „Schubertsaal“. Oftmals war das Konzerthaus Schauplatz von Urauffüh-
rungen. Eng mit dem Haus verbunden waren auch die seit 1905 veranstalteten
„Arbeiter-Sinfonie-Konzerte“, die zu den wichtigsten kulturellen Aktivitäten
der sozialdemokratisch organisierten Arbeiterbewegung gehörten. 1994
begannen die Planungen für eine grundlegende Sanierung des Hauses. Unter
der Leitung des Architekten Hans Puchhammer wurde das Gebäude neu
adaptiert, wobei besondere Aufmerksamkeit erforderte die Restaurierung des
Stuckmarmors im großen Saal, die in Zusammenarbeit mit dem Bundesdenk-
malamt durch das Stuckateurunternehmen Josef Wimmer durchgeführt
wurde. Der Saal konnte im November 1999 wieder bespielt werden. Im Kom-
plex des Konzerthauses ist auch das **Akademietheater** (Lisztstraße 1) unter- 246
gebracht. Das Theater, 1911–1914 nach Plänen von Ludwig Baumann in
Zusammenarbeit mit Fellner & Helmer errichtet, diente anfangs als Übungs-
bühne für die Akademie für Musik und darstellende Kunst. 1922 wurde das
Haus zu einer Zweigstelle des damals unter der Leitung von Anton Wildgans
stehenden Burgtheaters und zählt heute zu den renommierten Bühnen Wiens.

Dem Konzerthaus gegenüberliegend, aber von diesen durch Grünstreifen
und die mehrspurigen Fahrbahnen der Lothringerstraße getrennt, öffnet sich
der Beethoven-Platz. In seiner Mitte erhebt sich das Denkmal des weltbe-
rühmten Komponisten **Ludwig van Beethoven**, ein Werk des Bildhauers Cas- 247
par von Zumbusch, das im Auftrag des Denkmalkomitees der Gesellschaft
der Musikfreunde errichtet wurde. Das 1880 enthüllte Bronzestandbild zeigt
eine reich bewegte, kraftvolle Sitzfigur auf hohem Sockel. Zu Füßen des
Komponisten erscheinen die Figur des gefesselten Prometheus, Genien und
Putti. Ein Gussmodell des Denkmals ist im Foyer des Konzerthauses aufge-
stellt.

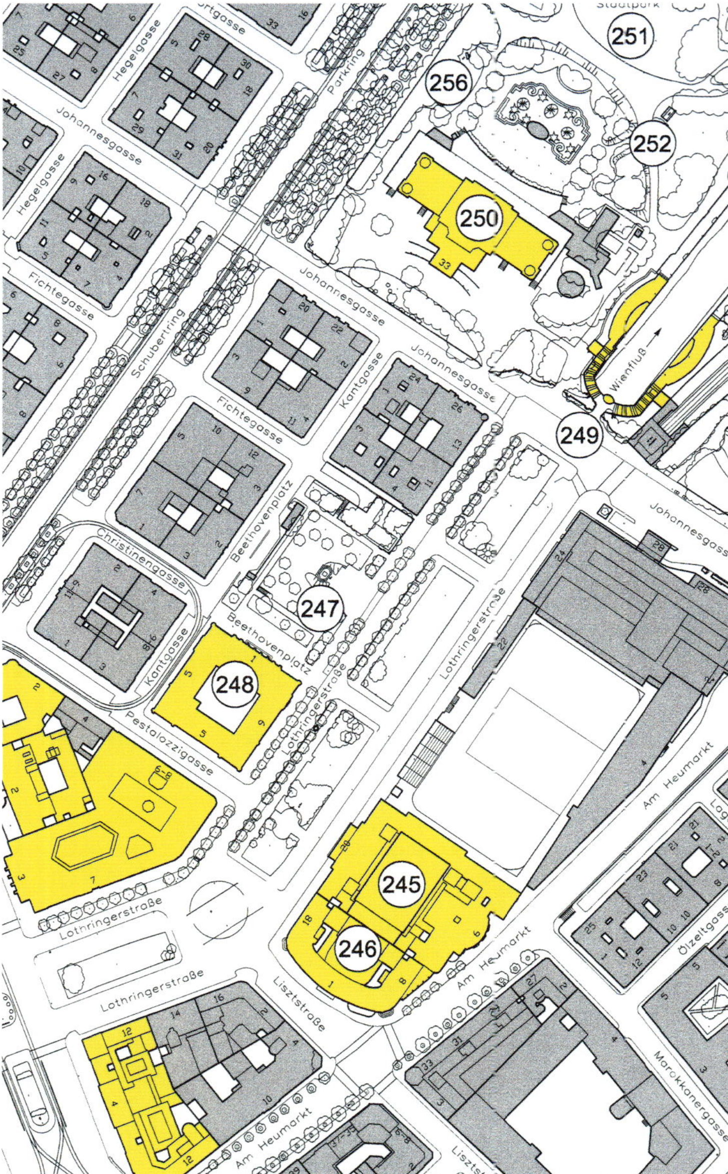
251
256
252
250
249
247
248
245
246
Stadtpark
Parkring
Schubertring
Hegelgasse
Johannesgasse
Fichtegasse
Kantgasse
Christinengasse
Beethovenplatz
Pestalozzigasse
Lothringerstraße
Wienfluß
Am Heumarkt
Lisztstraße
Ölzeltgasse
Marokkanergasse

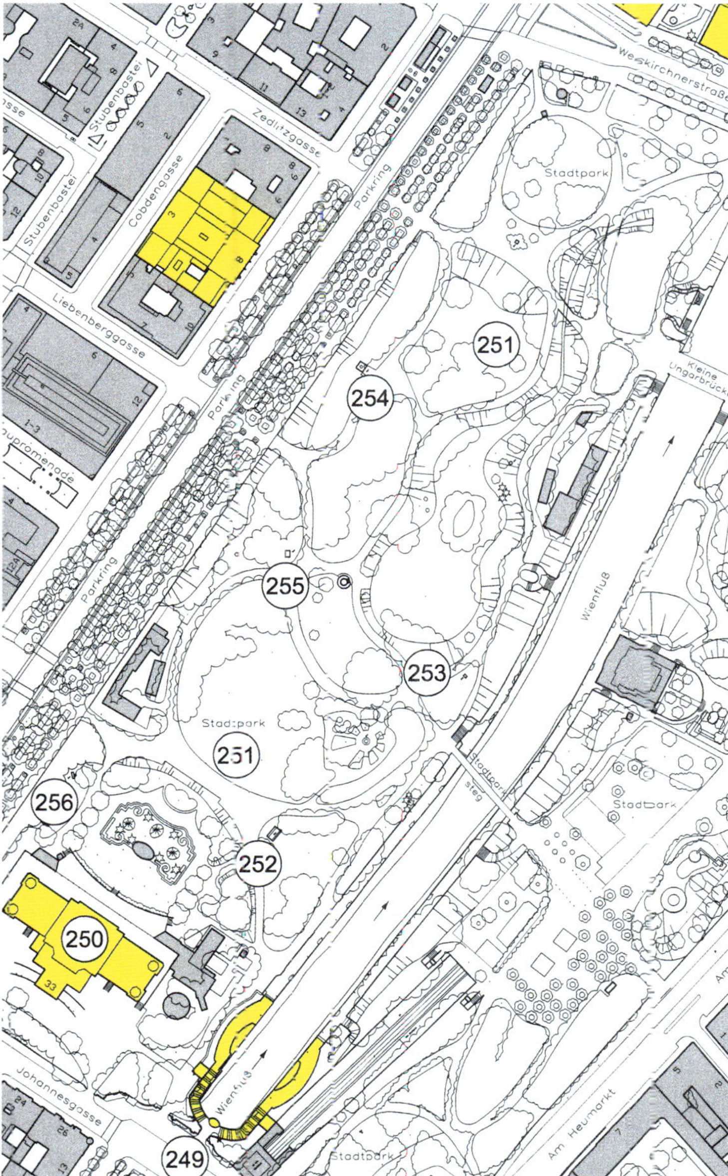
Weiskirchnerstraße
Stadtpark
Zedlitzgasse
Stubenbastei
Cobdengasse
Liebenberggasse
Parkring
Kleine Ungarbrücke
Wienfluß
Stadtparksteg
Am Heumarkt
Johannesgasse
251
254
255
253
256
252
250
249

Stadtpark, Wienflußverbauung

Die Südseite des Beethoven-Platzes wird von der neugotischen Backsteinfassade des **„Akademischen Gymnasiums"** beherrscht. Dieser 1863–1866 errichtete und aus seiner Umgebung optisch herausragende Bau geht auf den Entwurf des Architekten Friedrich von Schmidt zurück, der als Spezialist für die Neugotik galt und wenige Jahre später auch mit dem Bau des Neuen Wiener Rathauses betraut wurde.

248

Das an den Beethoven-Platz im Norden anschließende Areal wirkt gleichsam „eingespannt" zwischen der Ringstraße und dem hier aus seiner Überwölbung hervortretenden Wienfluss. Beim Bau der Stadtbahn war es zu einer Regulierung und zur partiellen Einwölbung des Flusses auf einer siebzehn Kilometer langen Strecke zwischen Weidlingau und dem Donaukanal gekommen. Beim Stadtpark tritt der Wienfluss zum letzten Mal in seinem Verlauf wieder an die Oberfläche. Einen monumentalen architektonischen Abschluss

249 der Einwölbung bildet das **Wienflussportal**, das von den Architekten Friedrich Ohmann und Karl Hackhofer im Auftrag der Gemeinde Wien 1903–1906 gestaltet wurde. Es handelt sich um eine Freitreppenanlage in secessionistischen Stilformen, die zu den Promenaden entlang der beiden Flussufer hinabführt und von zwei überkuppelten Pavillons flankiert wird. Die künstlerische Ausstattung der Anlage, die mit wasserspeienden Elefanten und einem Scheinwasserfall über den Schlussstein der Wienflussöffnung geplant war, wurde nie zur Gänze fertiggestellt. Dennoch gilt sie als eine der schönsten

Beispiele ihrer Art in Europa (Restaurierung 2001–2004, Architekt: Manfred Wehdorn)
Die Anlage des Wienflussportals und seine Promenaden bildet gleichzeitig den Eingang zum Stadtpark, an dessen südlicher Schmalseite der **„Kursalon“** 250
(Johannesgasse 33) liegt. Dieses 1865–1867 nach Plänen von Johann Garben errichtete Gebäude war Schauplatz der berühmten Promenadenkonzerte von Eduard Strauss und ein beliebter Treffpunkt der Wiener Gesellschaft der Gründerzeit, die sich hier zu Konzerten und Ballveranstaltungen zusammenfand.

Der Stadtpark

Der **Stadtpark** erstreckt sich auf dem Gebiet des ehemaligen „Wasserglacis“, das sich wegen seines uferartigen Charakters zur Anlage eines Parks 251
besonders eignete. Tatsächlich sahen sämtliche prämiierte Projekte der Ringstraße an dieser Stelle eine Parkanlage vor. Die Stadtverwaltung war besonders bestrebt, auf den Stadterweiterungsgründen möglichst große Grünflächen als Ersatz für das verlorene Glacis anzulegen. Das neun Hektar große Gelände wurde von Stadtgartendirektor Rudolf Siebeck nach Entwurfsskiz-

Kursalon, Johannesgasse 33

Johann-Strauß-Denkmal, Stadtpark

zen des Landschaftsmalers Joseph Selleny gestaltet. Die Idee, Landschaftsmaler zur Gartengestaltung heranzuziehen, entstammte dem 18. Jahrhundert, blieb aber in der kommunalen Grünraumplanung des 19. Jahrhunderts ein Einzelfall. Selleny wurde nur aufgrund des Drucks der Tagespresse und der öffentlichen Meinung hinzugezogen, man stimmte seinen Entwürfen schließlich trotz Bedenken wegen zu hoher Kosten zu. Dem Idealplan Sellenys lag der Sanssouci-Entwurf Lennés zugrunde. Sieböck behielt die wesentlichen Charakteristiken wie die Geländemodellierung und die geschwungenen Wege bei und passte sie den räumlich begrenzten Möglichkeiten des Areals an. Die Hauptelemente des Parks sind seine lockeren Baumgruppen, die große Wiese und der Teich. Durch die geschwungenen Wege wechselt die Szenerie und die Anlage erhält den Charakter eines „Wandelparks". 1862 wurde der Park eröffnet.

Der Stadtpark bot, so wie die anderen Grünanlagen der Ringstraße, die beste Möglichkeit zur Errichtung von Denkmälern. So finden sich entlang der Spazierwege zahlreiche Standbilder von Künstlern, vor allem von Komponis-
252 ten und Musikern. Das bekannteste ist zweifellos das **Johann-Strauß-Denkmal** von Edmund Hellmer. Der Walzerkönig ist als vergoldete Bronzefigur, die Geige spielend, verewigt. Dahinter erhebt sich in kontrastierendem Marmor ein mit schwebenden Relieffiguren besetzter Triumphbogen. Der Entwurf Hellmers entstand schon 1906, doch verschiedene Umstände verhinderten Ausführung des Denkmals. Es wurde erst 1921 enthüllt, als ihm die gesellschaftliche Aktualität bereits weitgehend fehlte. Dem Werk Hellmers war jedoch trotzdem Erfolg beschieden. Als Symbol des Wiens der Jahrhundertwende errang das Denkmal höchste Popularität. Betritt man heute den

Stadtpark, so ist das Strauß-Denkmal nach wie vor stets von Bewunderern umgeben – es genießt eine Aufmerksamkeit, die den Neid aller übrigen im Rund des Stadtparks verewigten Künstlerkollegen erregen müsste.

Unweit des Straußdenkmals findet man das Denkmal für **Anton Bruckner**. Das von Stefan Kameyeczky stammende, erst im Jahre 1988 aufgestellte Marmordenkmal ersetzt ein Monument aus dem Jahre 1899, von Fritz Zerritsch, das die Personifikation der Musik zu Füßen einer Porträtbüste Bruckners zeigte. Dieses Denkmal wurde von Vandalen zerstört. Die von Victor Tilgner geschaffene Büste wurde nach ihrer Restaurierung im Garten des Palais Bourgoing (heute Hochschule für Musik) in der Metternichgasse aufgestellt. 253

Ein weiteres Denkmal im Stadtpark ist **Franz Schubert** gewidmet. Die Sitzfigur des 1797 in Wien geborenen Komponisten hält Notenheft und Bleistift. Das Denkmal wurde 1868 vom Wiener Männergesangsverein gestiftet und 1872 enthüllt. Der Entwurf für die Figur geht auf Carl Kundmann zurück, die Gestaltung des Sockels entwarf Theophil Hansen. Hier finden sich allegorische Darstellungen der musikalischen Phantasie (vorne), der Instrumentalmusik (links) und der Vokalmusik (rechts). 254

Zu den neueren im Stadtpark aufgestellten Denkmälern gehört der Portraitkopf von **Robert Stolz** (1880–1975), der vor allem durch seine Wienerlieder, 255
Operetten und Filmmusik berühmt wurde. Die 1980 enthüllte Büste stammt von Rudolf Friedl. Im selben Jahr wurde auch die Büste **Franz Lehárs** 256
(1870–1948), des Meisters der „Silbernen Operettenära“, aus dessen Feder Werke wie „Die lustige Witwe“ oder “Das Land des Lächelns“ stammen, aufgestellt.

Franz-Schubert-Denkmal, Stadtpark

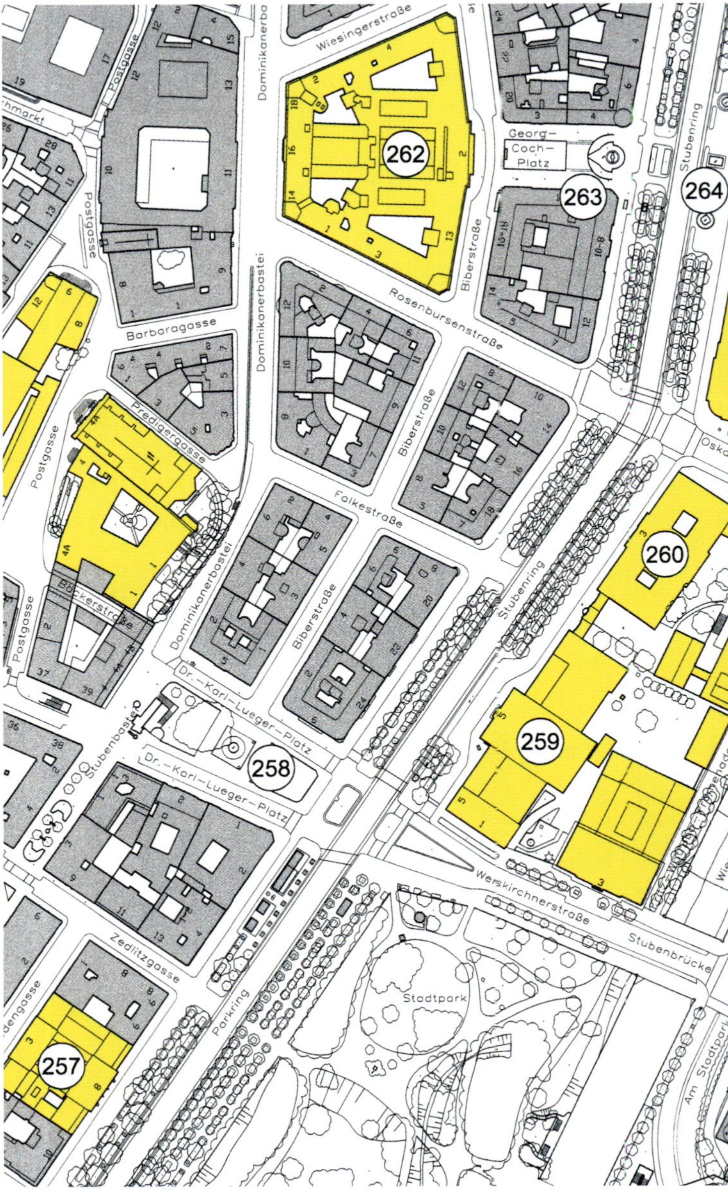
262
263
264
260
259
258
257
Wiesingerstraße
Dominikanerbastei
Postgasse
Georg-Coch-Platz
Biberstraße
Stubenring
Rosenbursenstraße
Barbaragasse
Predigergasse
Falkestraße
Bäckerstraße
Dr.-Karl-Lueger-Platz
Stubenbastei
Oskar
Weiskirchnerstraße
Stubenbrücke
Zedlitzgasse
Parkring
Stadtpark
Am Stadtpark

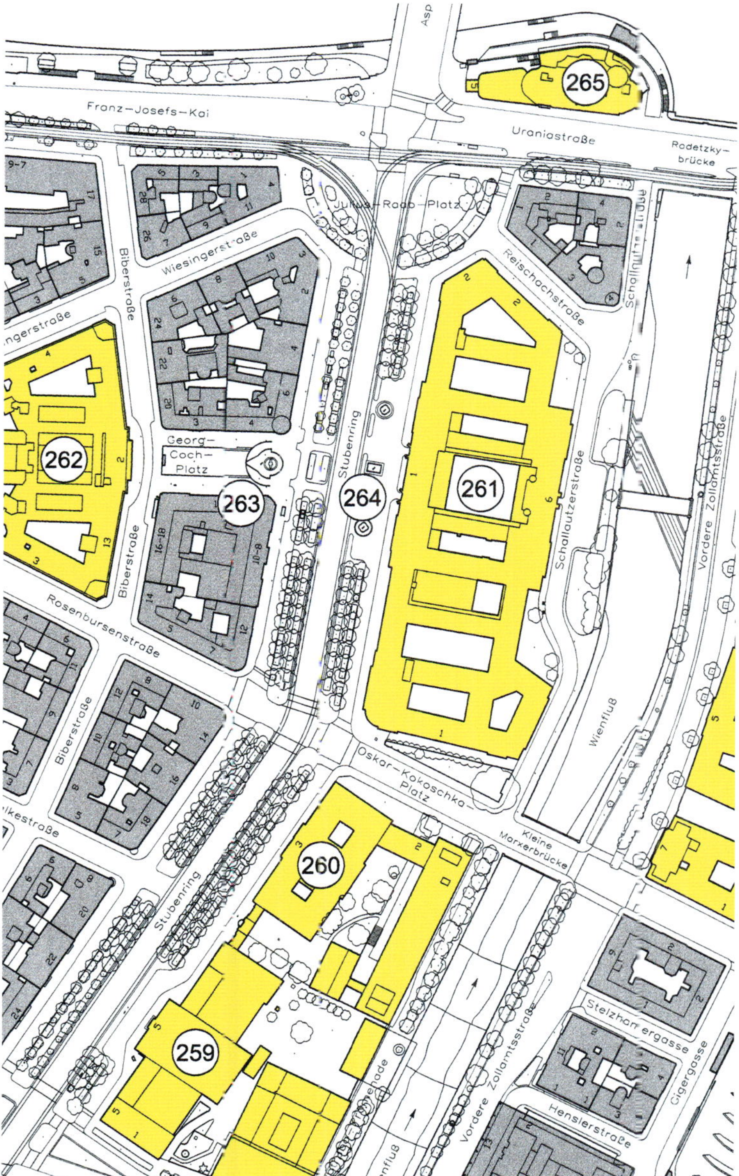
Franz-Josefs-Kai
Uraniastraße
Radetzky-brücke
Julius-Raab-Platz
Wiesingerstraße
Biberstraße
Reischachstraße
Schallautzerstraße
Stubenring
Georg-Coch-Platz
Rosenbursenstraße
Wienfluß
Oskar-Kokoschka-Platz
Kleine Marxerbrücke
Vordere Zollamtsstraße
Stelzhamergasse
Cigergasse
Henslerstraße
265
262
263
264
261
260
259

Dr.-Karl-Lueger-Platz und Stubenring

Über einem, nahe des Lehár-Denkmals befindlichen Ausganges des Stadtparks erreicht man wieder die Ringstraße, die in diesem Bereich von einer dreireihigen Allee gesäumt wird. An der Innenseite der Ringstraße rei-
257 hen sich ehemalige Adelpalais aneinander, von denen das **„Deutschmeisterpalais“** (Parkring 8) besonders hervorzuheben ist. Dieses neoklassizistische Gebäude wurde von Architekt Theophil Hansen 1864–1868 für den Hochmeister des Deutschen Ordens Erzherzog Wilhelm erbaut. Ab 1870 richtete der Orden in dem Palais die ständige Residenz des Hochmeisters ein, die bis 1938 an diesem Ort bestand. Einen Bezug zum Deutschen Orden stellen die Fassadenfiguren von sechs Ordensherolden dar, die das Gebälk tragen. Auf der Balustrade der Attika stehenden Steinfiguren von Josef Gasser, die Hochmeister des Ordens darstellen. Zwischen 1945 und 1975 war das Gebäude Sitz der Bundespolizeidirektion, seit 1982 ist das Palais Sitz der OPEC.

Der Parkring mündet in den Dr.Karl-Lueger-Platz. An der stadtseitigen Platzfront erhebt sich das Denkmal des christlich-sozialen Bürgermeisters
258 **Dr.Karl Lueger**, unter dessen Amtsführung (1897–1910) Wien das Gesicht einer modernen Metropole erhielt. Zu Luegers größten Leistungen gehören der Bau der Zweiten Wiener Hochquellenwasserleitung, die Kommunalisierung von Straßenbahn und Energieversorgung und der Beginn sozialpolitischer Maßnahmen. Die Figuren des Denkmals beziehen sich auf diese Errungenschaften. Ein junger Arbeiter mit Gasrohr weist auf den Bau des städtischen Gaswerks hin, ein Landarbeiter auf die Schaffung des Wiener Wald- und Wiesengürtels. Eine trauernde Frau erinnert an die erste Witwen- und Waisenversorgung, ein Greis an den Bau des städtischen Altersheimes in Lainz. Das Denkmal wurde von Josef Müllner 1913–1916 geschaffen, konnte jedoch infolge der Ereignisse des Ersten Weltkriegs und wegen anschließender Diskussionen über den Aufstellungsort erst 1926 enthüllt werden.

Der an den Dr.-Karl-Lueger-Platz anschließende Stubenring führt bis zum Donaukanal und wurde als letzter Teil des Ringstraßenareals verbaut. In einem Teil dieses Bereiches stand bis 1902 die nach der Revolution von 1848
259 errichtete „Kaiser-Franz-Joseph-Kaserne“. Das Gebäude des **„Österreichischen Museums für angewandte Kunst“** – heute MAK genannt (Stubenring 5), ursprünglich aber als „Museum für Kunst und Industrie“ errichtet – stößt direkt an den Dr.-Karl-Lueger-Platz. Der Sichtziegelbau wurde 1866–71 von Heinrich Ferstel in Neorenaissanceformen errichtet. Dem Gebäude wurde 1906–1908 durch Ludwig Baumann auf einem erst durch die Wienflussregulierung entstandenen Bauplatz an der heutigen Weiskirchnerstraße ein Zubau angeschlossen. Die Fassade zur Ringstraße wird durch den hohen Mittelrisalit, dem zurückspringende Seitenflügel zugeordnet werden, domi-

niert. Im Inneren beeindruckt der großzügige, zweigeschossige Arkadenhof, der durch ein Glasdach abgeschlossen wird. Das Stiegenhaus, das die beiden Häuser heute an der Weiskirchnerstraße miteinander verbindet, entstand erst in den letzten Jahren nach Plänen des Architekten Sepp Müller und war notwendig geworden, weil der Zubau von Ludwig Baumann auf Pfählen im Schwemmgebiet des Wienflusses errichtet worden war und sich im Laufe der Zeit um mehr als dreißig Zentimeter gesenkt hatte. Sepp Müller war auch mit der Planung der 1989–1991 durchgeführten Generalsanierung des Hauses betraut worden, das gleichzeitig durch Peter Noever ein vollkommen neues Konzept erhielt. Renommierte Künstler übernahmen die Gestaltung der einzelnen Räume, deren Exponate so eine neue, manchmal durchaus kontrastierende Wirkung entfalten.

An das Museum schließt am Stubenring die **Universität für angewandte Kunst** (Stubenring 3) an. Der ebenfalls in Backstein gehaltene Bau entstand 1875–1877 nach Plänen Heinrich Ferstels. Museum und Hochschule sind zur Ringstraße durch eine Mauer verbunden an der sich der „Minerva-Brunnen" befindet. Über dem Brunnenbecken befindet sich das für die Kunsthalle der Wiener Weltausstellung von 1873 geschaffene Mosaikbild der Göttin Minerva. 260

Die beiden letzten Monumentalbauten der Ringstraße stehen einander am Georg-Coch-Platz gegenüber. An der inneren Schmalseite des lang gestreck-

Regierungsgebäude, Stubenring 1

ten Platzes, in die Biberstraße zurückgerückt, liegt die Postsparkasse Otto Wagners (Georg-Coch-Platz 2). Gegenüber an der Ringstraße lagert der massige Baukörper des ehemaligen Kriegsministeriums, heute Regierungsgebäude (Stubenring 1), das zahlreiche Amtsstellen beherbergt. Auf engsten Stadtraum und fast gleichzeitig wurden hier die unterschiedlichsten Architek-
261 turvorstellungen verwirklicht. Das 1909–1913 errichtete **Regierungsgebäude** des Architekten Ludwig Baumann, der gleichzeitig auch den Bau der Neuen Hofburg leitete, vertritt mit seinen neobarocken Stilformen den „Restaurationshistorismus“, der von vielen Zeitgenossen mehr und mehr als Anachronismus eingeschätzt, jedoch vom einflussreichen Thronfolger Erzherzog Franz Ferdinand als „Maria-Theresianischer Stil“ bevorzugt wurde. Bei der Ausschreibung für das Gebäude beteiligten sich auch Otto Wagner und Adolf Loos, deren Entwürfe aber am Konservativismus Franz Ferdinands scheiterten. Das Gebäude ist durch seine gewaltige Massigkeit charakterisiert. Die Front ist nicht weniger als 250 Meter lang. Die große Säulenordnung des Mittelrisalits wird von Giebelfeldern bekrönt, die mit allegorischen Darstellungen des Kampfes und des Sieges von Hans Bitterlich geschmückt sind. Über der Attika erhebt sich ein bronzener Doppeladler mit unglaublichen sechzehn Metern Flügelspannweite.

262 Gegenüber kontrastieren die sachlichen Formen des weltberühmten **Postsparkassenamtes**, das von Otto Wagner in zwei Bauetappen 1904–1906 und 1910–1912 auf einem trapezförmigen Bauplatz errichtet wurde. Der Bau beeindruckt durch seine kubischen Bauformen im Äußeren und den strengen Funktionalismus im Inneren. Die Fassaden tragen die von Wagner gerne verwendete Nietung von Granit- und Marmorplatten, mit denen die Außenhaut verkleidet ist. Der Mittelrisalit mit dem fünftorigen Haupteingang wird durch einen mit Lorbeerkränzen dekorierten Attikaaufsatz abgeschlossen. Die abschließenden, vier Meter hohen Eckstatuen schuf Otto Schimkowitz. Diese Genien gehören zu den ersten Großplastiken, die in Aluminiumguss hergestellt wurden. Zentrum des Bauwerks ist der glasüberdeckte Kassensaal, der sowohl in der Verwendung moderner Materialien wie Aluminium, Eisen, Glas und Glasbausteine, als auch in seiner klaren Funktionalität und seiner vom sichtbaren Aufbau der Konstruktion abgeleiteten Ästhetik besticht. Das Postsparkassengebäude gehört zu den Hauptwerken Otto Wagners, entstanden im Zenit seines Schaffens, und wird als Schlüsselbau nicht nur für die Wiener Moderne, sondern auch für die gesamte europäische Architekturentwicklung der Jahrhundertwende um 1900 angesehen.

263 Vor dem Gebäude steht das **Denkmal des Nationalökonomen Georg Coch**. 1883 begründete er das Postsparkassenamt, dem er in den wenigen Jahren seiner Direktion Weltgeltung verschaffte Die Marmorbüste über einem obeliskenartigen Sockel wurde von Hans Scherpe 1913 geschaffen.

Gegenüber, vor dem Regierungsgebäude, befindet sich das **Radetzky-Denkmal**, das ursprünglich auf dem Platz Am Hof vor dem damaligen Reichskriegsministerium aufgestellt war. Die Reiterstatue ist ein Werk des Bildhauers Caspar von Zumbusch, der reliefierte Sockel, der Feldmarschall Radetzky beim Kriegsrat und bei der Verkündigung des Waffenstillstandes von 1849 nach seinen Siegen über die nationale Revolution in Italien zeigt, stammt von Architekt George Niemann. 264

Die lange Front des Regierungsgebäudes lenkt den Blick auf den Zwickel zwischen Wienflussmündung und Donaukanal, wo sich das Gebäude der **„Urania“** (Uraniastraße 1) befindet. Der nach der griechischen Muse der 265
Astronomie benannte Bau, stellt das älteste Volksbildungshaus Wiens dar. Die Idee eines „wissenschaftlichen Theaters“ entstand bereits in den achtziger Jahren des 19. Jahrhunderts, konnte sich aber damals noch nicht durchsetzen. Die erste „Urania“ errichtete Ludwig Baumann in der Kaiser-Jubiläumsausstellung von 1898 im Prater, anschließend wurde sie in einem bescheidenen Hofraum in der Wollzeile untergebracht, wo man sich auf Lichtbildervorträge beschränkte. Der heutige, secessionistische Bau am Ende der Ringstraße entstand 1909/1910 nach Plänen des Architekten Max Fabiani. 1935 wurde der die Gesamterscheinung stark verändernde Kassenraum der Fassade angebaut. Der Turm mit dem kuppelartigen Aufbau beherbergt die Sternwarte. Im Juli 2000 wurde eine großangelegte Generalsanierung des Gebäudes begonnen, in der die Urania mit großer Behutsamkeit den heutigen Erfordernissen angepasst wird. Nach Plänen des Architekten Dimitris Manikas wird im Dachgeschoss ein großer Mehrzwecksaal neu errichtet, umgestaltet werden auch der Große Kinosaal und der Mittlere Saal, der von den Urania-Puppenspielen genutzt wird.

Die Urania mit ihrem Turmakzent bildet damit den Abschluss der Ringstraße gegen den Donaukanal. „Der Ring“ war und ist ein Lebensnerv Wiens. Entstanden als städtebauliches Monumentalensemble der Gründerzeit wurde dieser in weltstädtischer Großzügigkeit angelegte Boulevard mit seinen angrenzenden Bereichen zum Schauplatz einer überaus vielfältigen Architektur von höchster gestalterischer Qualität. Wurden die eleganten Zinspalais zu Selbstdarstellungen des reichen liberalen Großbürgertums, so steigerten sich die Repräsentationsbauten der Neuen Hofburg, der Hofmuseen und Hoftheater zu eindrucksvollen Manifestationen spätimperialer Prachtentfaltung. Der um 1900 anbrechende Gegensatz zwischen den beharrenden Kräften des Späthistorismus und dem Aufbruch zur Moderne macht die Ringstraße in einzelnen Bereichen förmlich zu einem gebauten Modellfall jener geistigen Dialektik, für die das Wien der Jahrhundertwende heute weltberühmt ist. In den Jahrzehnten nach dem Ende der Österreichisch-Ungarischen Monarchie hatte man für den vergangenen Glanz der Ringstraße wenig übrig. Die Architektur des Historismus wurde als „Eklektizismus“ und „Imitationsstil“ missverstanden und abgewertet. Die Ringstraße wurde vielfach nur mehr in ihrer Funktion als Verkehrsachse wahrgenommen. Erst seit den sechziger Jahren des zwanzigsten Jahrhunderts wurde als Ergebnis umfangreicher, internationaler Forschungen ein völlig neues Geschichtsbild dieser Epoche herausgearbeitet, sodass heute der Ringstraße unangefochten der Rang eines städtebaulichen Gesamtkunstwerks von höchster europäischer, ja weltweiter Bedeutung zuerkannt wird.

Postsparkasse, Georg-Coch-Platz 2

Der Kranz der Vorstädte

Vor den Stadtbefestigungen Wiens – ob es sich nun um die mittelalterlichen Mauern der Babenberger, die nach der Ersten Türkenbelagerung von 1529 angelegten Renaissancebefestigungen oder das nach der Zweiten Türkenbelagerung 1683 geschaffene Glacis handelte – erstreckten sich die sogenannten Vorstädte. Sie entstanden bereits im Mittelalter aus kleineren Siedlungskernen und nahmen erst im Laufe der Zeit den Charakter von Vorstädten an. In der ersten Hälfte des 19. Jahrhunderts waren sie zu einem zusammenhängenden Siedlungsgebiet geworden, das noch von barocker, vor allem aber von biedermeierlicher Bausubstanz geprägt war. Nach der 1850 erfolgten Eingemeindung der Vorstädte in das Gebiet der Stadt Wien und ihrer verwaltungstechnischen Umwandlung in Stadtbezirke wurden vor allem die Gebäude entlang der Hauptstraßen – meist im späthistoristischen Stil – neu errichtet, in den engen Nebengassen konnte aber manch älterer Vorläufer die Zeiten überdauern.

Heute bildet dieses Areal, das sich kranzartig um die Innenstadt legt, ein inhomogenes, aber gerade dadurch interessantes und abwechslungsreiches Bild. Das Leben scheint hier noch „wienerischer“ zu sein, als im international ausgerichteten ersten Wiener Gemeindebezirk.

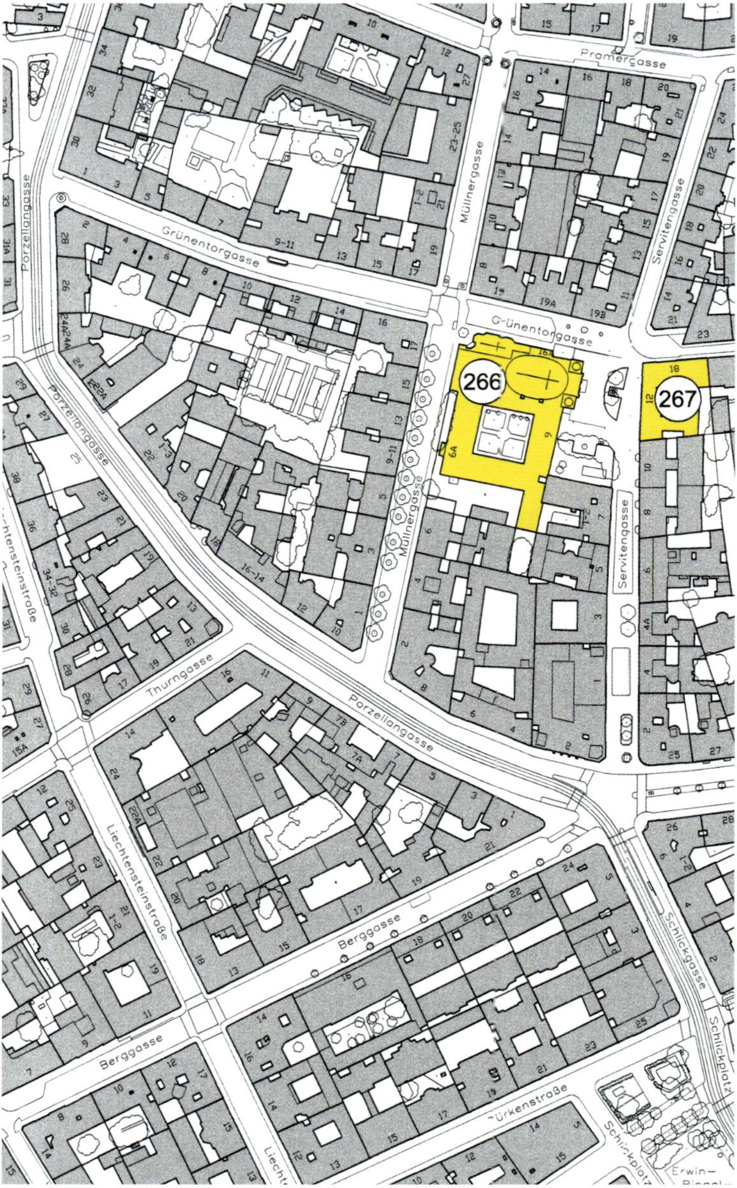
266
267
Grünentorgasse
Porzellangasse
Müllnergasse
Servitengasse
Thurngasse
Liechtensteinstraße
Berggasse
Schlickgasse
Schlickplatz

Alsergrund

Der nördlichste unter den 1850 geschaffenen Bezirken ist der heutige neunte Bezirk, „Alsergrund“, dessen bewegter geologischer Aufbau seine Entwicklung wesentlich mitbestimmte. Der östliche Teil des Bezirks wurde durch die tief liegende Schwemm- und Aulandschaft der Donau geprägt. Dieses Gelände geht in einen höher gelegenen, terrassenförmig ansteigenden Höhenrücken über, der vom Bett des Alserbaches durchschnitten wurde. Der Verlauf des Baches quer durch den Bezirk war der städtebaulichen Entwicklung lange Zeit hinderlich. Die heutigen Hauptstraßen Währingerstraße und Nußdorfer Straße konnten erst nach der Einwölbung des Bachbettes 1840–46 größere Bedeutung erlangen.

Die überwiegend durch bürgerliche Wohnhäuser geprägte Bausubstanz wird durch barocke Palais und Kirchen, sowie große Spitals- und Universitätsbauten unterbrochen. In der ehemaligen Vorstadt Roßau liegt die **Servi-** 266
tenkirche und das dazugehörige Kloster. Die nach dem Orden benannte Servitengase weitet sich vor der Zweiturmfassade der Kirche platzartig aus. Die Gasse selbst wird von Wohngebäuden der Jahrhundertwende dominiert. Die 1651 wahrscheinlich nach Plänen von Carlo Martino Carlone begonnene Kir-

Servitenkirche

che, konnte nach Bauunterbrechungen und der Übernahme der Bauleitung durch Franz und Carlo Canevale, erst 1670 geweiht werden. 1684 mussten die Beschädigungen der Türkenbelagerung behoben werden. Bei dieser Gelegenheit erhielt der südlich an die Kirche angeschlossene Konvent ein weiteres Geschoss. Die Kirche ist eine der wenigen stilreinen frühbarocken Kirchen in Wien. Sie stellt den ersten längsovalen Kirchenraum Wiens dar und diente damit als Vorbild für die Peterskirche und die Karlskirche. Dem ovalen Zentralraum ist im Westen ein langer Mönchschor angeschlossen, der Mittelrisalit der Ostfassade wird von zwei Türmen flankiert. Im Norden wurde ab 1727 die „Peregrinikapelle“ zu Ehren des damals heilig gesprochenen Serviten Peregrin angeschlossen und später, als Wahlfahrten einsetzten, auf die heutige Größe erweitert. Eine lokale Besonderheit stellen die von einem tüchtigen Roßauer Bäcker zum Gedenken an die Brotspenden des mildtätigen Heiligen erfundenen „Peregrinikipferl“ dar, die zur Zeit seines Gedenktages zwischen dem 27. April und dem 4. Mai verkauft wurden und werden.

Gegenüber der Fassade der Servitenkirche befindet sich das giebelbe-
267 krönte **„Ritt- & Schwandner'sches Stiftungshaus“** (9., Servitengasse 12). Seine klassizistisch anmutende Fassade kontrastiert mit seinen Nachbargebäuden, Servitengasse 8–10, die einen auffallenden Kacheldekor des geometrischen Jugendstils tragen.

Der Platz vor der Kirche wird im Norden von der Grünentorgasse, benannt nach dem Gasthausschild des aus dem 17. Jahrhundert stammenden Hauses Nr. 9, begrenzt. Schweift der Blick nach Westen, so fallen die in die Straßenfläche hineinragenden biedermeierlichen bzw. klassizistischen Wohnbauten auf. Östlich des Kirchenplatzes ist die Gasse dagegen von vier- bis fünfgeschossigen späthistoristischen Zinshäusern bebaut, wobei die Fassaden benachbarter Gebäude oftmals analoge Gliederungen tragen.

Die Grünentorgasse mündet an einer Ausweitung der Porzellangasse, deren gekrümmter Verlauf einem ehemaligen Donauarm entspricht, und führt schließlich zur Fürstengasse. Die Gassenbezeichung stammt von dem hier
268 befindlichen **Sommerpalais der Fürsten Liechtenstein** (9., Fürstengasse 1). Der von Hans Adam I. Fürst Liechtenstein in Auftrag gegebene Bau wurde in zwei Bauphasen errichtet. Domenico Egidio Rossi begann 1692 mit den Bauarbeiten. Nach einer sechsjährigen Pause übernahm Domenico Martinelli 1700 unter einigen Veränderungen den Bau und konnte ihn 1705/06 vollenden. 1707 war auch die Innenausstattung fertig gestellt. Das 1814 errichtete klassizistische Gartenportal wird Josef Kornhäusel zugeschrieben. Die dahinter liegende Hauptfassade wird beidseitig von eingeschossigen Nebengebäuden gerahmt, die so einen Ehrenhof bilden.

Im großen Garten des Palais, den Abschluss gegen den damals hier noch offen fließenden Alserbach bildend, befand sich ein im Jahre 1700 nach Plänen von Johann Bernhard Fischer von Erlach errichtetes Belvedere. Der Pavillon musste einem 1873–1875 von Heinrich Ferstel errichteten Palasttrakt

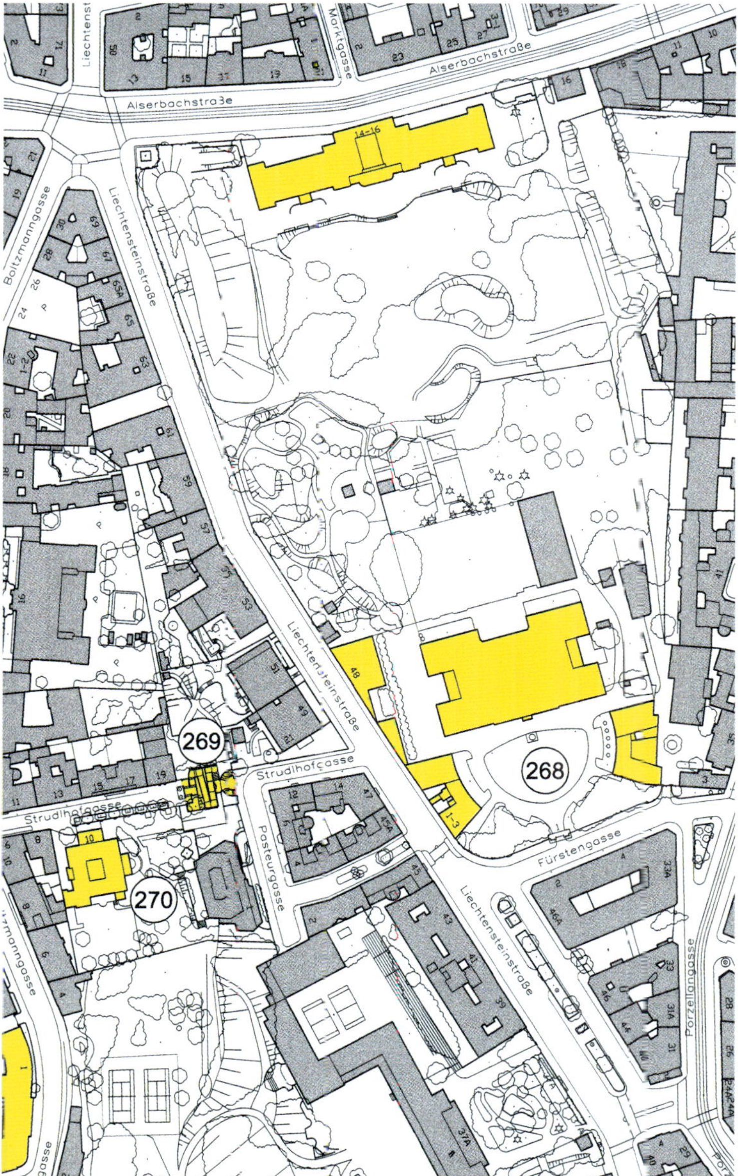
Alserbachstraße
Alserbachstraße
Marktgasse
Liechtensteinstraße
Boltzmanngasse
Strudlhofgasse
Pasteurgasse
Fürstengasse
Porzellangasse
268
269
270

(9., Alserbachstraße 14–16) weichen, den sich eine Fürstin Liechtenstein als Witwensitz errichten ließ.
Das Sommerpalais wurde zwischen 1979 und 2000 vom Museum Moderner Kunst genutzt. Nach dessen Übersiedlung ins MuseumsQuartier, wurde mit Jahresbeginn 2001 mit der Generalsanierung des Palais begonnen, in dem in Zukunft wieder Teile der weltberühmtem Liechtensteinschen Kunstsammlung präsentiert werden sollen. Die Leitung der Planungen wurde dem Architekten Johann Kräftner übertragen. Gleichzeitig wurde auch die Restaurierung der Freskenausstattung, beginnend mit den Fresken der Bibliothek, in Angriff genommen. Der Prunksaal im ersten Stock soll zukünftig als Veranstaltungssaal Verwendung finden. Das 1704–1708 entstandene Deckenfresko von Andrea Pozzo befand sich in einem erstaunlich guten, von früheren Restaurierungsmaßnahmen unberührten, Zustand und musste lediglich gereinigt und stellenweise gefestigt werden.

Unweit der Fürstengasse mündet die Strudelhofgasse in die Liechtenstein-
269 straße, die das Palaisareal westlich begrenzt. Die **Strudelhofstiege**, die in ihrer heutigen Gestalt 1910 von Theodor Jaeger zur Überwindung des Geländesprungs zwischen der ehemaligen Aulandschaft und dem Höhenrücken entworfen wurde, erreichte durch den 1951 entstandenen Roman von Heimito von Doderer internationale Berühmtheit.

270 Am oberen Ende der Stiegenanlage befindet sich das **Palais Württemberg** (9., Strudlhofgasse 10), das 1874 in neoklassizistischen Formen begonnen wurde. Noch während der Bauzeit erwarb Herzog Philipp von Württemberg den Bau und ließ ihn von seinem Architekten Heinrich Adam umgestalten und vollenden. Das Palais gelangte durch den damaligen k.u.k. Außenminister Leopold Graf Berchtold in staatlichen Besitz. In dem nach ihm benannten Berchtoldsaal wurde 1914 das Ultimatum an Serbien, das den Ersten Weltkrieg auslöste, unterschrieben. Als ein weiteres historisches Ereignis fanden hier 1970 auch die Abrüstungsgespräche „SALT 1" zwischen der damaligen UdSSR und den USA statt.

Im unteren Abschnitt wird der Straßenzug durch die Nebenfassaden des
271 **Chemisch-Physikalischen Instituts** (9., Währinger Straße 38–42), errichtet
vom k.k. Ministerium für öffentliche Arbeiten 1908–1915 in sparsamen Neo-
272 Empire-Formen, und des **Erzbischöflichen Alumnatsgebäudes** (9., Boltzmanngasse 7), errichtet 1914, geprägt. Die Strudelhofgasse mündet in die Währinger Straße. Dieser Straßenzug gehört zu den längsten, in Teilbereichen sogar zu den ältesten Ausfallsstraßen Wiens, allerdings handelte es sich ursprünglich nicht um einen einzigen durchgehenden Straßenverlauf. Ein geradliniger Verlauf kam erst nach der Regulierung des Alserbachs ab 1840 bis 1855 zustande.

Südlich des Chemisch-Physikalischen Instituts stehen einander das Palais Clam-Gallas (9., Währinger Straße 30) und das „Josephinum", das bereits zum Areal des Alten Allgemeinen Krankenhauses gehört, gegenüber. Das

272
269
270
271
273
274
275
Strudlhofgasse
Boltzmanngasse
Währinger Straße
Pasteurgasse
Van-Swieten-Gasse

Altes Allgemeines Krankenhaus

273 **Palais Clam-Gallas** befand sich ursprünglich im Besitz der Familie Dietrichstein. Ferdinand Josef Fürst Dietrichstein gelangte 1690 in den Besitz eines großen Areals auf dem Plateau der heutigen Währinger Straße und ließ einen großen Garten anlegen, der sich von der heutigen Boltzmanngasse über die Strudelhofgasse bis zur Liechtensteinstraße erstreckte. Erst 1834/1835 erfolgte der Bau eines von der Straße abgerückten, im Park gelegenen villenartigen Gartenpalastes mit klassizistischer Fassade. Besonders auffallend ist der tempelartig gestaltete Mittelbau, der ursprünglich unverglast war. Seit 1850 befand sich der Bau in Besitz der Grafen Clam-Gallas, seit 1951 beherbergt er das Französische Kulturinstitut.

274 Das **„Josephinum“** (9., Währinger Straße 25) wurde als medizinisch-chirurgische Militärakademie von Joseph II. zur Ausbildung von Ärzten für die Armee gegründet. Der barockklassizistische Bau in Form einer palastartigen Ehrenhofanlage gehört zu den bedeutendsten Nutzbauten der josephinischen Ära. Hinter dem Josephinum befindet sich das 1787 erbaute Garnisonsspital (Van Swieten-Gasse 1 / Sensengasse), eine große Vierflügelanlage. Die Van Swietengasse gehört zu den typischen Nebengassen des Bezirks. An ihrer stadtseitigen Front haben sich zahlreiche, zwei- bis dreigeschossige Wohnbauten aus dem Biedermeier erhalten. Einzelne Fassaden tragen sogar noch den josephinischen Plattendekor des ausgehenden 18. Jahrhunderts, wurden also zur selben Zeit errichtet, wie die gegenüberliegende Seitenfassade des Josephinums.

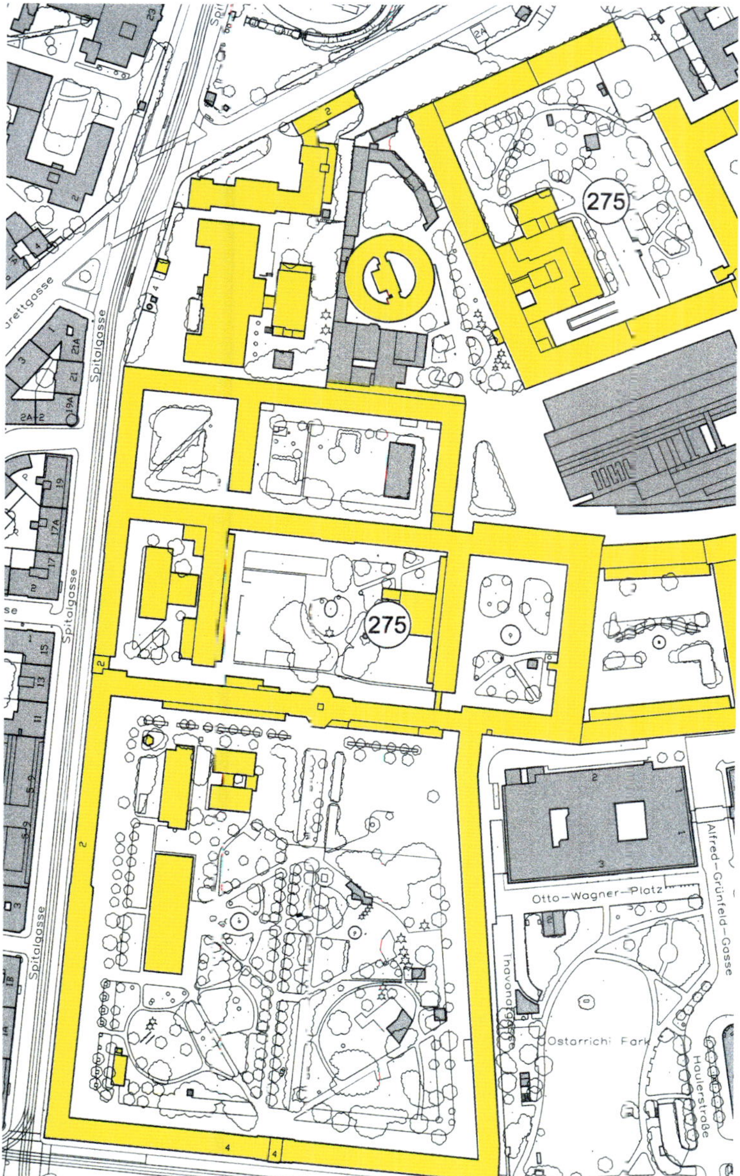
275
275
Spitalgasse
Otto-Wagner-Platz
Alfred-Grünfeld-Gasse
Ostarrichi Park
Haulerstraße

Narrenturm im Alten Allgemeinen Krankenhaus

275 Südlich davon erstreckt sich der großräumige Komplex des **Alten Allgemeinen Krankenhauses** (9., Alserstraße 4/Spitalgasse 2–4/ Garnisongasse 13/Rotenhausgasse 1/Thavonatgasse 1). Mit der Errichtung der Gebäude begann schon Kaiser Leopold I. 1693 um Invalide aus den Türkenkriegen und Obdachlose aufzunehmen. Bereits 1686 hatte der kaiserliche Rat Dr. Johann Theobald Franckh testamentarisch seine Besitzungen an der Alser Straße für die Errichtung eines Soldatenspitals gewidmet. Mit der Thavonat'schen Stiftung von 1720 vereint, entstand das Großarmenhaus, das 1725 erweitert wurde. Im Jahr 1733 umfasste die Anlage fünf Höfe und konnte 5.000 Personen Platz bieten. Unter Joseph II. wurde das Spital erneuert. 1783 begann Architekt Matthias Gerl mit den Umbauten. Vorbild der Anlage war das Pariser Zentralspital Hôtel Dieu, das Kaiser Josef II. 1777 besichtigt hatte. Der Baukomplex wurde in den folgenden Jahrzehnten immer wieder erweitert. Auffälligstes Gebäude ist der fünfgeschossige Rundbau für Geisteskranke, für den sich die Bezeichnung „Narrenturm" eingebürgert hat. Der Turm wurde 1784 von Architekt Isidore Canevale im Stil des „Revolutionsklassizismus" errichtet und besaß in jedem Stockwerk 28 Zellen, die bis 1866 auch belegt wurden. Danach diente der Bau als Archiv und Schwesternhaus. Seit 1971 beherbergt er das Pathologisch-anatomische Bundesmuseum. Die Gesamtanlage des „Alten Allgemeinen Krankenhauses" wird seit 1997 nach grundlegender Renovierung der Gebäude als „Universitätscampus" mit zahlreichen Instituten der Universität Wien verwendet. Die beteiligten Architekten der Sanierung Hugo Potyka und Friedrich Kurrent (baukünstlerische Koordination) sowie Johannes Zeininger, Sepp Frank und Ernst M. Kopper (technische und geschäftliche Koordination) schlossen sich zu einer ARGE Altes AKH zusammen und es gelang ihnen, den festungsartig wirkenden Baublock zu seiner Umgebung zu öffnen und die schmalen Trakte durch „vorgelegte" Architekturteile zu erweitern um dadurch ihre neue Nutzung zu ermöglichen.

Josefstadt

Das Gelände des Alten Allgemeinen Krankenhauses liegt an der Grenze zum 8. Bezirk, der Josefstadt. Diese erstreckt sich auf einem breiten Höhenrücken, der ursprünglich von den Tälern des Alserbaches im Norden und des Ottakringer Baches im Süden begrenzt wurde. Die Verbauung der vor allem im Besitz des Schottenklosters befindlichen Felder, setzte erst nach der Zweiten Türkenbelagerung 1683 ein. In die Alserstraße mündet an der nordwestlichen Ecke des Alten Allgemeinen Krankenhauses die Lange Gasse ein, die in ungebrochenem, geraden Verlauf den gesamten Bezirk in Nordsüdrichtung bis zur Lerchenfelder Straße durchzieht. An der Kreuzung zur Laudongasse erstreckt sich das Areal des ehemaligen **Palais Schönborn** (8., Laudongasse 276
17–19), in welchem heute das Österreichische Museum für Volkskunde untergebracht ist. Das Gelände gehörte ursprünglich den Grafen Abensperg-Traun, die ein Lusthaus und einen ausgedehnten Garten anlegen ließen. 1706 gelangte die Liegenschaft in den Besitz des damaligen Reichsvizekanzlers Friedrich Karl Graf Schönborn, der 1706–1711 nach den Entwürfen Johann Lukas von Hildebrandts durch dessen Bauführer Franz Jänggl ein Sommerpalais errichten ließ. Die lang gestreckte Straßenfassade in der Laudongasse wurde von Isidore Canevale klassizistisch verändert, wie der gesamte Bau einige Funktionsänderungen und die damit verbundenen baulichen Konsequenzen zu tragen hatte. Zum Beispiel eröffnete 1841 Baronin Pasqualati hier ein „Liebhabertheater". 1870 wurde das Palais zum Sitz der Hochschule für Bodenkultur, für die zusätzlich der Trakt an der Lange Gasse errichtet wurde. 1897 zog der Oberlandesgerichthof für Wien und Niederösterreich ein. Seit 1917 ist es Sitz des Museums für Volkskunde. Im Inneren geht die großzügige Treppenanlage noch auf den barocken Entwurf Hildebrandts zurück. An der Gartenseite bildet der Bau einen Ehrenhof, der in den Garten überleitet. 1862 gelangten die verbliebenen Gartengründe und das Palais in den Besitz der Stadt Wien, die 1903 einen öffentlichen Park anlegen ließ. Die Grünanlage ist von einer niedrigen Mauer mit secessionistischen Gittern und Toren umgeben. Nur das mittlere Rondeau mit dem Brunnenbecken ist vielleicht noch als Rest der barocken Gartenanlage anzusehen.

In der ersten Hälfte des 18. Jahrhunderts befanden sich in diesem Teil des heutigen Bezirkes Josefstadt zahlreiche barocke Gartenpaläste. So hat sich südlich des Palais Schönborn das kleinere **Palais Damian** (8., Lange Gasse 277
53) erhalten. Das um 1700 errichtete Gebäude bestand ursprünglich nur aus dem Mitteltrakt mit den damals noch offenen Arkaden. Die kurzen Seitenflügel, welche eine kleinräumige Ehrenhofanlage bilden, wurden 1774 von Matthias Gerl angefügt.

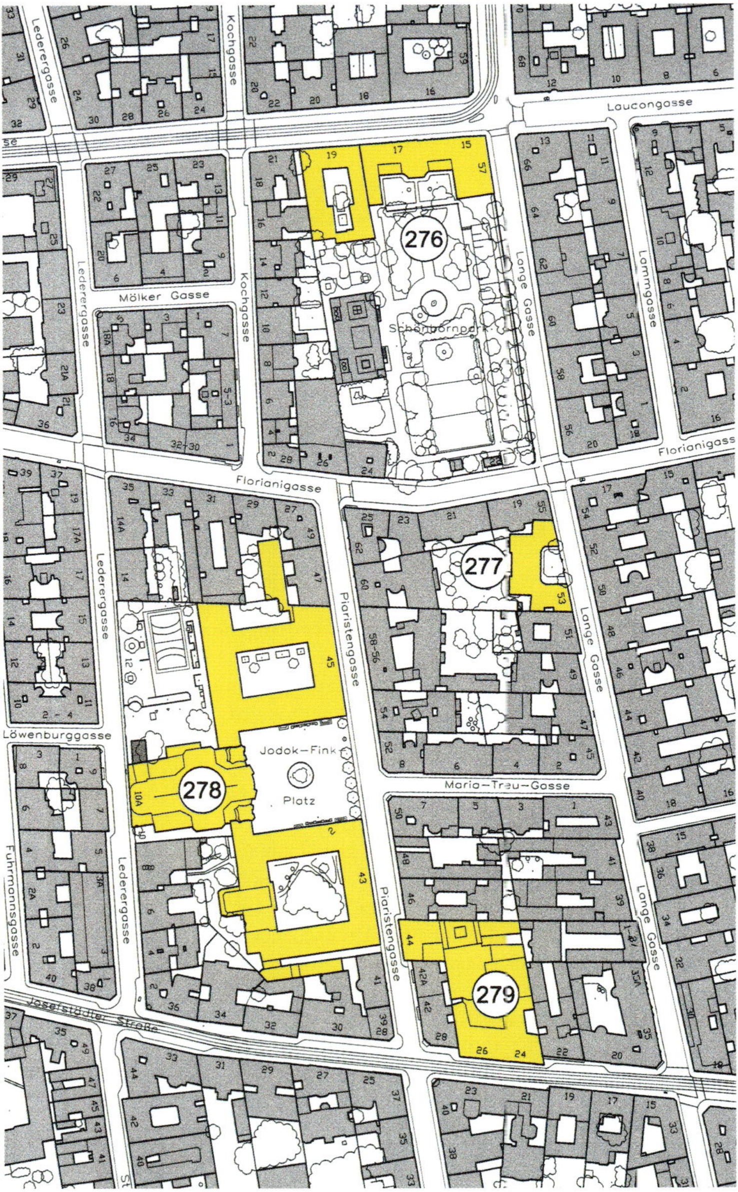
Lederergasse
Kochgasse
Laudongasse
Mölker Gasse
Schönbornpark
Lange Gasse
Lammgasse
Florianigasse
Piaristengasse
Löwenburggasse
Jodok-Fink-Platz
Maria-Treu-Gasse
Fuhrmannsgasse
Josefstädter Straße
276
277
278
279

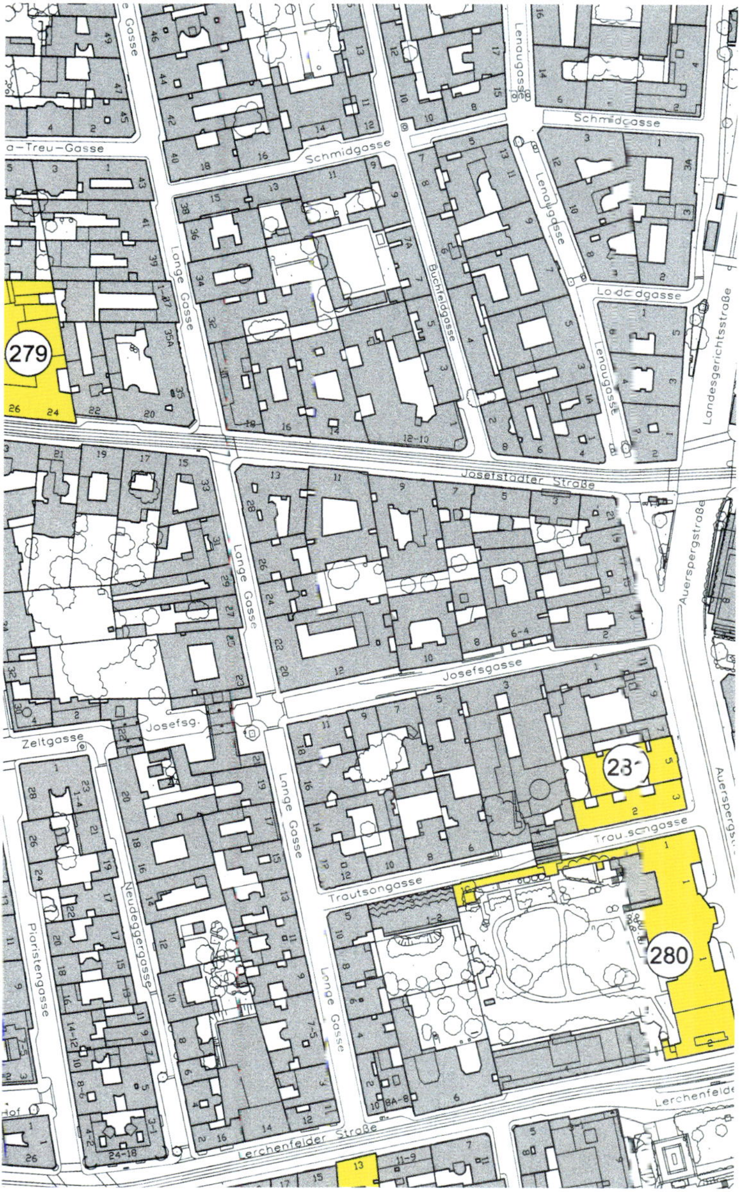
Lange Gasse
Schmidgasse
Lenaugasse
Buchfeldgasse
Landesgerichtsstraße
Josefstädter Straße
Auerspergstraße
Josefsgasse
Josefsg.
Zeltgasse
Trautsongasse
Neudeggergasse
Piaristengasse
Lerchenfelder Straße
279
280

Piaristenkirche

Die von der Lange Gasse abzweigende Maria-Treu-Gasse führt direkt auf
278 die eindrucksvolle Doppelfassade der **Piaristenkirche** zu. Der Bauplatz dieser Kirche gehörte zu den Gründen des sogenannten „Roten Hofes“, eines isoliert liegenden Gutshofes, dessen Äcker nach 1633 parzelliert und verkauft wurden. Die Abgabe eines großen Grundstückes an die Piaristen ermöglichte die Anlage des heutigen Jodok-Finck-Platzes, um den sich Kirche und Kloster gruppieren. Der Platz zählt zu den schönsten barocken Plätzen Wiens und bildet bis heute eine der wesentlichsten stadträumlichen Dominanten des 8. Wiener Gemeindebezirks. Der Orden der Piaristen wurde 1597 in Rom gegründet mit der ausdrücklichen Aufgabe, die Jugend zu unterrichten. In Wien konnte der Orden erst 1697 Fuß fassen, obwohl in Horn in Niederösterreich bereits

seit 1657 ein Piaristenkonvent bestand. 1698 legte Kaiser Leopold I. selbst den Grundstein zu einer ersten Kapelle, die aber bald einem größeren Kirchenbau weichen sollte. Die heutige Kirche geht auf einen 1698/99 entstandenen Entwurf Johann Lukas von Hildebrandts zurück, doch wurde erst 1716 mit den Bauarbeiten begonnen. Der erste ausführende Baumeister war Franz Jänggl, ein enger Mitarbeiter Hildebrandts. Nach der Entzweiung Jänggls vom Orden übernahm Matthias Gerl die Fertigstellung des Rohbaus. 1771 wurde die Kirche geweiht. Die Vollendung der Türme in ihrer heutigen Gestalt erfolgte allerdings erst 1860 durch den Architekten Franz Sitte unter Bezugnahme auf einen barocken Stich von Salomon Kleiner. Heute bildet die Zweiturmfassade den Mittel- und Höhepunkt des gesamten Ensembles, das noch aus dem links angeschlossenen Flügel des Piaristenkollegs und dem rechts befindlichen „Löwenburgkonvikt“ besteht. Das Löwenburgkonvikt wurde aufgrund einer testamentarischen Verfügung des Grafen Johann Jakob von Löwenburg errichtet, der im Falle eines kinderlosen Todes seiner einzigen Erbin sein Vermögen den Piaristen vermachte. Er verstarb 1732, seine Tochter folgte ihm kinderlos wenige Jahre später. Das Konvikt konnte 1748 eröffnet und 1765–1769 ausgebaut werden. Noch heute sind in den Gebäudeflügeln an den Seiten der Kirche eine Volksschule und ein Gymnasium untergebracht.
In der Mitte des Platzes erhebt sich eine 1713 zum Gedenken an die Pest errichtete Mariensäule. Um den Sockel gruppieren sich die Figuren der Heiligen Joseph, Joachim und Anna. Die Statue der Maria bildet den Abschluss einer korinthischen Säule, deren Schaft von Engeln und Putti begleitet wird.

Setzt man den Weg durch die Piaristengasse nach Süden fort, so schiebt sich ein weit in die Straßenfläche vorspringendes Gebäude, Piaristengasse 44, ins Blickfeld. Es stammt noch aus dem ausgehenden 18. Jahrhundert und ist seit 1829 dem **„Theater in der Josefstadt“** (8., Josefstädter Straße 26) ange- 279
gliedert. Die Josefstädter Straße, an der die Hauptfassade des Theaters liegt, wird heute überwiegend von späthistoristischen Zinshäusern geprägt, zwischen denen sich einige biedermeierliche Vorstadthäuser erhalten haben. Ein erster, noch freistehender Theaterbau an dieser Stelle entstand durch den Architekten Joseph Allio. 1822 erfolgte ein Neubau unter Baumeister Adam Hildwein, die Entwürfe dazu werden Josef Kornhäusel zugeschrieben. Im Inneren sind besonders die „Sträußelsäle“ hervorzuheben, die von Kornhäusel 1834 als Vergnügungsetablissement errichtet und mit dem Foyer des Theaters verbunden wurden. Die drei verschieden großen Säle mit großer korinthischer Ordnung sind durch Säulenstellungen voneinander getrennt. Die Säle wurden durch einen großen Ball, bei dem Johann Strauß Vater dirigierte, eröffnet; später konzertierte hier auch Josef Lanner. Nach der Jahrhundertwende geriet die Spielstätte aber in Vergessenheit, wurde zeitweise sogar als Requisitenkammern verwendet. Erst unter Max Reinhardt fanden nach einer gründlichen Renovierung 1924 wieder Veranstaltungen in den Sträußelsälen statt.

Im Bereich um die Kreuzung der Lange Gasse – Josefstädter Straße haben sich einige aus dem späten 18. bzw. frühen 19. Jahrhundert stammende Vorstadthäuser erhalten, die teilweise im Kern sogar auf die Zeit um 1700 zurückgehen.

Eine Querstraße der Langen Gasse ist die Trautsongasse, an der sich
280 gegen den ehemaligen Glacisrand das Areal des **Palais Auersperg** (8., Auerspergstraße 1) erstreckt. Der Schwibbogen, der die Gasse überquert, stellte ursprünglich die Verbindung zu einem Seitentrakt des Palastes dar. Das ab 1710 errichtete Gartenpalais wird Johann Lukas von Hildebrandt zugeschrieben. Schon 1721/1722 wurde der Mitteltrakt durch Johann Christian Neupauer wesentlich verändert. Der Säulenvorbau am Mittelrisalit und der Trakt gegen die Lerchenfelder Straße entstammen dem 19. Jahrhundert. Zu den Besitzern des Palais zählte unter anderen Feldmarschall Wilhelm von Sachsen-Hildburghausen, der als Musikkenner und Mäzen vor allem Christoph Willibald Gluck förderte. 1923 zog hier das neu gegründete Bundesdenkmalamt ein. 1945 war das Palais Sitz der österreichischen Widerstandsbewegung „O 5“, woran eine Gedenktafel erinnert. An der Seitenflanke des Auersperg-
281 palais in der Trautsongasse liegt das kulturhistorisch interessante **Beethoven-Haus** (8., Trautsongasse 2), in dem der Komponist 1819/1820 Quartier bezogen hatte und in dem die „Missa Solemnis“ entstand

Neubau

Die Lerchenfelder Straße bildet die Grenze zum 7. Bezirk Wiens – Neubau. Gemeinsam mit seinem südlichen Nachbarn, dem 6. Bezirk – Mariahilf, erstreckt sich diese ehemalige Vorstadtzone auf einer Geländeterrasse zwischen dem Ottakringer Bach und dem Wiental.

In unmittelbarer Nähe des Palais Auersperg führt ein 1848–1856 errichtetes, typisches Wiener „Durchhaus“, **Lerchenfelder Straße 13/Neustiftgasse** 282
16, den Besucher zum ältesten Siedlungskern des Gebietes um den St. Ulrichs-Platz. Der Gebäudetypus kommt dem abfallenden Gelände zwischen der Lerchenfelderstraße und der Neustiftgasse besonders entgegen und die unterschiedliche Höhenstaffelung der Höfe gibt der einfachen Architektur einen besonderen Reiz. Der St.Ulrichs-Platz stellt den Kristallisationspunkt des alten Dorfes „Zeismannsbrunn“ dar und ist noch heute als Siedlungskern im Stadtgrundriss erkennbar. Er verbindet die Burggasse mit der Neustiftgasse und ist, wie alle Quergassen in diesem Gebiet, beträchtlichen Niveauunterschieden unterworfen. An seiner östlichen, stadteinwärts liegenden Front haben sich die ältesten Häuser des Viertels erhalten. Einige Gebäudeteile stammen noch aus der Zeit vor der Ersten Türkenbelagerung. Die westliche Platzfront ist von größeren Gebäudeblöcken von Mitte bis Ende des 19. Jahrhunderts geprägt.

Die zur Neustiftgasse gerichtete Doppelturmfassade der **Kirche St.** 283
Ulrich wird räumlich durch die vorspringende Bebauung an beiden Seiten, besonders aber im Westen durch die größere Höhe der Gebäude, sehr bedrängt. Diese Sichtachse mit ihren zahlreichen Überschneidungen gehört zu den reizvollsten des Bezirkes. Die mittelalterliche Ulrichskirche, die dem Wiener Schottenstift gehörte, erlitt durch die Erste Türkenbelagerung beträchtlichen Schaden und musste 1574 abgetragen werden. Die Weihe des Nachfolgebaus erfolgte 1590. Während der Zweiten Türkenbelagerung 1683 wurde die Kirche erneut schwer in Mitleidenschaft gezogen. Der Neubau des Baumeisters Franz Reymund erfolgte 1721–1724, die Türme wurden erst 1752–1771 fertig gestellt.

Der stadtauswärts leicht ansteigende Straßenzug der Burggasse wird von Bauten aus der Gründerzeit geprägt. Die Fassaden tragen kräftigen späthistoristischen Dekor und werden durch Erker an den Fassaden rhythmisiert. Markante Eckerker, die oft einen kuppelartigen Dachaufbau tragen und die Einmündungen der zahlreichen schmalen Quergassen akzentuieren, kennzeichnen das Straßenbild. Leider fielen manche dieser Erkerbekrönungen dem Vereinfachungstrend der sechziger und siebziger Jahre zum Opfer.

Zu den Straßenzügen, die an der südlichen Front der Burggasse einmünden, gehören auch die vier parallel verlaufenden Gassen des **„Spittelbergs“**, 284

Lerchenfelder Straße
Mechitaristengasse
Museumstraße
Neustiftgasse
Faßziehergasse
Gardegasse
Zitterhofergasse
Kirchberggasse
St.-Ulrichs-Platz
Burggasse
Sigmundsgasse
Stiftgasse
Schrankgasse
Spittelberggasse
Gutenberggasse
Siebensterngasse
282
283
284
284

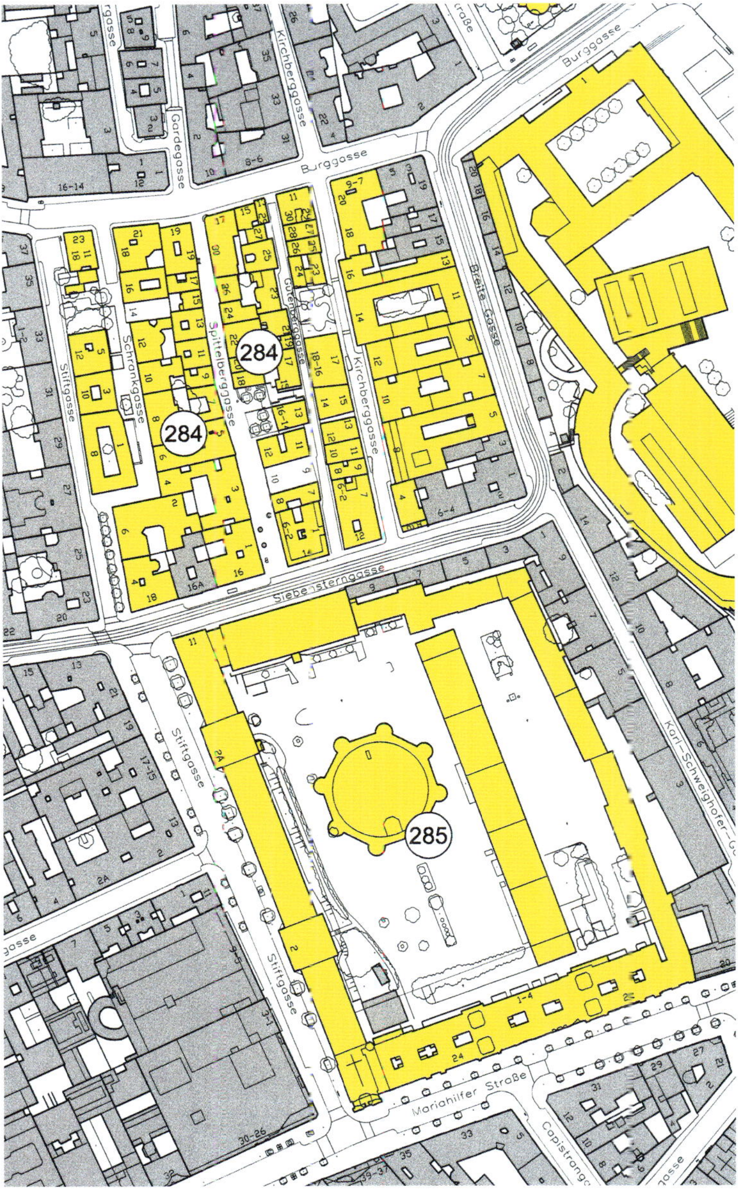
Burggasse
Gardegasse
Kirchberggasse
Breite Gasse
Stiftgasse
Schrankgasse
Spittelberggasse
Gutenberggasse
Siebensterngasse
Karl-Schweighofer-G
Mariahilfer Straße
Capistrang
284
284
285

Ulrichskirche

Spittelberg

einer Zone, die durch die Burggasse, Stiftgasse, Siebensterngasse und Breite Gasse begrenzt wird. Das Gebiet wurde nach der Zweiten Türkenbelagerung in Parzellen geteilt und dicht verbaut. Den Namen erhielt die Siedlung nach der Grundherrschaft, dem Bürgerspital. Den rund einhundertzwanzig Häusern fehlte überwiegend der Hofraum oder Garten, weshalb der Spittelberg zu den ungesündesten Gebieten Wiens zählte und in der Folge von den unteren sozialen Schichten bewohnt wurde. Vielleicht ist gerade deshalb die barocke Bausubstanz über weite Strecken erhalten geblieben, und die Gassen vermitteln heute noch den Charakter einer Vorstadt des 18. Jahrhunderts. Der geplante Abbruch des „Spittelbergs“ löste eine tiefgreifende Diskussion um den gezielten Schutz der Wiener Altstadt aus. Das Viertel gehörte in der Folge zu den ersten Ensembles, die 1972 nach dem damals ins Leben gerufenen Altstadterhaltungsgesetz in ihrer Gesamtheit unter Schutz gestellt wurden. Der vorangegangene Kampf um die Erhaltung des „Spittelbergs“ ist heute kaum mehr nachvollziehbar, denn er hat sich zu einem der größten Tourismusmagneten außerhalb der Wiener Innenstadt entwickelt. Besonders der Adventmarkt, der sich in den schmalen, romantischen Gassen etablierte, ist bei Wienern und Wien-Besuchern gleichermaßen beliebt.

Dem Spittelberg liegt an der südlichen Front der Siebensterngasse das
285 große Areal der **„Stiftskaserne“** (7., Stiftgasse 2 / Mariahilfer Straße 22–24) gegenüber. Hofkammerrat Johann Konrad von Richthausen, Freiherr von

Chaos, vermachte sein beträchtliches Vermögen wohltätigen Zwecken und kaufte Ackergründen an der Mariahilfer Straße, die in der „Chaos'schen Stiftung“ aufgingen. Die darauf errichteten Stiftungshäuser wurden als Sommerheim für Waisenkinder verwendet. Die nach der Zweiten Türkenbelagerung beschädigten Gebäude wurden instand gesetzt und erweitert. 1736 entstand durch neuerliche Stiftungen eine Ingenieursschule, aus der sich später die Ingenieurakademie entwickelte. Im Laufe der Zeit kamen noch weitere Stiftungen, die die Ausbildung der Jugend auf militärisch-technischem Gebiet zum Ziel hatten, hinzu und führten zum Bau von weiteren Gebäudetrakten. Der sogenannte „Mosertrakt“ an der Mariahilfer Straße (Nr. 22–24) wurde bereits 1679 errichtet und erhielt 1731 eine Aufstockung. 1739 wurde der Grundstein der im Südwesten anschließenden Stiftskirche gelegt. Der Entwurf für den dreijochigen Saalbau wird Josef Emanuel Fischer von Erlach zugeschrieben. Maria Theresia ließ 1772 den für die Außenerscheinung charakteristischen Turm hinzufügen. Die schmale Fassade der Kirche fällt in der geschäftigen Mariahilfer Straße kaum ins Auge, umso mehr als der Fußweg seit 1964 aus Platzgründen durch die Vorhalle der Kirche geführt wird. 1752–1754 erfolgte die Errichtung des „Sappeurtraktes“ der Stiftskaserne. Durch eine weitere Stiftung der Herzogin Maria Theresia von Savoyen-Carignan konnte der sich über 52 Fensterachsen erstreckende „Akademietrakt“ (Stiftgasse 2 – 2 a) errichtet werden, der die heutige Hauptfassade der Stiftskaserne darstellt. Im geräumigen Hof wurde 1851–1853 der sogenannte „Mitteltrakt“ errichtet. Der „Mosertrakt“ zur Mariahilfer Straße wurde 1875 nach Plänen von Eugen Schweigel vollkommen umgestaltet und beherrscht seitdem mit der auffallenden „Flusskieselrustika“ seiner Fassade den unteren Bereich der Mariahilfer Straße.

Die großzügig gestalteten Räumlichkeiten der Stiftskaserne beherbergten im 18. und 19. Jahrhundert verschiedenste Militärinstitutionen und Truppenteile.

Während des Ersten Weltkrieges diente die Stiftskaserne als Lazarett, während der Ersten Republik wieder als Kaserne. Nach 1938 übernahm die Deutsche Wehrmacht das Gebäude und errichtete 1943/1944 im Hof einen Flakturm. Während der Besatzungszeit waren amerikanische Truppen einquartiert, nach 1955 übernahm wieder das österreichische Bundesheer die Gebäude. In den achtziger Jahren wurde eine neue Nutzungsmöglichkeit für die staatliche Verwaltung angedacht und der Komplex in „Amtsgebäude Stiftsgasse“ umbenannt.

Rahlstiege

Mariahilf

Jenseits der Mariahilfer Straße schließt sich der 6. Bezirk, Mariahilf an, dessen südliche Begrenzung der Wienfluss bildet. Der teilweise stark abfallende Hang zum Ufer wird vielfach durch Stiegenanlagen, die für diesen Bezirk charakteristisch sind, überwunden. Eine flächendeckende Bebauung über die älteren Siedlungskerne hinaus setzte am Ende des 18. und in der ersten Hälfte des 19. Jahrhunderts ein. Sie bestand vorwiegend aus vorstädtischen Wohn- und Zinshäusern, deren Höfe gewerblich, vor allem von der Textilindustrie, genutzt wurden. Die meisten dieser Gebäude wurden in der Gründerzeit erneuert.

Ein Zinshauskomplex im Baustil des Strengen Historismus, der schon zum Ensemble der Ringstraße zu zählen ist, erstreckt sich zwischen Mariahilfer Straße, Rahlgasse, Getreidemarkt und Gumpendorfer Straße. Im Verlauf
286 der Rahlgasse befindet sich auch die **„Rahlstiege"**, eine der erwähnten Stiegenanlagen. Eine Treppenanlage ist an dieser Stelle schon seit dem 18. Jahrhundert nachweisbar, sie war allerdings durch ihre Lage am Glacisrand nur an ihrer Westseite verbaut. Als auch die stadtseitigen Grundstücke bebaut wurden, entstand die heutige Treppe, die den Höhenunterschied von ca. 6,5 Metern von der Mariahilfer Straße zur Rahlgasse überwindet. An der oberen

Kante der 1870 fertig gestellten Anlage befindet sich anstelle des geplanten Denkmals für Carl Rahl der „Gänsemädchenbrunnen".
Die Bronzefigur stammt von Anton Paul Wagner, wurde 1865/66 von der Stadt Wien angekauft und nach verschiedenen Stadtortwechseln schließlich 1886 an der Rahlstiege aufgestellt.

Der unregelmäßige Verlauf der Gumpendorfer Straße verweist auf die lange Geschichte dieses ursprünglich nicht durchgehenden Straßenzuges. Der Fund des Fragments eines antiken Meilensteins deutet auf ein Bestehen einer Straße an dieser Stelle schon in der Römerzeit hin. Die heutige Bebauung besteht überwiegend aus späthistoristischen Zinshäusern. Ganze Ensembles entstanden erst nach der Jahrhundertwende und tragen secessionistischen Dekor. An den Mündungen der Querstraßen ist die Gumpendorfer Straße oft platzartig ausgeweitet, z.B. an der Mündung der Lehargasse. An dieser kleinen Platzanlage, die gar keinen eigenen Namen trägt, ist unter der Adresse
Gumpendorfer Straße 11–13 seit nunmehr über 120 Jahren das **Café Sperl** zu 287
finden. 1880 wurde das Lokal von den Hansen-Schülern Josef Grock und Wilhelm Jelinek eingerichtet und entwickelte sich rasch zu einem beliebten Treffpunkt. Hier verkehrten unter anderen die Schauspieler Girardi und Lewinsky sowie die Komponisten Lehár und Millöcker. Im Café hatten auch die Malerzirkel der „Hagengesellschaft" und des „Siebener Clubs" ihren Sitz, aus denen zum Teil die spätere Secession hervorging. Das Lokal wurde 1983 renoviert, konnte aber die Atmosphäre eines Wiener Kaffeehauses des ausgehenden 19. Jahrhunderts erhalten. Im Zentrum der von Joerg Nairz durchgeführten Renovierung stand der Erhalt und teilweise Rekonstruktion der im wesentlichen bereits knapp über 100 Jahre alten Einrichtung.

Die weiter stadtauswärts gelegene Fillgradergasse wird durch eine monu-
mentale secessionistische Stiegenanlage geprägt. Die **„Fillgraderstiege"** 288
wurde 1905–1907 von Architekt Max Hegele, der eine bis in das Detail gehende Gesamtkonzeption schuf. Die Fassade des gegenüberliegenden Fillgraderhofes bezieht sich in ihren secessionistischen Formen deutlich auf die Stirnfront der Stiege.

Die erst 1895 angelegte Köstlergasse verbindet die Gumpendorfer Straße mit der tiefer gelegenen Linken Wienzeile. Sie stellt ein gut erhaltenes Beispiel für eine mehr oder minder einheitlich erhaltene Bebauung spätgründerzeitlicher Zinshäuser dar. An ihrem südlichen Ausgang befindet sich das
bedeutendste Ensemble von **Zinswohnhäusern des Architekten Otto Wag-** 289
ner (Köstlergasse 3/Linke Wienzeile 38–40) an denen der Architekt auch als Bauherr beteiligt war. Das Gebäudetrio erhielt wegen der Verwendung von Majolikaplatten an der Fassade die Bezeichnung „Majolika-Häuser". Das Haus in der Köstlergasse ist mit seiner bandartigen Fassadengliederung und dem für Wagner typischen weit vorkragenden Traufgesims das zurückhaltendste der Gruppe. Die beiden Fassaden an der Wienzeile jedoch wurden von den Zeitgenossen als Sensation empfunden, sowohl was die Verwendung

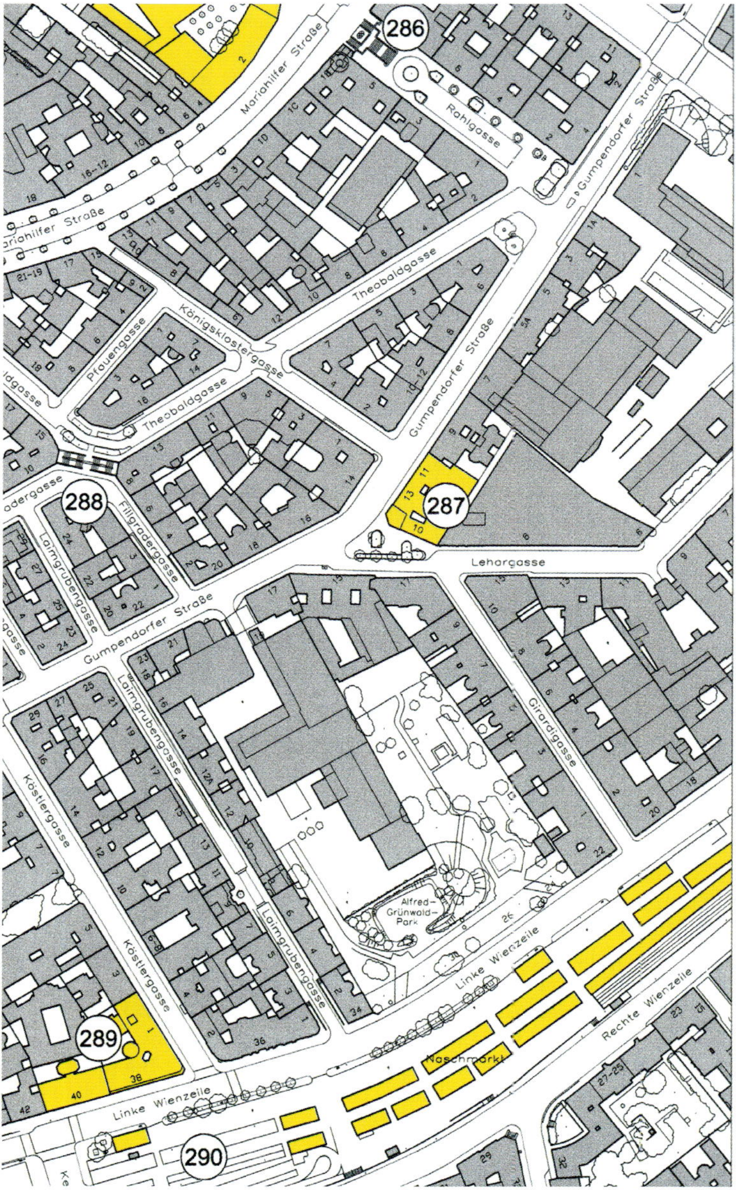
286
287
288
289
290
Mariahilfer Straße
Rahlgasse
Gumpendorfer Straße
Theobaldgasse
Königsklostergasse
Frauengasse
Filgradergasse
Laimgrubengasse
Lehargasse
Girardigasse
Köstlergasse
Alfred-Grünwald-Park
Linke Wienzeile
Rechte Wienzeile
Naschmarkt

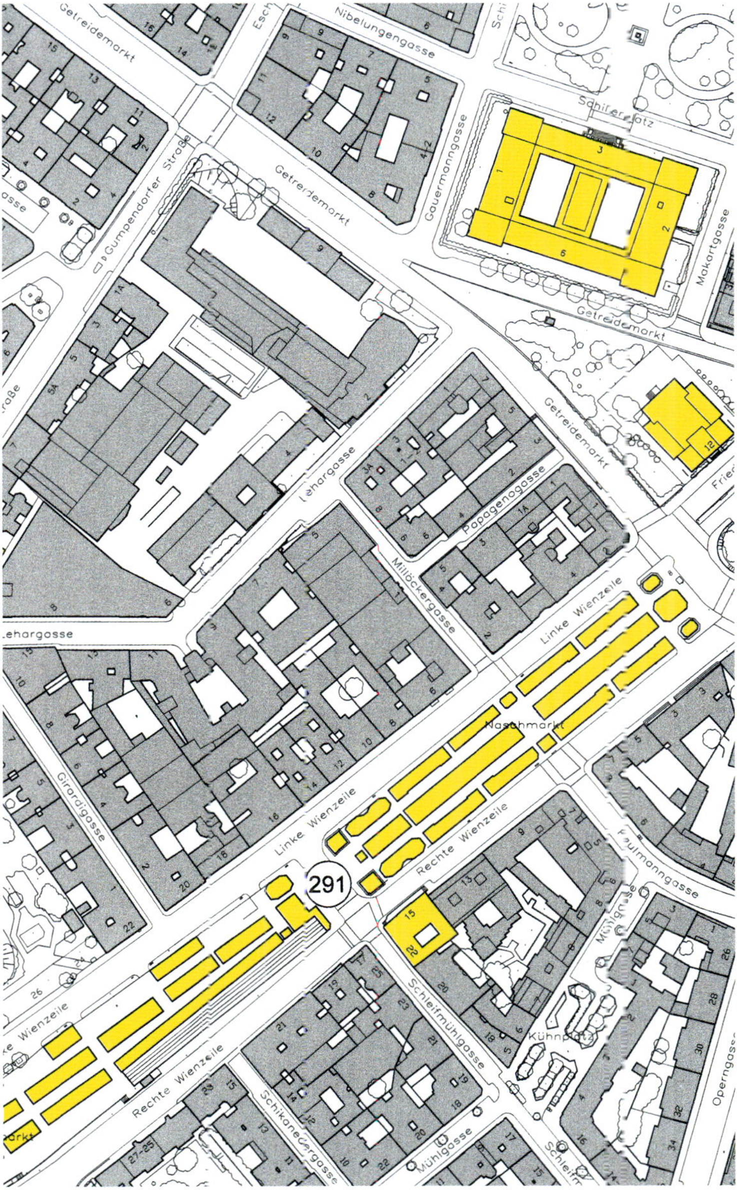
Getreidemarkt
Nibelungengasse
Schillerplatz
Gauermanngasse
Makartgasse
Gumpendorfer Straße
Lehargasse
Papagenogasse
Millöckergasse
Linke Wienzeile
Naschmarkt
Rechte Wienzeile
Girardigasse
Paulmanngasse
Mühlgasse
Schleifmühlgasse
Kühnplatz
Schikanedergasse
Operngasse
291

„Otto-Wagner"-Häuser an der Linken Wienzeile

neuer Materialien als auch die Wiederaufnahme der Polychromie in der Fassadengestaltung betraf. Im unteren Bereich verlaufen schmale von Geländern begrenzte Balkone die gesamte Fassadenbreite entlang, während sich im oberen Bereich der Dekor verdichtet. Fast scheint es, als würden die floralen Dekorelemente von der Traufe herabhängen.

Die beiden Häuser an der Wienzeile grenzen an ein weiteres Werk Otto
290 Wagners, die **Wientallinie der Stadtbahn**, eröffnet. Die bauliche Erscheinung der Wientallinie ist vom Bett des Wienflusses nicht zu trennen. Ist dieser eingewölbt, so ist auch die Stadtbahn bis auf die Haltestellen eingedeckt, wobei Fluss und Bahn vollkommen parallel verlaufen. Da dadurch die Bahn überhaupt nur noch als Tiefbahn zu denken war, verschwand sie optisch aus dem Gesichtfeld. Über Tag liegen nur die Zugänge zu den Stationen mit den Schalterhallen. Die Station Kettenbrückengasse gehört zu diesem bereits an der Gürtellinie entwickelten Typus und bildet den stadträumlichen Endpunkt des „Naschmarktes".

291 Der **Naschmarkt** hatte sich etappenweise über der Wientalwölbung zwischen den Stationen Kettenbrückengasse und der Einmündung in den Karlsplatz etabliert. Der ursprünglich vor dem Freihaus angesiedelte Markt wurde im Zuge der Flussregulierung „provisorisch" hierher verlegt. Zuerst wurde nur das Teilstück zwischen Rüdigergasse und Schleifmühlgasse zum Marktgelände, die weiter östlich gelegene Fläche zwischen Rechter und Linker Wienzeile folgte erst 1915/16. Ab 1902 kam es zur Errichtung von in drei parallelen Zeilen angelegten Marktpavillons. Das markanteste Gebäude bildete das Marktamt bei der Kettenbrückengasse, das 1915/16 von Friedrich Jäckel errichtet wurde, dem auch die Gesamtkonzeption des Naschmarkts anvertraut war.

Margareten und Wieden

Jenseits des Wientales erstreckt sich der fünfte Bezirk – Margareten. Gemeinsam mit dem vierten Bezirk – Wieden – liegt er auf dem flach ansteigenden Nordhang der Arsenalterrasse, die zu den Höhen von Wienerberg und Laaer Berg überleitet. Vierter und fünfter Bezirk wurden erst 1861 verwaltungstechnisch voneinander getrennt. Die Grenze verläuft heute ohne topographischen oder siedlungsgeschichtlichen Bezug entlang der Kettenbrückengasse, Kleinen Neugasse, Mittersteig, Ziegelofengasse sowie Blechturmgasse und teilt das Gelände in den stadtnäheren vierten und den stadtauswärts gelegenen fünften Bezirk.

Geht man auf der Rechten Wienzeile stadteinwärts, so gleitet der Blick an den Fassaden der gegenüberliegenden Linken Wienzeile entlang. Es gab Planungen, den Straßenraum zwischen den Gebäudefronten der Rechten und Linken Wienzeile zu einem Prachtboulvard ähnlich der Ringstraße zu gestalten, doch blieben sie in Ansätzen stecken und die Verbauung zeigt heute ein sehr inhomogenes Bild. An der Linken Wienzeile dominieren bis zur Kettenbrückengasse späthistoristische und secessionistische Zinshäuser, während sich am gegenüberliegenden Ufer noch Gebäude aus dem Biedermeier und dem Frühen Historismus erhalten haben. An der Einmündung der Schleifmühlgasse, die von der Rechten Wienzeile nach Osten abzweigt, hat sich das einzige **Barockhaus Rechte Wienzeile 15** des Bezirks erhalten. Das Bürger- 292
haus, dessen Erdgeschossniveau deutlich unter dem heutigen liegt, wurde 1755/56 errichtet und erfuhr 1823 eine durch Lunettenfelder gegliederte Aufstockung.

Die Schleifmühlgasse ist eine der wenigen durchgehenden Quergassen der dominanten Straßenzüge Margaretenstraße und Wiedner Hauptstraße. Die Margaretenstraße lässt sich seit ca. 1700 nachweisen und bildete als „Neu-Wiedner-Straße“ die Hauptachse eines eigenen Vorstadtbereichs.
Vitales Zentrum der Vorstadt war und ist der Margaretenplatz. Im Haus Margaretenplatz findet sich heute noch das Eingangsportal jenes Schlosses, das – ab dem 14. Jahrhundert nachweisbar – dem Bezirk und der vom Margaretenplatz ausgehenden Schlossgasse ihren Namen gab. Das Viertel gilt wegen seiner kleinen Restaurants, in Wien liebevoll „Beisln“ genannt, noch immer als ein Geheimtipp der Wiener Gastronomie.

Die Wiedner Hauptstraße dagegen, ehemals als „Alt-Wiedner-Hauptstraße“ bezeichnet, existiert bereits seit dem 12. Jahrhundert. Als Verlängerung der Kärntner Straße stellte sie den vor der Stadt gelegenen Teil des Fernhandelsweges über Kärnten nach Triest und Venedig dar. Die Wiedner Hauptstraße ist in ihrem Verlauf durch eine Reihe von Dreiecksplätzen charakterisiert. Einer von ihnen liegt vor der Paulanerkirche, wo Schleifmühl-

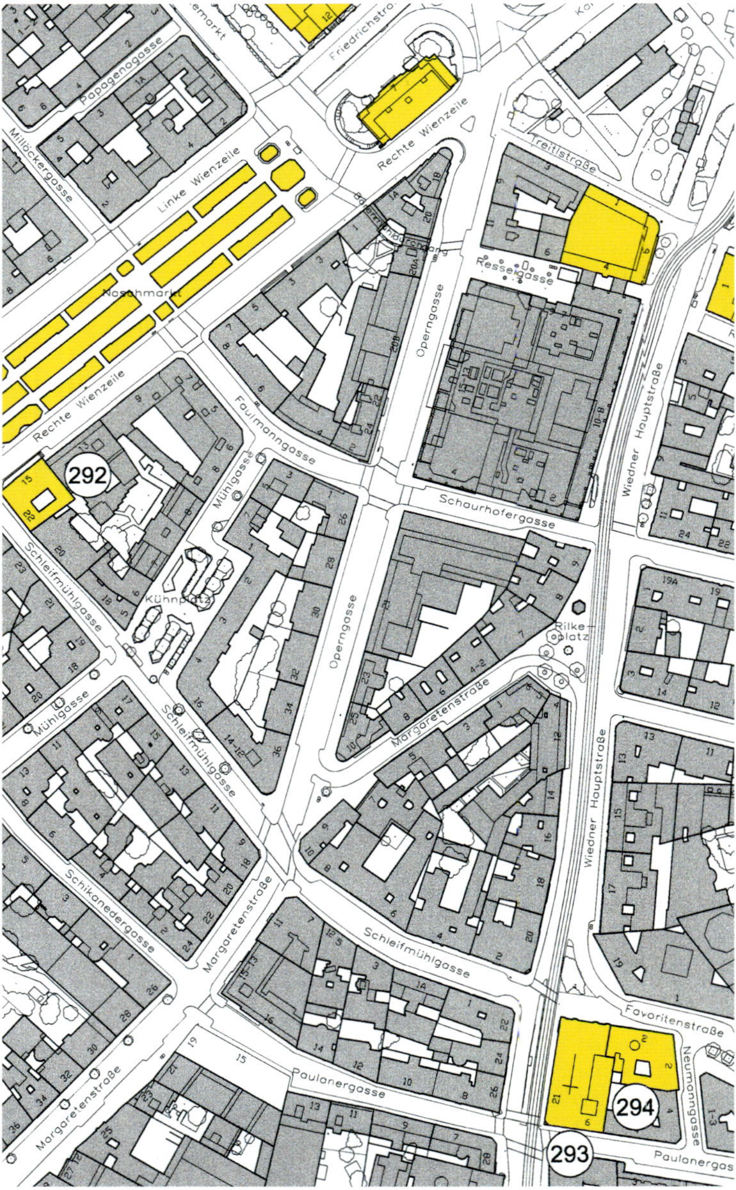
Friedrichstraße
Papagenogasse
Millöckergasse
Linke Wienzeile
Rechte Wienzeile
Naschmarkt
Treitlstraße
Resselgasse
Operngasse
Faulmanngasse
Mühlgasse
Schaurhofergasse
Wiedner Hauptstraße
Schleifmühlgasse
Künnplatz
Rilkeplatz
Margaretenstraße
Schikanedergasse
Favoritenstraße
Neumanngasse
Paulanergasse
292
293
294

gasse und Favoritenstraße in die Wiedner Hauptstraße münden. Die Schleifmühlgasse, obwohl eine der ältesten Gassen des Bezirks, ist überwiegend von Zinshäusern des späten 19. Jahrhunderts geprägt. An der Stelle des heutigen, 1894 von Carl Holzmann errichteten, späthistoristischen Eckhauses (Schleifmühlgasse 2 / Wiedner Hauptstraße 18–20) an der Mündung zum Kirchenvorplatz, befand sich einst der „Laßlaturm“, einer der Türme im Verlauf der in der Mitte des 15. Jahrhunderts ausgebauten Vorstadtbefestigung.

Höhepunkt der kleinen Platzanlage ist die Paulanerkirche. Der Orden der **„Paulaner“**, der in der Mitte des 15. Jahrhundert als Einsiedlerorden in Ita- 293
lien gegründet worden war, errichtete hier 1627–1651 Kirche und Kloster. Die Paulaner orientierten sich an der asketischen Lebensweise des heiligen Franziskus von Assisi. Neben den drei üblichen Gelübden der Armut, der Keuschheit und des Gehorsams befolgten sie noch ein viertes, nämlich den ausschließlichen Genuss von Fastenspeisen. Demgemäß waren nahe von Paulanerklöstern oft ausgedehnte Fischteiche zu finden, so auch in Wien auf Grundstücken am Beginn der Favoritenstraße. „Paulanerwürstel“, bestehend aus herausgebackenem Fischteig, entwickelten sich in der Folge zu einer beliebten Wiener Fastenspeise. Kirche und Kloster der Paulaner wurden während der Zweiten Türkenbelagerung beschädigt. Bis 1686 gelang dem Orden aber eine Wiederherstellung. Die dreijochige Kirche wendet ihre Hauptfassade nach Norden, die in ihrer frühbarocken Schlichtheit auf italienische Vorbilder hinweist. In den Figurennischen der Fassade blicken die Statuen des heiligen Franz von Assisi und des Ordengründers Franz de Paula auf den Platz vor der Kirche, auf dem seit den 1960er Jahren eine barocke Maria Immaculata aufgestellt ist. Ursprünglich befand sich hier der „Schutzengelbrunnen“, der heute auf dem nahegelegenen Rilkeplatz zu finden ist.
Das Thema dieses Brunnens ging wahrscheinlich auf die Widmung der Kirche „Zu den heiligen Schutzengeln“ zurück. Das Kloster wurde 1796 aufgelöst, die großen Gartengründe wurden parzelliert. Auf ihnen entstanden die Paulanergasse, die Floragasse und die Neumanngasse sowie die Mozartgasse und der Mozartplatz.

Die Ostseite des Kirchenvorplatzes wird von der geknickten, sich in die Favoritenstraße hineinziehenden Fassade, eines 1838 errichteten frühhistoristischen Zinshauses, Favoritenstraße 1, bestimmt. Ihm gegenüber, an der Stelle des ehemaligen Konventsgebäudes rechts von der Kirche erhebt sich ein 1802 errichtetes klassizistisches **Wohnhaus Favoritenstraße 2/Neumanngasse 2**, 294
dessen über drei Geschosse reichende Pilastergliederung ein Architekturmotiv aus dem Monumentalbau aufweist. Bauherr war der Landkutscher und Mitglied des Äußeren Rates Joseph Neumann, der 1801 während der Franzosenkriege unentgeltlich Nahrungsmittel in die vom Feind besetzten Gebiete Oberösterreichs transportieren ließ. Die nach ihm benannte Neumanngasse und die Mozartgasse bilden die Achsenstraßen des quadratischen Mozartplatzes. Die ursprüngliche Verbauung, die um 1800 entstand, hat sich durchge-

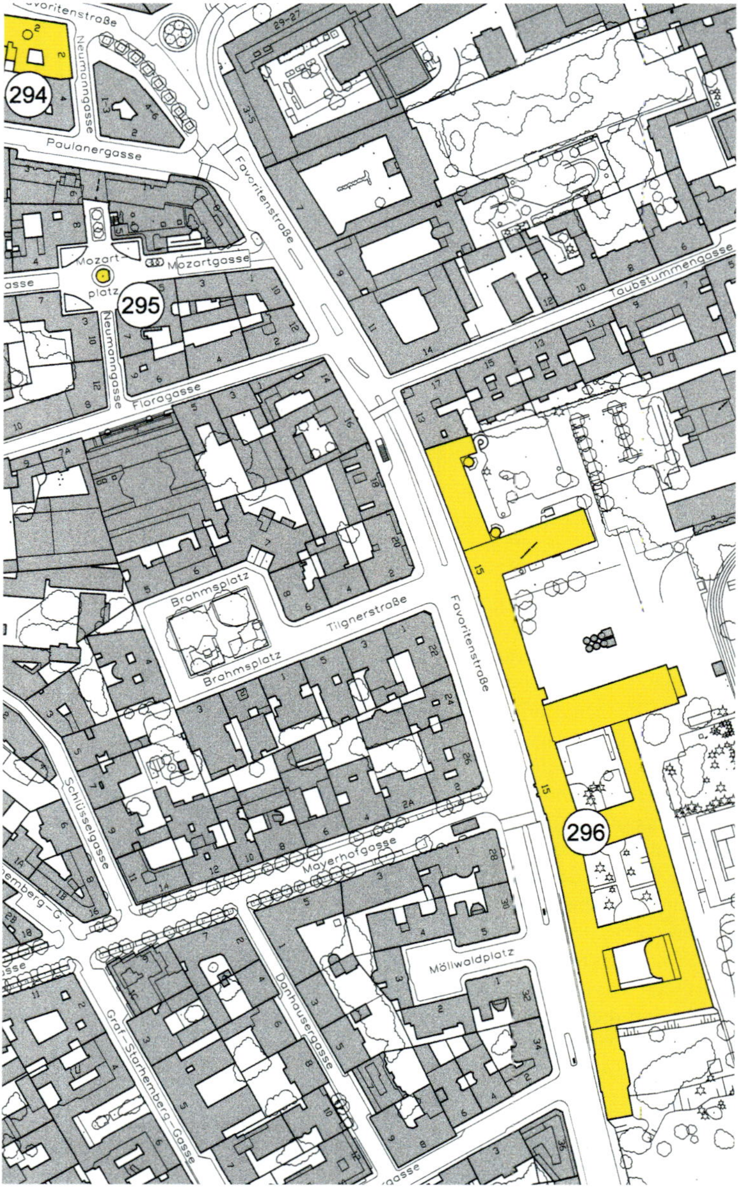
Favoritenstraße
Neumanngasse
Paulanergasse
294
Mozart-
platz
295
Mozartgasse
Floragasse
Taubstummengasse
Brahmsplatz
Tilgnerstraße
Brahmsplatz
Favoritenstraße
296
Schüsselgasse
Mayerhofgasse
Möllwaldplatz
Danhausergasse
Graf-Starhemberg-Gasse

hend nur an der Südseite, in den Häusern Mozartgasse 3, 5, 7 und 9, erhalten. Der Nordosten des Platzes wird von einer 1959/1960 anstelle des 1902 erbauten Johann-Strauß-Theaters errichteten Wohnhausanlage bestimmt. Die Platzfläche beherrscht der 1900–1905 geschaffene **„Zauberflötenbrunnen“** von 295
Otto Schönthal und Carl Wollek. Die aus einem weitem Becken, einem mächtigen Sockel mit Fabelwesen und den Bronzefiguren von Tamino und Pamina bestehende Brunnenanlage gehört zu den bedeutendsten frühsecessionistischen Schöpfungen in Wien.

Die Mozartgasse mündet in den belebten und verkehrsreichen Straßenzug der Favoritenstraße. Die Favoritenstraße gehört wie die Wiedner Hauptstraße zu den wichtigsten Ausfallsstraßen Wiens. Schon im Mittelalter war sie Teil des Fernhandelsweges nach Ungarn, ab 1700 war sie in ihrem heutigen Verlauf weitgehend festgelegt. Zwischen Paulanerkirche und Floragasse haben sich Reste der klassizistischen und frühhistoristischen Bausubstanz erhalten, von hier bis zum Südtiroler Platz dominieren aber späthistoristische und secessionistische Zinshäuser.

An der östlichen Straßenfront erstreckt sich die Fassade des **„Theresia-** 296
nums“ (4., Favoritenstraße 15) auf. An dieser Stelle existierte bereits seit dem Ende des 13. Jahrhunderts ein Gutshof. Der Hof samt Ackerflächen und Wiesen kam 1614 durch Kauf an das Kaiserhaus und ist seit 1642 unter dem Namen „Favorita“ nachweisbar. Der Komplex wurde 1642–1655 durch Giovanni Battista Carlone zu einem Lustschloss mit Garten umgestaltet. Bis 1660 erfolgte ein weiterer Ausbau, darunter die Errichtung einer Kapelle, sowie die Ausgestaltung des Gartens. Nach der Zweiten Türkenbelagerung kam es zu einer großzügigen Um- und Neugestaltung, möglicherweise nach Plänen von Giovanni Pietro Tencala, die eine Aufstockung auf drei Geschosse und die Errichtung eines Quertraktes im Hof umfasste. Um 1690 wurde der Barockgarten von Jean Trehet ausgestaltet. Die Favorita wurde besonders von Karl VI. bevorzugt, der regelmäßig den Sommer hier verbrachte und auch hier überraschend verstarb. Wahrscheinlich wollte deshalb seine Tochter Maria Theresia das Schloss nicht mehr benutzen und verkaufte es 1746 an die Jesuiten mit der Auflage ein Gymnasium für Adelssöhne einzurichten. Da die Mittel aber für den Betrieb nicht ausreichten, verwandelte die Kaiserin die Anstalt 1749 in eine kaiserliche Stiftung, die „Theresianische Akademie“. 1755–74 wurden das „Untere Stöckl“ im Süden und das „Obere Stöckl“ im Norden angebaut. Im 19. Jahrhundert erfolgten diverse Aufstockungen sowie die Errichtung des Gartentraktes und des „Konsulartraktes“. Die Anlage erlitt im Zweiten Weltkrieg schwere Schäden, und in der Nachkriegszeit wurden einige Nebengebäude beseitigt sowie einige Trakte vollkommen neu errichtet. So wurde der Konsulartrakt 1964 von Architekt Erich Schlöss neu erbaut, 1961 wurde der Reitschultrakt durch Alfons Hetmanek neu gestaltet, 1979–1983 folgte der Ausbau des „Ballhauses“ , des ehemaligen „Unteren Stöckls“.

Argentinierstraße
Plößlgasse
Schmöllerlgasse
Theresianumgasse
Belvederegasse
Viktorgasse
Karolinengasse
St.-Elisabeth-Platz
296
297

Der um mehrere Höfe gruppierte Baukomplex des Theresianums bildet heute die städtebaulich beherrschende Anlage der unteren Favoritenstraße. Scheinbar endlos reihen sich die Achsen aneinander, gerahmt nur durch die niedrigen, pavillonartigen Anbauten an den Enden. Der übergiebelte Mittelrisalit mit dem Doppeladler und dem Wappen Kaiser Franz II. liegt der Einmündung der Mayerhofgasse gegenüber. Ihr Baumbestand, selten in dieser Gegend, erinnert noch an die Allee, welche im 18. Jahrhundert die Favorita mit der Wiedner Hauptstraße verband.

Südöstlich des Areals des Theresianums befindet sich der St.Elisabeth-
Platz. Die zunehmende Parzellierung und Verbauung des Geländes um die
Mitte des 19. Jahrhunderts erforderte die Errichtung einer Pfarrkirche, deren
Bauplatz bereits 1844/45 fixiert wurde. Erst 1853 konnten die Bauarbeiten
nach den Plänen des Prager Architekten Hermann Bergmann beginnen, 1868
wurde die Kirche geweiht. **St. Elisabeth**, die erste neugotische Backsteinkir- 297
che Wiens, präsentiert sich freistehend inmitten der kleinen Platzanlage. In
direktem Bezug zur Kirche, und ebenfalls als Backsteinbauten ausgeführt,
befinden sich der Pfarrhof und die Schule (St.Elisabeth-Platz 8 und 9) an der
Westseite des Platzes. Die restliche Verbauung des Platzes besteht aus historistischen Zinshäusern.

Der axial auf die Kirche bezogene Straßenzug der Argentinierstraße führt, leicht ansteigend, bis zum Gürtel. Der Gürtel stellt, wie jeder Autofahrer leidvoll erfahren muss, die verkehrsreichste Verbindungsstraße Wiens dar. Sie wurde 1873 anstelle des 1704 angelegten Linienwalls, einer Befestigungsanlage zum Schutz der Vorstädte, angelegt. Die Gürtelstraße umschließt sämtliche 1850 eingemeindeten Vorstädte mit Ausnahme der jenseits des Donaukanals liegenden Leopoldstadt und verläuft in einem Abstand von 1,5 – 2 Kilometern parallel zur Ringstraße. In den sechziger Jahren des 20. Jahrhunderts erfolgte ein Ausbau zur Stadtschnellstraße, die eine Trennung der Fahrbahnen und eine teilweise Untertunnelung mit sich brachte. Die Verkehrsbelastung führte zu einer Minderung der Wohnqualität entlang der dicht verbauten Straße und bewirkte eine zunehmende Opposition in der Bevölkerung. Die Eröffnung der U-Bahnlinie U6 auf der alten Stadtbahntrasse der Gürtellinie leitete ein neues Stadium der Gürtelproblematik ein, deren Lösung noch aussteht.

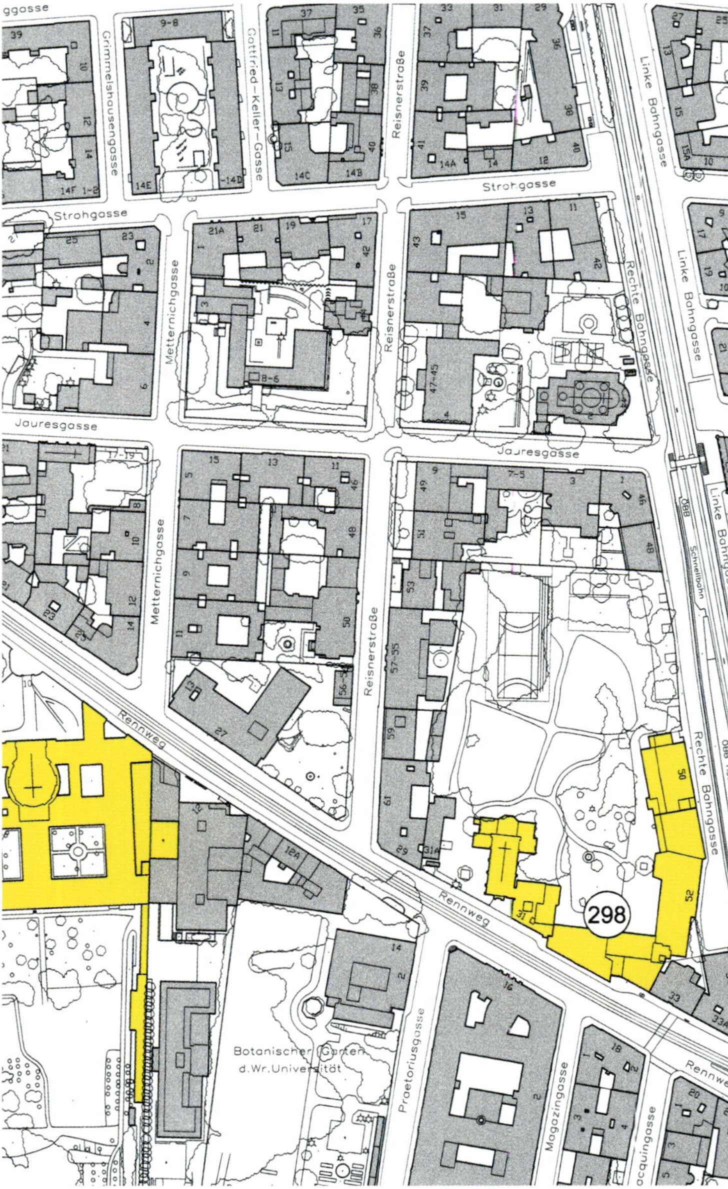
Grimmelshausengasse
Gottfried-Keller-Gasse
Reisnerstraße
Strohgasse
Linke Bahngasse
Metternichgasse
Rechte Bahngasse
Jauresgasse
ÖBB Schnellbahn
Rennweg
298
Botanischer Garten d.Wr.Universität
Praetoriusgasse
Magazingasse

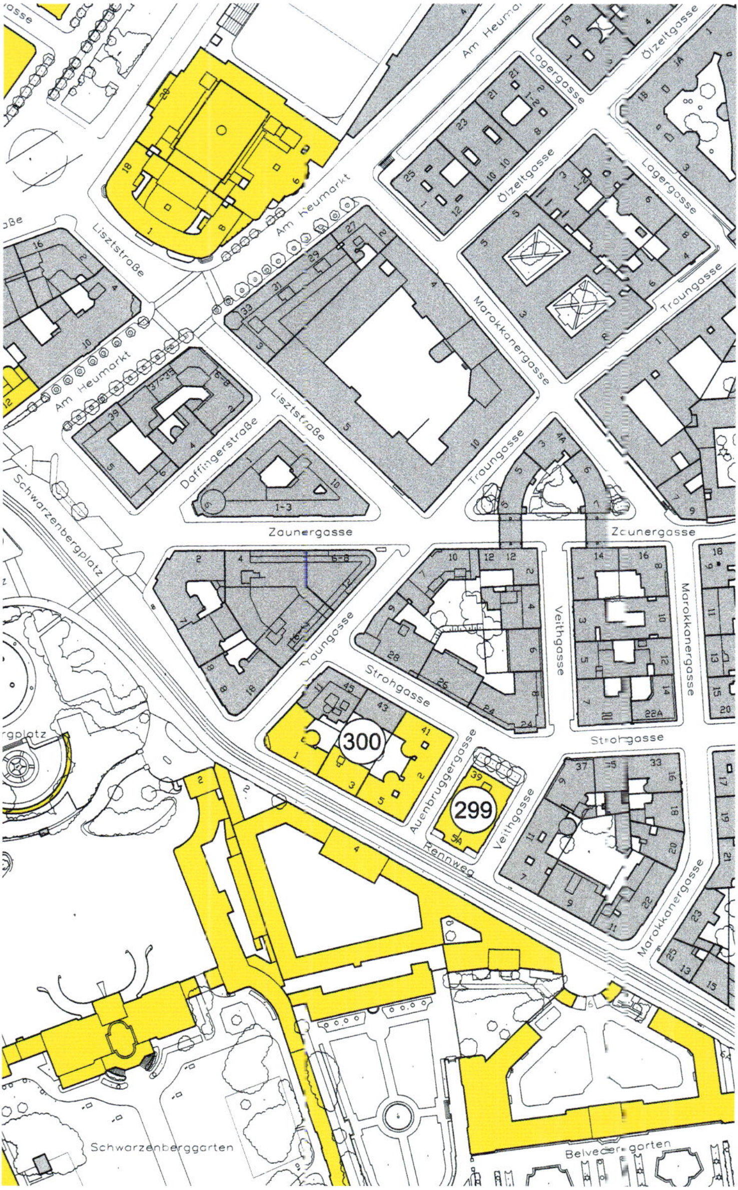
Am Heumarkt
Lisztstraße
Ölzeltgasse
Lagergasse
Traungasse
Marokkanergasse
Daffingerstraße
Schwarzenbergplatz
Zaunergasse
Veithgasse
Strohgasse
Auenbruggergasse
Rennweg
300
299
Schwarzenberggarten

Landstraße

Vom Gürtel ausgehend verläuft östlich der barocken Stadtachse von Schwarzenberggarten und Belvedere die Jaquingasse zum Rennweg. Beide Straßenzüge befinden sich bereits im dritten Bezirk – Landstraße. Dessen nördlicher Bereich liegt im Mündungsgebiet des Wienflusses und wurde aufgrund der Hochwassergefährdung erst relativ spät besiedelt. An der Linie Beatrixgasse, Gärtnergasse und Marokkanergasse wird die höher gelegene Stadtterrasse, die zum Arsenal hin ansteigt, erreicht. Besiedlung ist hier schon seit römischer Zeit nachgewiesen. Auf dem Gebiet des dritten Bezirks ist die Zivilstadt von Vindobona feststellbar, deren Zentrum bei der heutigen Rennwegkaserne (Rennweg 91) vermutet wird. Der Rennweg verläuft in einem Abschnitt entlang der antiken Limesstraße zwischen Vindobona und Carnuntum. An diesem Straßenzug kamen auch Reste einer Thermenanlage (3., Oberzollergasse 4–6) und von römischen Wohnhäusern (3., Rennweg 12–14 und Marokkanergasse 25) zu Tage. Zu Beginn der Völkerwanderung wurde die Zivilstadt aufgegeben. Im Mittelalter erstreckten sich beiderseits der Straße Weingärten. Die wenigen bestehenden Häuseransiedlungen fielen der Zweiten Türkenbelagerung zum Opfer. Nach 1683 entstanden an der westlichen Front die Monumentalbauten von Schloss Belvedere und das Kloster der Salesianerinnen mit den dazugehörigen Gartenanlagen.

Heute ist die Ostfront des Rennwegs im unteren Bereich von repräsentativen späthistoristischen und secessionistischen Zinshäusern dominiert. An der
298 Mündung der Jaquingasse in den Rennweg befindet sich **Kirche und Schule Sacré-Coeur** (3., Rennweg 31). Die Ordensfrauen vom Heiligsten Herzen Jesu widmeten sich der Erziehung und Bildung von Mädchen der besseren Stände. Der Orden war um 1800 in Paris gegründet worden und breitete sich rasch über Europa und Nordamerika aus. In Österreich fasste er erstmals 1846 in Graz Fuß. 1867 erwarb der Orden das kleine Gartenpalais der Familie Dietrichstein am Rennweg. 1868 zogen die ersten Schwestern ein. Wenig später erfolgte eine gründliche Adaptierung nach den neuen Bedürfnissen, die aber den barocken Kern des ehemaligen Palais einbezog. Die Umgestaltung nach Plänen von Ferdinand Zehengruber ließ 1872–1893 eine Anlage in romantisierenden, neogotischen Formen entstehen. Die zum Komplex gehörende Kirche wurde 1857–1877 errichtet.

Kurz vor der Mündung des Rennwegs in den Schwarzenbergplatz liegt die
299 **Gardekirche „Zum heiligen Kreuz“** (3., Rennweg 5a). Sie gehörte ursprünglich zum Komplex des „Kaiserspitals“, das 1758 vom Minoritenplatz hierher übersiedelt worden war. Architekt der Anlage war Niccolo Pacassi, nach dessen Entwürfen auch die Kirche 1755–1763 errichtet wurde. Bereits 1769 wurde durch Peter Mollard eine Renovierung und Umgestaltung nach

Plänen von Jean Baptist Brequin vorgenommen. Seit dieser Zeit prägen nüchterne frühjosephinisch- klassizistische Bauformen die Außenerscheinung der Kirche. Das Spital bestand nur bis 1782. Anschließend war in den Gebäuden die polnische Leibgarde untergebracht, die der Kirche ihren Namen gab. 1893 wurden diese Unterkünfte demoliert und die Kirche 1897 dem polnischen Orden der Resurrektionisten übergeben. Seit 1898 ist die Gardekirche polnische Nationalkirche in Wien.

Auf dem Areal des ehemaligen Spitals entstand 1889–1890 ein **Zinshaus-** 300
ensemble von Otto Wagner (3., Rennweg 1, 3, und 5), wobei das mittlere Gebäude das Privatpalais Otto Wagners darstellte. Der Fassadendekor des Hauses Rennweg 5 wurde leider entfernt. Das Ensemble stellt im Werk des Architekten den Übergang vom Historismus zum Secessionismus dar.

Zwischen dem Rennweg und der Rechten Bahngasse erstreckt sich das sogenannte „Diplomatenviertel" oder „Botschafterviertel", eine volkstümliche Bezeichnung für diesen Bereich, da sich in den repräsentativen Palais zahlreiche diplomatische Auslandsvertretungen angesiedelt haben.
Die Rechte und Linke Bahngasse erinnern an den auf das 18. Jahrhundert zurückgehenden Wiener Neustädter Kanal, der ursprünglich bis nach Triest verlaufen sollte. Das Teilstück nach Wiener Neustadt erfreute sich bis zur Eröffnung der Südbahn 1842 eines regen Warenverkehrs, der noch bis in die sechziger Jahre des 19. Jahrhunderts andauerte. 1879 wurde der Schiffverkehr allerdings aufgegeben und auf Teilen der ehemaligen Kanalrinne die Verbindungsbahn, heute die Schnellbahn, geführt. Die Rechte Bahngasse ist zwischen Beatrixgasse und Neulinggasse mit durchwegs nach der Jahrhundertwende entstandenen Zinshäusern verbaut. Vereinzelt findet man auch Nachkriegsbauten.

Im unteren Bereich der gegenüberliegenden Linken Bahngasse erstreckt
sich das Gebäude der **Tierärztlichen Hochschule** (3., Linke Bahngasse 11), 301
die auf ein 1776 unter Kaiser Joseph II. errichtetes Tierspital zurückgeht. 1821–1823 erfolgte nach Plänen von Johann Aman ein Neubau in klassizistischen Formen. Das Hauptgebäude der großzügigen Anlage besteht aus einem Vierflügelbau um einen rechteckigen Innenhof. Die schlichte Fassade zur Bahngasse weist deutlich darauf hin, dass es sich bei dem Gebäude trotz aller Monumentalität um einen Nutzbau handelte. Seit der Übersiedlung der Veterinärmedizinischen Universität 1998 an einen neuen Standort dient der Gebäudekomplex in der Linken Bahngasse der Universität für Musik und darstellende Kunst.

Die beiden Bahngassen erweitern sich jenseits der Beatrixbrücke und münden in den Heumarkt. Der Heumarkt, seit dem 14. Jahrhundert nachweisbar, lag ehemals am Glacisrand, heute erstreckt sich gegenüber der Stadtpark. Die stadtwärts gerichtete, repräsentative Straßenfront des Heumarkts gehörte bis zur Eingemeindung zur Vorstadt Landstraße, die Bauten stammen überwiegend aus der ersten Hälfte des 19. Jahrhunderts. Das bedeutendste

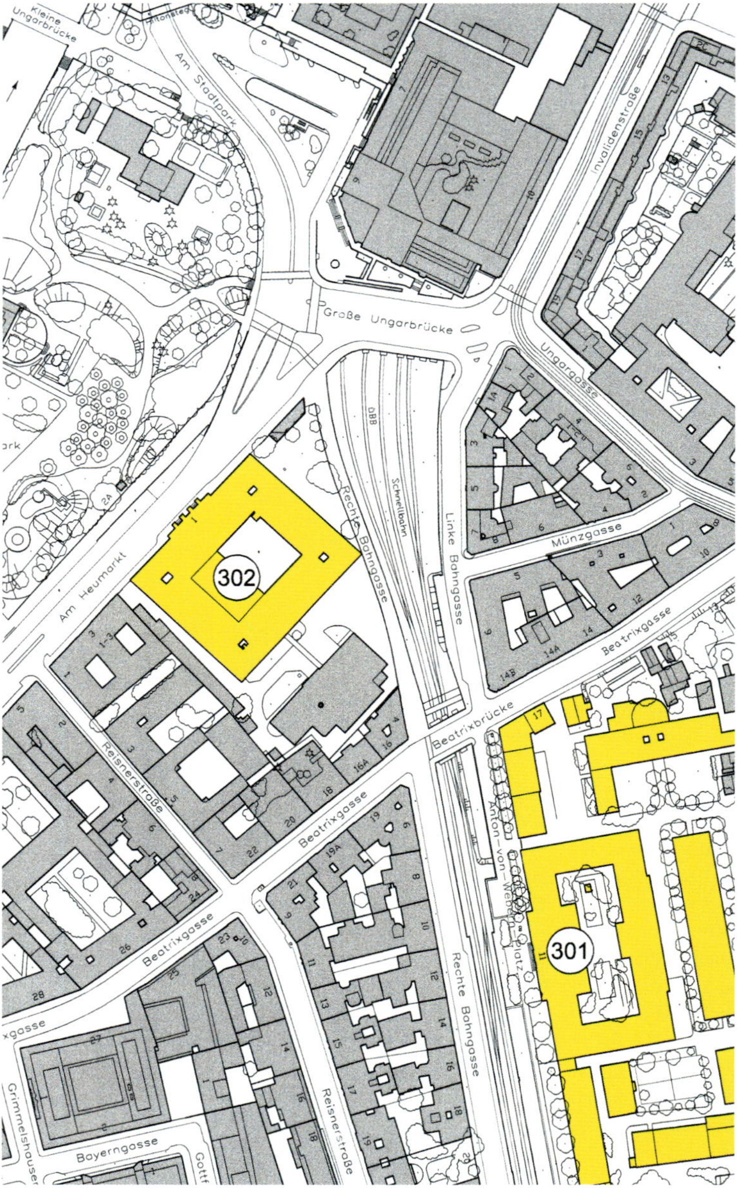
Kleine Ungarbrücke
Am Stadtpark
Große Ungarbrücke
Invalidenstraße
Ungargasse
Münzgasse
Linke Bahngasse
Schnellbahn
Rechte Bahngasse
Am Heumarkt
302
Beatrixgasse
Beatrixbrücke
Reisnerstraße
Anton-von-Webern-Platz
301
Rechte Bahngasse
Bayerngasse
Grimmelshausen
Reisnerstraße

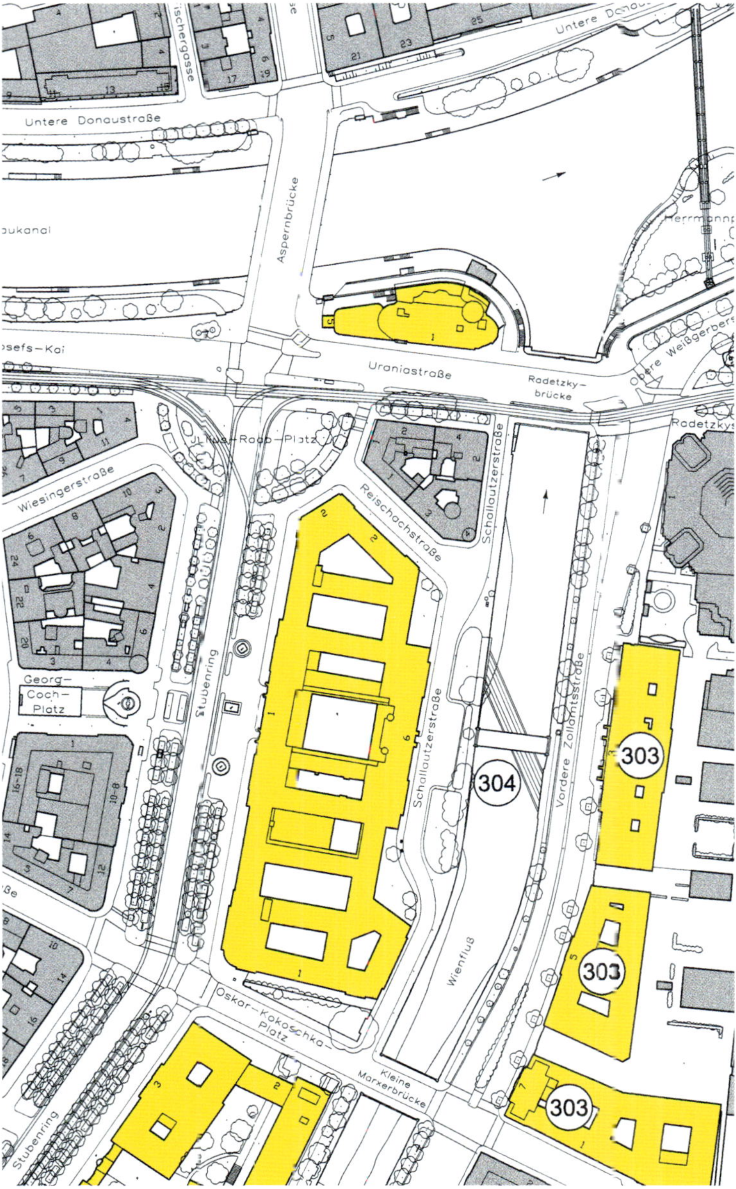
Untere Donaustraße
Aspernbrücke
Uraniastraße
Radetzky-
brücke
Julius-Raab-Platz
Wiesingerstraße
Reischachstraße
Schallautzerstraße
Stubenring
Georg-
Coch-
Platz
Vordere Zollamtsstraße
Wienfluß
Oskar-Kokoschka-
Platz
Kleine
Marxerbrücke
Stubenring
303
304
303
303

302 Gebäude ist das **Hauptmünzamt**, das als ärarischer Zweckbau 1835–1838 nach Plänen des Hofbaurates Paul Sprenger errichtet wurde. Es gilt als frühes Beispiel des von Sprenger vertretenen funktionalistischen „Beamtenklassizismus". Vor seiner, mit dorischen Doppelsäulen akzentuierten Portikus verläuft heute ein stetiger Verkehrsstrom in Richtung Donaukanal. Das westlich an das Hauptmünzamt anschließende Areal ist mit großen Nachkriegsbauten besetzt, darunter das von Fritz Pfeffer 1972–1975 erbaute Hotel Hilton, das auch den City-Air-Terminal sowie Büro- und Ladenpassagen umfasst.

Die historische Stadtfront des Heumarkts findet in der Vorderen Zollamtsstraße, die den hier wieder offenen Verlauf des Wienflusses begleitet, eine
303 Fortsetzung. Sie wird von den drei monumentalen Gebäuden der **Finanzlandesdirektion** dominiert. Das erste Amtsgebäude der Finanzlandesdirektion (Vordere Zollamtsstraße 3) wurde 1841–1847 von Paul Sprenger errichtet. Der Bau zeigt deutlich die Handschrift des Hofbauamtes. Über streng regelmäßigem Grundriss errichtet, tritt das kubische Gebäude mit einem nur leicht vorspringenden Mittelrisalit an der Hauptfront hervor. Akzentuiert wird diese Mittelachse durch einen Attikaaufsatz mit dem Wappen Ferdinands I. Heute ist hier das Zollamt untergebracht. An das Gebäude schließen sich südlich zwei weitere Amtsgebäude an. Das Amtshaus Vordere Zollamtsstraße 5 wurde 1897/98 in formaler Annäherung an den Sprengerbau errichtet. Sein südlicher Nachbar folgte 1895–1901 nach Plänen von Alois Schuhmacher.

Der Front der Finanzlandesdirektion liegt die rückwärtige Fassade des Regierungsgebäudes (ehemals Kriegsministerium) gegenüber. Die beiden
304 Ufer des Wienflusses sind hier durch den 1903–1906 errichteten **„Zollamtssteg"** verbunden. Diese Brücke bildet eine optische Einheit mit der darunter verlaufenden Querung der Stadtbahn. Obwohl die Verbindung durch den Bau des Regierungsgebäudes stark an Verkehrsbedeutung eingebüßt hat, besticht die Konstruktion der Architekten Friedrich Ohmann und Josef Hackhofer durch ihre Eleganz und Raumwirkung.

Leopoldstadt und Brigittenau

Über die Reischachstraße kann der Donaukanal und die Aspernbrücke erreicht werden. Jenseits der Aspernbrücke erstreckt sich der ausgedehnte zweite Bezirk - Leopoldstadt. Eine erste Brücke an dieser Stelle wurde auf Kosten des Stadterweiterungsfonds 1863/64 errichtet. Die heutige Konstruktion stammt, da die Brücke 1945 zerstört wurde, aus den Jahren 1949–1951.

Der zweite Bezirk und der sich ihm nordwestlich anschließende 20. Bezirk – Brigittenau – erstrecken sich auf einer Insel zwischen dem Donaukanal und dem weiter östlich gelegenen Hauptstrom der Donau. Wegen der zahlreichen, sich in ihrer Lage immer wieder verändernden Seitenarme der Donau erhielt das Gebiet erst nach der Donauregulierung von 1870 seine heutige Gestalt. Die älteste und wichtigste Straße des Bezirks ist die Taborstraße, die an der Rotenturmbrücke endet. Seit 1439 befand sich an dieser Stelle die „Schlagbrücke". Über eine Aufeinanderfolge von mehreren Holzbrücken, die die Nebenarme des Stromes überspannten, setzte sich die Taborstraße zum jenseitigen Donauufer fort und gabelte sich dann in die Fernhandelsstraßen nach Brünn und Prag. Die heute wichtigere Verkehrsachse der Praterstraße konnte die Taborstraße erst nach dem Bau der Reichsbrücke 1872–1876 überflügeln.

Entlang des Donaukanals führt die Obere Donaustraße nach Nordwesten. Der gründerzeitliche Baubestand dieser stadtseitigen Front der Leopoldstadt erlitt überdurchschnittlich schwere Schäden während des Zweiten Weltkrieges und so ist die Bebauung der Straße durch vielgeschossige Gebäude der Nachkriegszeit geprägt. Über die Rossauer Brücke kann wieder das Ringstraßenareal in Höhe der Rossauer Kaserne erreicht werden.

Zusammenfassend kann festgestellt werden, dass die Wiener Vorstädte, was die Qualität ihrer Bebauung betrifft, der Innenstadt um nichts nachstehen. Auch hat sich hier durch den oft geringeren Veränderungsdruck noch so manch liebenswertes Detail erhalten. Weit über das Areal des Weltkulturerbes hinausgehend, zeigen vor allem die oft noch geschlossen erhalten gebliebenen Platz- und Straßenräume des 19. Jahrhunderts ein einheitliches Bild. Die ehemaligen Arbeiterviertel in Ottakring sind ebenso sehenswert, wie die Gründerzeitvillen in Hietzing oder Währing. Mehr noch als im Zentrum zeigt sich in diesen Viertel, dass die Atmosphäre einer Stadt mehr umfasst als historische Bausubstanz, nämlich Umwelt, Kultur und Lebensqualität. – Und in diesem Sinne ist Wien zweifellos als Gesamtkunstwerk anzusehen.